网络外部性下B2B平台的用户忠诚测评与投资决策研究

李　莉　杨文胜/著

国家自然科学基金面上项目（No.71271115）
江苏省2011协同创新中心平台“社会公共安全科技”项目 研究成果

科学出版社
北　京

内 容 简 介

B2B 电子商务中普遍存在的用户忠诚度低现象，已经成为制约 B2B 平台扩大和保持用户规模、提高生存能力的主要问题。本书综合运用实证分析、基于博弈论的数理分析和基于计算仿真的实验分析相结合的研究方法，构建包含静态和动态影响因素的反映 B2B 平台决策行为发生与改变内在规律的决策模型；设计描述 B2B 平台中实体、事件、市场环境的仿真系统，探索 B2B 平台用户忠诚的内在机理，获得精确的、对市场环境具有动态适应性的 B2B 平台面向用户忠诚的投资策略，以期为 B2B 平台的管理者科学地制定用户忠诚投资机制提供决策支持。本书的研究成果对于 B2B 平台的用户规模扩大和保持乃至生存能力和市场竞争能力的提高具有理论指导意义。

本书可供电子商务相关研究领域的学者及电子商务、管理科学与工程相关专业的本科生和研究生参考阅读。

图书在版编目(CIP)数据

网络外部性下 B2B 平台的用户忠诚测评与投资决策研究 / 李莉，杨文胜著. —北京：科学出版社，2016.12

ISBN 978-7-03-051035-8

Ⅰ. ①网… Ⅱ. ①李… ②杨… Ⅲ. ①电子商务-运营管理-研究 Ⅳ. ①F713.365.1

中国版本图书馆 CIP 数据核字(2016)第 303851 号

责任编辑：魏如萍 / 责任校对：杜子昂

责任印制：张 伟 / 封面设计：无极书装

科学出版社出版

北京东黄城根北街 16 号

邮政编码：100717

http://www.sciencep.com

北京厚诚则铭印刷科技有限公司 印刷

科学出版社发行 各地新华书店经销

*

2016 年 12 月第 一 版 开本：720×1000 1/16

2018 年 1 月第二次印刷 印张：12 1/2

字数：240 000

定价：75.00 元

(如有印装质量问题，我社负责调换)

前　言

伴随着互联网技术的发展，日新月异的新兴技术与应用模式快速涌现，传统企业与企业之间的交易模式逐渐从线下转移到线上，B2B (business to business) 电子商务平台快速发展。B2B 平台是基于互联网的虚拟市场，企业在这个“市场”中进行信息的发布、收集、整理、分析和交流，并在此基础上进行交易。截止到 2014 年 6 月，我国 B2B 电子商务服务网站已达 12 030 家，同比增长 5.5%；2015 年，B2B 电子商务交易额达 13.9 万亿元，同比增长 39%。然而 2015 年 12 月，中国生产价格指数 (producer price index，PPI) 同比下降 5.9%，连续第 46 个月下滑，工业生产企业亏损严重，亟须结构转型。与当前中国的经济形势相比，B2B 电子商务已经成为传统工业企业转型的重要途径之一。

B2B 电子商务平台在帮助传统企业将线下交易转移到线上交易、拓宽交易范围、降低交易成本和提高交易效率的同时，也随之产生了一系列管理和运营方面的问题。诸如，随着 B2B 平台的大量涌现，网站的同质化现象日趋严重，如何维系忠诚用户、提高平台运营效率？伴随技术进步 B2B 平台的信息技术 (information technology，IT) 投资成本逐渐下降，不同时期的市场进入者如何确定自身的投资策略？对于这些问题的思考和研究，促使我申报了国家自然科学基金项目，即“网络外部性下 B2B 电子中介的用户忠诚测评与投资决策研究”(No.71271115)，此外，本书的出版亦获得了江苏省 2011 协同创新中心平台“社会公共安全科技”项目的资助，在实证研究方面获得了焦点科技股份有限公司的资助。这些项目和企业的资助给我和我的研究团队创造了很好的研究条件，促使我和我的团队在电子商务领域进一步深入地开展研究工作，同时，也为我提出了新的问题，我们的研究如何与中国企业的电子商务管理实践相结合？如何切切实实地为电子商务环境下中国企业的发展提供一些切实的、有益的建议和思考？

现实的管理实践中，B2B 电子中介的管理者大多根据经验来确定面向用户忠诚的平台投资项目及投资额，但投资策略受限于用户特征和市场特征，如用户偏好、转移成本、信息技术投资成本、竞争强度等，经验性的决策对于多种影响因素的影响机理和影响程度的把握存在很大的不确定性，如果决策不当，缺乏对用户需求的洞察力，对用户服务的某些方面投入过多，增加了操作的复杂性，却不能为用户“直接或间接”地创造利润，最终反而导致用户流失。因此，为降低 B2B 电子中介投资中存在的不确定性，有必要用理论建模方法为 B2B 电子中介的投资决策提供有效的、科学的决策工具，并应用仿真计算方法优化这一动态决策过程，以期促进 B2B 电子中介的生存能力和市场竞争力的提升。

本书立足于 B2B 电子中介的电子商务平台运营的基本特征，运用实证分析探索 B2B 电子中介目前用户忠诚现状及其形成机理，揭示网络外部性下 B2B 买卖双方交易行为发生和改变的内在机理；运用数理分析方法构建网络外部性下的 B2B 电子中介用户忠诚投资决策模型，获得多种决策情境下的 B2B 电子中介投资决策策略，以提高 B2B 电子中介运营的有效性和稳定性；运用仿真与实验分析方法构建仿真模型，揭示网络外部性、转移成本及信息技术成本下降等因素变化情况下的用户忠诚投资策略调整轨迹，以提高 B2B 电子中介的动态适应能力。本书的研究结果可以为 B2B 电子中介管理决策提供决策支持。

本书是一本电子商务领域的研究人员及相关专业的研究生开展电子商务管理研究的参考书，可以有两种阅读方式：一是从头至尾逐章阅读；二是选择自己有兴趣的章节跳跃式阅读。前一种方法适合刚接触这一研究领域的大学本科生和研究生；后一种方法适合对这一研究领域已经有了基本了解并有志于这一领域研究的研究者。

本书能够尽快完成出版，首先，感谢我的合作者杨文胜教授，以及南京审计学院谢兆霞博士，还有我的学生何洁、赵杰、吴小丽、石巧生、刘欣和朱莉等。本书中的若干专题研究大都是与他们中的某些人合作完成的。其次，我还要感谢科学出版社的相关编辑，当我把写作这本专著的想法告诉魏如萍编辑时，得到了她的积极响应和鼓励，使这本专著得以顺利出版。最后，感谢我在书中所引用著述的作者们，在写作本书过程中从他们的研究成果中汲取了诸多营养，没有他们的引领和启发，我无法完成这本书的写作。

由于时间和能力有限，书中存在不足或疏漏之处在所难免，诚恳地欢迎来自各方面的批评和指教。

李　莉

2016 年 10 月

目　　录

第1章 绪　论

1.1 研 究 背 景

本书所研究的对象是一类互联网中为企业提供交易服务的第三方——B2B电子中介，该种电子商务服务企业的核心业务是通过提供B2B电子商务平台来聚集大量的买方企业和卖方企业，集成买方企业的需求信息和卖方企业的产品信息，通过集中交易创造经济的规模与范围，以此改进交易过程的效率[1]。此外，B2B电子中介也常提供检索工具、推荐工具和认证工具等多种互联网产品与服务来提高B2B平台的交易效率。

随着互联网快速发展，传统企业与企业之间的交易模式被颠覆，B2B平台应运而生。B2B平台是基于互联网的虚拟市场，人们在这个“市场”中进行信息的发布、收集、整理、分析和交流，并在此基础上进行交易。电子商务平台并不简单地等同于电子商务网站，B2B平台是一个为企业提供网上交易洽谈服务，协调、整合信息流、物流(在线交易平台还涉及资金流)有序、关联、高效流动的重要场所[2]。B2B平台在集合采购商和供应商群体的基础上，同时也为企业与企业之间的战略合作提供了可能，使企业间建立合作联盟成为趋势。B2B平台具有拥有海量级企业用户、大额订单详情、面向全球市场的优势，同时也有价格竞争激烈、推广成本高、受宏观经济环境影响大的劣势。无论是“信息平台”还是“交易服务平台”，其最初的作用都是将各个行业中相近的交易过程集中到一起，为企业采购商和供应商提供交易场所和机会。因此，最初的B2B平台运营模式可以抽象简化为图1-1。

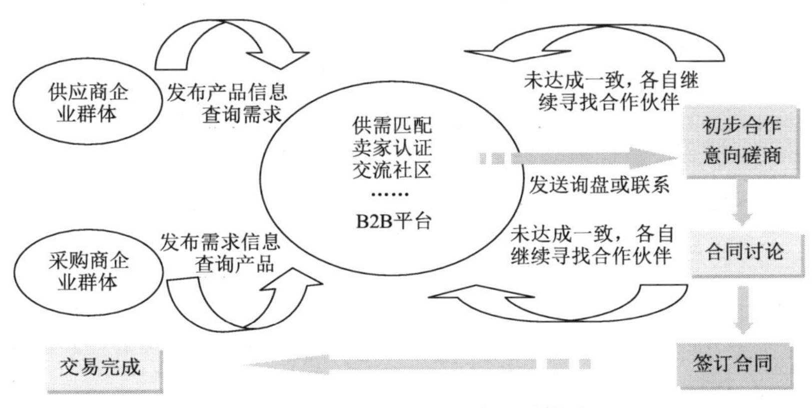

图1-1　典型的B2B平台运营模式

如图 1.1 所示，供应商通过 B2B 电子商务网站展示商品或服务信息，也可以查询对应的商品或服务信息；采购商则借助于网站进行需求信息的发布及商品或服务信息的查询、搜集、联系洽谈等一系列活动；而 B2B 平台则提供一系列与交易相关的服务，如供需匹配、卖家认证、交流社区等。供应商和采购商通过最初询盘完成交易活动。

1. B2B 平台的网络外部性

B2B 平台作为提供交易支持服务的第三方，从其运营模式来看，具有典型的双边市场特征。通过对 B2B 平台的观察发现，B2B 平台存在聚集效应，平台入驻更多的供应商，不仅可以吸引更多的采购商，而且可以吸引更多的供应商；对采购商而言，亦然。作为双边市场的核心特征之一——网络外部性，在 B2B 平台提供的产品和服务中表现得愈加凸显[3]。B2B 平台的主要作用是为采购商和供应商提供交易的先行服务——供求信息匹配。当交易双方接受 B2B 平台的交易服务时，就接入了这一服务的用户群体所构成的网络，每一用户所获得的效用与使用同一平台服务的人数密切相关[4]。除了在平台获得效用大小的感知，用户对 B2B 平台的需求和持续使用的意向还会受现有用户规模的影响。供应商在选择 B2B 平台时，主要考虑平台的投放效果，即平台是否存在足够的受众——采购商；采购商在选择电子商务平台时，主要考虑平台是否能够满足自己的采购需求。B2B 平台网络外部性的存在，致使越来越多的供应商和采购商吸引越来越多的交易方入驻该平台。B2B 平台作为一个典型的双边市场，其网络外部性也是双边的。一方面，交易双方之间存在交叉网络外部性；另一方面，在采购商群体内部和供应商群体内部各自存在自网络外部性。对于 B2B 平台而言，不同的用户规模水平下，自网络外部性对用户效用的影响有正有负[3]。交叉网络外部性描述了平台某一边用户规模的变化与另一边用户使用该平台获得效用或者接入该平台的意愿的相关关系；自网络外部性则描述双边市场上某一边用户的行为对同一边其他用户影响的效应[5]。

在即时通信和社交网站、微博等网络忠诚的实证研究中，不少学者提出网络外部性是影响网络用户忠诚的一个因素[6-10]。分别基于 B2B 平台和移动短信业务平台，邓朝华等[11]、于永军[12]针对网络外部性对用户使用和接受行为的影响开展了实证研究，研究结果显示网络外部性对用户感知易用性、感知有用性和实际使用行为都存在显著的影响。通过对 B2B 平台的运营数据的观察和分析，我们认为网络外部性可能是影响平台用户忠诚的一个重要因素。为此，如何更好地了解 B2B 平台网络外部性及其特征，如何利用网络外部性特征着重有效地培养和维系忠诚的用户，规避不确定性风险，解决 B2B 平台在运营过程中出现的用户流失率过大问题，使企业获得持续性竞争力，是本书所关注的重点。

2. B2B 平台用户需求特点

B2B 平台用户一般为企业级用户，具有明显的行业特征。对于企业来讲，它不仅致力于产品的销售，还要购买原材料、设备、零配件等进行产品的生产，常常集供应商和采购商双方角色于一体。因此，在 B2B 网站中，一个企业可能在买方和卖方的角色中转换，有时甚至可以作为中间商出现。

在电子商务交易最初阶段，B2B 平台用户登录 B2B 网站的主要目的在于搜索相关信息、寻找商业机会、企业品牌推广、发布产品信息、研究同行业竞争状况等，以满足其商业活动的需要。B2B 平台的用户最初的需求是信息服务，其用户本质上属于网络信息用户[13]。本书只关注用户在网上相关的行为特征。一般地，B2B 平台用户信息需求具有以下特征。

(1) 内容全面性和实用性。B2B 平台涉及社会各色行业，信息量繁多冗杂。在此前提下使用电子商务网站，用户无不不遗余力地想获取与自己需求高度相关的信息。一方面，用户希望了解经济运行情况、国家政策等宏观信息；另一方面，用户还希望网站能够提供具体到某一行业、某一企业甚至某一条数据等微观层面的信息。此外，在商业活动中，用户希望获得的信息的价值能够立即实现，并且快速转化为经济效益，这就要求 B2B 电子商务网站为用户提供更实用、高效的信息。

(2) 多样性。如今网络平台信息包罗万象，电子商务平台用户的信息需求也呈现多样化趋势。B2B 平台的用户多数为企业级用户，而企业整个运作流程通常包括原材料采购、产品生产、产品销售等，为此 B2B 平台的同一用户在交易过程中常常扮演不同的角色，可以是采购商，也可以是供应商，甚至可以在不同角色之间进行转换。用户角色的多样性，决定了用户 B2B 平台信息服务需求的多样性要求。这种多样性表现在：①来源的多样性。在 B2B 平台，用户很大程度上希望信息的来源不仅仅局限于本地、本行业，而是扩大到全国甚至全球或者跨行业。②语种的多样性。B2B 电子商务网站面向全球市场的特点决定了其用户对平台信息语种需求的多样性，包括中文、英文和其他小语种。③时间跨度的多样性。一方面，用户渴求当前的动态即时信息；另一方面，用户对近期或过去某段时期的历史性信息资源也有回溯性的需求。

(3) 即时性和动态性。信息科技的快速发展使社会的运转更加高速、高效。信息资源的数字化传播使 B2B 平台用户的需求信息和反馈信息都能迅速传递获取，用户与用户之间、用户与平台运营商之间可以借助网络进行即时反复的交流。为了确保用户信息需求与平台服务之间的高匹配度，多数电子商务网站拥有自己的即时交流软件和在线问答系统。另外，电子商务平台用户也是信息的创造者，他们可以随时把自己的产品信息、需求信息上传到平台服务器，供其他用户检索、浏览、搜集，这增加了短、新、快的原始动态信息，使动态信息更加灵活多样。

(4)个性化。随着信息的快速增长，B2B 平台用户被笼罩在巨大的信息空间，这对平台用户充分获取信息的能力提出了更高的要求。由于 B2B 平台用户所处的行业、国家和地区有所不同，他们所需要的信息也就更为个性化，为他们提供的服务也更为层次化。

1.1.1 我国 B2B 电子商务发展环境及特点

继工业和信息化部 2012 年 3 月发布《电子商务发展“十二五”规划》之后，商务部于 2013 年 11 月 21 日发布了《关于促进电子商务应用的实施意见》，推出十大措施促进电子商务的发展，并指出到 2015 年，中国电子商务交易额将超过 18 万亿元，规模以上企业应用电子商务比例将达 80%以上。

在国家政策的大力支持与引导下，电子商务作为我国战略新兴产业重要的一部分，呈现出了前所未有的发展速度和蒸蒸日上的繁荣场景，为我国生产及生活方式的变革起到了巨大的推动作用。2014 年 8 月，中国电子商务研究中心发布《2014 年(上)中国电子商务市场数据监测报告》，报告数据显示，2014 年 1～6 月我国 B2B 电子商务市场交易额达 4.5 万亿元，同比增长 32.4%，增速同比上升；B2B 电子商务服务商营收规模为 115 亿元，同比增长 22.6%；截止到 2014 年 6 月，我国 B2B 电子商务服务网站达 12 030 家，同比增长 5.5%。虽然电子商务发展快速，加强了市场对电子商务 B2B 企业发展的信心，但随着信息透明度的增大和信息服务市场的饱和，传统的信息服务平台已然不能满足用户的需求，B2B 电子商务在线交易模式随之快速发展。

2013 年，阿里巴巴和慧聪网分别推出在线交易服务，开启了我国 B2B 电子商务从“信息平台”向“交易服务平台”转型进程。以促进平台交易为根本发力点，兼顾增值服务，在此阶段我国 B2B 电子商务企业在垂直服务、多元化运营、平台大数据等领域不断深化发展，表现出了以下市场特征。

(1)传统运营方式日臻完善，大数据技术注入新鲜活力。过去的十几年，B2B 平台不断深化发展传统的运营模式，传统运营模式得以日趋完善。大数据技术的出现，为平台运营智能化提供了支持和保障，丰富了各式增值服务，为当前市场注入了新鲜活力。借助于数据化建设，对平台供应商和采购商的基本情况、服务能力、诚信度等数据进行分析和挖掘，准确匹配两者之间的交易需求，为交易顺利进行提供了先行保障。电子商务平台通过数据挖掘，为平台用户提供更多商机，提高买卖双方交易概率，不仅可以增加平台自身的营销能力，还可以加大被市场认知的机会。

(2)垂直服务、多元化并存，“长尾效应”模式凸显。在技术资源相对匮乏的经济时代，电子商务的发力点在于满足集中在长尾头部的所谓的流行需求，催生了诸多的垂直电子商务平台和服务。随着互联网技术快速发展，尤其搜索引擎技术和个性化推荐技术的进步，电子商务的资源变得相对优渥，“长尾效应”模式逐渐凸显。电子商务的运营范围从头部的流行需求延伸到长尾尾部零散的小量需求，致力于满足用户的个性化差异需求，进行多元化经营。

(3)供应链金融。通过对信息的汇聚，B2B 平台将下游企业需求整合后供上游企业利用，在产业链中承担着桥梁作用。目前产生的供应链金融模式，不仅能满足中小企业信贷资金需求，还能为在线交易双方的信用评定提供参考基础，具有广阔的发展前景。供应链金融服务可以帮助企业建立社会化网络用户关系库，建设电商 B2B 交易结算系统，结合平台物流服务，实现平台全方位的供应链融资与管理体系。

(4)B2B 平台未来突破点在于支付安全、认证管理。目前，大多数 B2B 平台还承担着供求双方信息汇集和输出的基本作用，也就是所谓的信息资源整合。要实现真正的交易型平台，B2B 平台必须在安全支付、认证管理两个方面做出技术性的突破。B2B 贸易的固有属性——金额较大、信任度较低，使目前买卖双方企业仍对在线支付持有顾虑心理。实现在线支付结算，除了高度安全的网络环境，还需要用户养成大额在线交易支付的习惯。此外，原有注册用户的监管机制并不完备，导致商家认证的欺诈情况一度发生，为目前在线支付的实现增加了难度。随着在线交易基础设施、政策法规和环境的逐步完善，以及认证把控的机制的逐步成熟，未来在线交易必然成为主要趋势。

1.1.2 我国 B2B 平台面临的挑战

我国 B2B 电子商务行业在快速发展的过程中，虽然表现出了可观的商业前景，但近几年来增速减缓表现明显，尤其是单纯以信息服务为核心的 B2B 平台盈利空间大幅萎缩。亿邦动力网调研数据显示，47.8%的 B2B 网站负责人表示 2013 年上半年其所管理网站的净利润出现了下滑，高达 52.1%的网站付费会员数量同比出现了不同程度的减少，B2B 行业网站整体生存状况堪忧。诸多的外界因素和 B2B 企业自身发展的路径与瓶颈，使我国 B2B 平台的运营环境显得更为复杂。

首先，世界经济增长步履维艰，外贸形势严峻复杂。金融危机爆发以来，全球市场开始萎缩，中国制造业不得不做出从扩张转向收缩转化的战略调整，我国 B2B 电子商务企业因此也不得以在服务模式和盈利模式上做出创新。2014 年，全球经济增长点乏善可陈。一方面，国际贸易增速呈现回落趋势，经济收缩步伐明显加快，发达国家经济萎靡不振，而且市场规模较小的新兴经济体和发展中国家并不能给我国外贸回升带来提振作用；另一方面，全球部分地区形势动荡、埃博拉等重大疫情蔓延也进一步阻碍了外贸经济的增长。于 2014 年 11 月 4 日闭幕的第 116 届中国进出口商品交易会，再度出现环比“双降”，我国当前外贸所面临严峻挑战进一步凸显①。2014 年年底，俄罗斯遭遇 21 世纪最大经济危机，卢布大幅贬值，也可能给我国的出口产生不利影响。与此同时，国内生产总值（gross domestic product，GDP）增长逐渐减速，成本上升、库存压力加大，限制了我国外贸出口向好的恢复空间。这种内需不足、外需疲软的宏观经济环境给我国 B2B 平台的进一步扩张带来了限制，B2B 平台被迫调整发展策略，从粗放扩张型向质量服务型转变，进行现有客户的筛选维持和服务方式的改变。

其次，电子商务网站高度同质化。信息充分透明、技术高度标准化等因素的存在，使企业、顾客、竞争者之间的差距缩小，用户花费很小的转移成本，就可以做到在相似网站之间的随意切换。一种有别于传统经济的特殊现象普遍存在——用户满意度很高，同时流失率也很高。中国电子商务投诉与维权公共服务平台监测数据显示，截止到 2014 年 6 月，通过在线递交、电话、邮件、即时通信等多种形式，接到全国各地用户电子商务投诉近 50 180 起，同比增长 21.32%，其中 B2B 网络贸易仅仅占了 1.43%[14]。艾瑞咨询 iUserTracker 检测数据显示，2013 年全年我国中小企业 B2B 平台用户月均覆盖人数为 16 240 万人，月环比增长率持续为负[15]。为此，为了建立和维系忠诚的顾客，各大 B2B 平台可以说是不遗余力，动用各种营销和技术手段，意欲在同质化严重的 B2B 领域脱颖而出。阿里巴巴 B2B 平台的“9.4 备货节”、慧聪网的“慧付宝”及“12.3 购”采购节、速卖通的“双 11”大促、敦煌网的“圣诞狂欢”等，都体现了 B2B 平台的营销策略。

最后，单纯依靠信息资源服务的 B2B 平台将会遭遇行业洗牌。随着互联网的发展，Web 1.0 时代信息服务平台已经不能满足时代的要求。对于 B2B 平台而言，采购商的需求已不仅仅是产品价格参考、寻求供应商，同时，供应商的需求也不仅仅是找寻一个产品展示和推广的场所，如何行之有效地完成真实的订单，是买卖双方企业都最为关注的问题。作为传统的 B2B 平台，如何突破行业发展瓶颈，快速转型成“在线交易”平台，是我国 B2B 电子商务行业所面临的巨大挑战。

由上述分析我们可以看出，随着网络经济和高科技产业的快速发展，我国电子商务平台的发展处于关键的转折时期，同时又面临着一个竞争激烈而充满不确定性的环境。B2B 平台高度同质化，使用户可以在相似网站之间随意切换，导致 B2B 平台用户满意度高，同时用户又难以维持。然而对于 B2B 平台来说，其创造利润的不竭动力来自一定基数的用户。因此，在转型时期，如何提升用户体验，逐步改变用户习惯，增强用户黏性，获得新的利润增长点是我国 B2B 平台亟须解

① 《广交会闭幕再现“双降”显示外贸形势严峻》，http://news. xinhuanet.com/2014-11/04/c_1113115191.htm [2014-12-09]。

决的问题。

B2B 电子商务平台的作用是尽可能多地吸引 B2B 交易所涉及的双边用户——买方和卖方，为双方的交易提供支持服务。这种服务具有典型的网络外部性特征，即当买方企业和卖方企业接受 B2B 平台的交易服务时，就加入了这一服务的用户群体所构成的网络，每一用户所获得的效用依赖于使用同一平台服务的人数。例如，B2B 平台中由于网络外部性的存在，常产生用户规模引起的聚集效应，即越来越多的卖家会吸引越来越多的买家，同时，越来越多的买家会吸引越来越多的卖家。因此，如何增加 B2B 平台用户使用率、如何赢得用户忠诚、如何扩大用户规模是 B2B 电子中介管理和运营实践中至关重要的问题。

本书作者对国内排名第三的 B2B 平台——中国制造网的买方用户忠诚进行了实证研究，结果显示，B2B 平台用户忠诚水平受网站功能、用户转移成本等因素的显著影响[16-18]。同时我们观察到，有利于改进平台质量、提升转移成本以锁定用户的面向用户忠诚的投资决策，如平台的新产品开发投资、系统建设投资和版本差异化投资等，主要依赖于 B2B 电子中介经营者的管理经验，这种经验性的决策对于平台服务的网络外部性特征、用户忠诚、用户规模与产品差异化之间关联关系的把握存在很大的不确定性。在 B2B 电子中介的管理实践中，我们观察到多例由管理者的经验性决策导致的用户流失率不降反升的现象。因此，如何降低 B2B 电子中介运营的不确定性？如何理解网络外部性作用下市场用户的行为形成机理？如何提高 B2B 电子中介决策的科学性？如何通过信息技术投资、提供差异化服务等措施，来赢得用户忠诚、保持和扩大用户规模？这些已经成为影响 B2B 电子中介生存和发展的重要问题。

1.1.3 网络外部性下的用户忠诚形成机理实证研究

学术界对于电子商务环境中用户忠诚大多借鉴传统市场营销的定义，指的是用户出于对某一特定电子商务平台或品牌的偏好和喜爱，经常光顾该平台，关注平台信息，并重复购买该平台的产品或服务，甚至无意识地在生活中或互联网论坛中对平台做正面“口碑”宣传的行为[7]。

1. 用户忠诚的测评

目前，已有大量的关于互联网环境下用户忠诚测评的研究，仅从用户忠诚这一概念的测量模型构成的视角来看，可以归纳为以下三种。

(1) 意向忠诚。Kim 和 Moonkyu[19]将互联网用户忠诚定义为用户基于以往的购物经验和对未来的预期，愿意再次光顾当前电子商务平台的意向性。这种观点主要强调态度上的忠诚。

(2)行为忠诚。Reichheld 和 Sasser[20]认为互联网用户忠诚度表现为购买频率增加、购买数量与金额增加及价格敏感度降低。Gillespie 等[21]认为互联网用户忠诚度还包括用户在一定时间内访问平台次数、每次停留的时间与每次浏览信息的深度。这种观点主要强调行为上的忠诚。

(3)完全忠诚。Srinivasan 等[22]在互联网零售商的用户忠诚度研究中，将用户忠诚度定义为用户的喜好态度及重复购买行为。这种观点包含了行为和态度两方面的忠诚。

本书将借鉴前述研究，由于研究对象为 B2B 交易中的企业个体，更多侧重于从意向忠诚的视角构建测量模型，如能够争取到 B2B 电子中介更为深入的合作，则也可采用行为忠诚或者完全忠诚视角构建测量模型。

2. 影响因素

国外已有大量的学者对 B2C (business to consumer)、C2C (consumer to consumer)、B2B 平台用户忠诚的形成机理进行了研究。其中，可能受限于样本的可得性，大部分研究都以 B2C 或 C2C 平台为研究对象，例如，Caruana 和 Ewing[23]采集了 1857 份 B2C 平台用户样本数据，表明品牌形象会受到用户感知价值的直接影响，并且会影响用户忠诚的形成。Casaló 等[24]通过对金融服务网站等 B2C 平台的调查，指出互联网用户忠诚受用户满意的直接影响。Kim 等[25]研究发现，B2C 平台的服务质量会影响用户满意的形成，进而影响用户忠诚。Yang 和 Peterson[26]指出，B2C 平台的用户转移成本是影响用户忠诚的重要因素。Balabanis 等[5]、Jones 等[27]对 C2C 平台用户的调查也得出了相同的结论。从上述文献研究可以看出，B2C 和 C2C 平台用户忠诚的主要影响因素是品牌形象、平台服务质量、感知价值、用户满意和转移成本。

此外，也有部分学者对电信、快递等 B2B 行业的用户忠诚进行研究。Hansen 等[28]研究发现，电话行业中企业用户的感知价值受到品牌形象的直接影响，并且会影响用户忠诚的形成。Rauyruen 和 Miller[29]指出，快递行业中用户忠诚的形成还受到服务质量的直接影响。Lam 等[30]通过对 B2B 物流服务业进行调查，发现用户忠诚受转移成本的直接影响。上述研究结果显示，B2B 行业用户忠诚主要受品牌形象、服务质量和转移成本的影响，与 B2C 和 C2C 平台用户不同的是受感知价值和用户满意的影响相对较小。

国内的研究状况与国外类似，大多数都以 B2C 或 C2C 为研究对象。李兴国[31]通过实证研究发现，B2C 平台中用户感知价值、用户满意对用户忠诚都存在显著的直接影响。赵卫宏[32]进一步发现，互联网用户的感知价值只对满意具有显著的直接影响，而对用户忠诚的直接影响不显著。桑辉[33]以网上银行的问卷调查资料为基础，研究发现转移成本与忠诚有显著的相关关系。汪旭晖和徐健[34]指出，互联网用户的转移成本越高，同样的用户满意、用户感知价值能产生更强的忠诚感。极少的研究者对 B2B 平台的用户忠诚进行了研究，谢兆霞和李莉[17]通过研究发现，B2B 平台的买方用户转移成本越高，感知质量对用户满意的影响越低。

综上所述，品牌形象、网站服务质量、感知价值、用户满意、转移成本是影响互联网环境下用户忠诚的重要因素。但目前已有的研究成果和理论还存在一定的局限性，主要体现在以下几个方面。①尽管当前已有大量有关电子商务环境下用户忠诚的研究成果，但是对于提供的 B2B 平台交易服务具有典型网络外部性特征的 B2B 电子中介来说，尚缺乏有关网络外部性对用户忠诚的影响机理实证分析。然而，目前已有学者研究了 B2B 电子中介[24]和移动短信业务[25]中网络外部性对用户使用行为的影响，结果显示网络外部性对用户感知的易用性、感知的有用性和实际使用行为都存在显著的影响。因此，有必要对于网络外部性对 B2B 电子中介的用户忠诚(即用户再次使用意向和行为)的影响机理开展实证研究。②现有的研究对影响用户忠诚形成机理各因素之间的关系还缺乏一致的认识和理解。③现有国内的研究大多针对 B2C 和 C2C 领域的电子商务平台，B2B 平台方面的实证研究较少;这一局限性通常涉及研究者自身取样的相关决策问题(样本类型和大小)，难以获得较大规模的从事 B2B 电子商务的企业样本资源，这也可能是当前大量学者针对样本易于获取的 B2C、C2C 平台研究的原因，因而研究结论也存在一定的局限性。

此外，项目组前期着重对 B2B 平台的买方群体用户忠诚进行了实证研究，主要反映了国外买家用户忠诚形成机理，而对于我国 B2B 平台的国内卖家用户忠诚及网络外部性影响下的用户忠诚尚未开展实证探索，目前的研究结果尚难以为连接买方和卖方的双边市场——B2B 电子中介的管理实践提供全面科学的理论指导。因此，在现有研究成果的基础上，本书以 B2B 电子中介为研究对象，借助于国内多个 B2B 平台特别是合作单位——中国制造网的支持，开展两类用户——买方企业和卖方企业网络外部性影响下的忠诚形成机理实证研究，以期探究网络外部性下 B2B 电子中介用户忠诚形成的关键影响因素、影响机理与影响程度。

1.1.4 网络外部性下的用户忠诚投资决策建模研究

用户忠诚测评获得的是有关用户忠诚水平及各影响因素水平的实际测度，对于 B2B 电子中介来说，更为重要的是需要根据实测的结果及对市场环境的判断和未来的预期确定能够影响用户忠诚的投资项目。

1. 用户忠诚投资

一般地，投资是指货币转化为资本的活动和过程。而 B2B 电子中介的用户忠诚投资是指，为培养和保持用户忠诚，对核心的平台服务及附加服务进行的将货币转化为资本的活动和过程。常见的 B2B 电子中介用户忠诚投资项目主要包括三种类型，如表 1-1 所示，各种类型的忠诚项目会产生不同类型的投资成本。本书关注的用户忠诚投资主要包括：为忠诚用户提供会员费优惠(即差异化定价)、版本差异化服务，进行服务差异化将自己与竞争对手区分开来，针对平台内的交易提供诸如保证等服务，通过改进网站设计增加用户的学习成本从而增加用户转移成本等。无论选择何种用户忠诚投资策略，都会给 B2B 电子中介带来一定的成本支出，因而电子中介必然面临着用户忠诚与投资增加之间的决策问题。

表 1-1　B2B 电子中介忠诚投资项目及成本类型

用户忠诚投资项目主要类型	成本类型
第一类：新老会员和交易保证服务的差异化定价等，如为老用户提供会员费优惠和交易保证服务等	机会成本
第二类：通过信息技术投资提供新的互联网产品和服务，实现平台升级和平台版本差异化	沉没成本(固定成本)
第三类：设立呼叫中心和用户服务等部门，通过增加雇员等措施，提高平台服务水平等	付现成本(可变成本)

2. 用户忠诚投资决策建模研究

大多数电子商务企业都对平台的建设进行了忠诚项目投资，但对于不同的电子商务企业，投资策略并不相同[35]。信息系统研究者将电子商务企业之间投资策略的不同归因于电子商务服务的网络外部性特性、用户的转移成本及技术投资市场中的信息技术成本下降这三个重要因素。目前，这一领域的相关研究通常是分别考虑某一因素对投资决策的影响，以下分别从上述三个方面对现有研究进行归纳和综述。

1) 考虑网络外部性影响的投资决策研究

经济学文献中的网络外部性指的是，当用户通过购买特定产品或服务而加入该产品或服务的用户群体所构成的网络时，用户获得的效用依赖于同一网络中使用同样产品或服务的人数[36]。网络外部性由用户基础及网络外部性强度构成。早期学者针对提供具有网络外部性的产品和服务的企业用户锁定及竞争性投资策略进行了大量的研究，电子商务出现后，B2B 平台这一具有网络外部性的双边市场也引起了研究者广泛的兴趣，已经逐步成为产业经济学的研究热点，研究者将双边市场中的网络外部性分为两类：一是单边用户内部的网络外部性，称为自网络外部性；二是双边用户之间的网络外部性，称为交叉网络外部性。

Bakos 和 Katsamakas[37]研究了 B2B 交易双方存在正交叉网络外部性情况下的 B2B 平台定价决策策略；Yoo 等[38]进一步假设卖方之间竞争性定价会引起卖方群体内部的负自网络外部性，研究卖方负自网络外部性与双边正交叉网络外部性共同作用下的B2B电子中介定价决策策略；Bhargava[39]在假设存在卖方的负自网络外部性与双边正交叉网络外部性的前提下，研究买方偏好异质情况下的信息中介网站服务版本差异化投资决策策略。从国内研究来看，毛晶莹[40]通过两阶段定价模型，研究了双边正交叉网络外部性强度对B2B平台最优定价水平的影响。曲振涛等[41]构建垄断模型研究了网络外部性对电子商务平台的双边差异化定价问题，结果显示，平台对买方的定价受正交叉网络外部性和买方群体的正自网络外部性的影响，平台对卖方的定价受正交叉网络外部性和卖方群体的负自网络外部性的影响。曹俊浩等[3]认为卖方的自网络外部性又可以分为两类：一是竞争所带来的负自网络外部性；二是聚集和示范所带来的正自网络外部性。并且，双边用户的竞争自网络外部性总是强于示范自网络外部性，卖方的竞争和示范这两类自网络外部性水平要强于买方，平台的利润与自网络外部性呈负相关关系。

现有的研究除了上述讨论的网络外部性对定价策略的影响以外，也有少量的探讨了网络外部性对质量差异化投资策略的影响，如潘晓军和陈宏民[42]通过构造一个纵向差异化的两阶段模型（先决定产品质量再决定产量），对比分析了考虑和不考虑网络外部性特征两种情况下，规模收益特征对产品质量的影响。刁新军等[43]研究了具有网络外部性的产品纵向差异化策略，研究表明当具有网络外部性时，高质量产品的均衡市场价格、份额和利润都大于不考虑网络外部性时的市场价格、利润和份额。

纵观国内外网络外部性下B2B电子中介的研究成果可以发现，现有的研究未考虑B2B平台不同发展时期卖方自网络外部性异质对B2B中介决策策略的影响。事实上，通过实践观察我们知道，卖方群体内部存在的网络外部性特征常常受到B2B平台的发展状况的影响，在平台的发展初期，主要表现为聚集和示范的正自网络外部性，平台聚集诸多提供不同类型产品的卖家，为买方提供了多种类型的商品，即使是同类产品，也为买方提供了商品和价格比较的空间，提高了市场的交易效率，这即是信息经济学中讨论的“扎堆”效应，一个市场聚集了越多的卖方，就越可以向买方传递该平台是“全部市场”的信息；在平台的成熟期，主要表现为竞争的负自网络外部性，使用平台的卖方数量越多，争夺买方用户就越激烈，同时单个卖方可能分配到的用户注意力就会越少，即用户的注意力成为稀缺资源，从而导致每一卖方交易成功的概率降低。

2）考虑用户转移成本影响的投资决策研究

转移成本的完整概念最早由波特[44]提出，它指的是“当消费者从一个产品或服务的提供商转向另一个提供商时所产生的一次性交易成本”。Klemperer[45,46]建立了一个具有转移成本的模型以分析转移成本对市场竞争的影响，结果表明转移成本虽然可以减少企业之间的竞争，但却提高对用户收取的价格，尤其是竞争的第二阶段。Beggs和Klemperer[47]、Farrell和Shapiro[48]进一步通过研究发现，由于转移成本使企业提高了对用户收取的价格，市场先入者服务的绝大部分用户还是已有的用户，而潜在的用户会转向其他企业，从而使得转移成本不一定会给市场先入者带来竞争优势。Corrocher 和 Zirulia[49]分析了竞争性市场环境下，用户转移成本对市场在位者和潜在进入者市场份额的影响，发现潜在进入者的市场份额会受到转移成本的不利影响。帅旭和陈宏民[50]分析了用户具有转移成本的企业竞争战略，表明转移成本只能使企业锁定各自的用户。Singh 等[51]提出了一个两阶段、两寡头企业(一个提供忠诚项目，另一个不提供忠诚项目)针对同质产品的定价策略模型，用户由于会受到忠诚奖励，在第二阶段会产生转移，研究发现一个企业提供忠诚计划，另一个企业会通过低价策略来进行竞争。

早期的研究大多数讨论转移成本对企业定价策略的影响进而影响市场份额，在关于转移成本对企业为扩大用户规模的技术投资策略的影响这方面还比较缺乏；已有的文献中大多数假设转移成本是外生的，不受技术投资等因素的影响；即使少量的文献中假设转移成本是内生的，也是通过价格差异(如老会员优惠等忠诚计划)而产生的，而不是通过为达到网站黏性、提供个性化服务的技术投资而产生的，现有的定量模型尚未反映如何通过技术投资来提高网站黏性从而提高用户忠诚水平。此外，在现有文献所构建的两阶段 Hotelling 模型中，假设两阶段市场份额没有变化，第二阶段没有新进用户，仅考虑了第二阶段的忠诚用户和转移用户，显然这与 B2B 电子中介的运作实践是不相符的。

3) 考虑信息技术成本下降影响的投资决策研究

信息技术行业的一个显著特征就是，信息技术资产价值随时间的推移快速地递减[52]，这就使信息技术市场的后进入者对硬件、软件和通信设备的投资成本要远低于先进入者，从而给后进入者带来显著的成本优势。Tyagi [53]通过构建模型分析了序贯进入市场的两寡头企业的产品定位策略，研究指出先进入者难以确定后进入者的成本结构时，这一不确定性会影响先入者的产品定位。Demirhan 等[54]研究了信息技术成本下降时序贯进入市场的两寡头企业的信息技术投资策略，信息技术投资主要用于提高网站的质量水平，并且投资额为网站质量水平的二次函数，结果表明信息技术成本下降对投资所达到的网站质量水平的影响主要取决于企业所服务的用户偏好，即服务敏感型用户还是价格敏感型用户。Hernandez [55]通过建模讨论了两寡头企业在面向不同类型的用户同时提供质量有差异化的产品时，针对不同质量水平的定价策略，由于企业同时做出投资策略，在成本假设中，仅存在提高质量水平的、与信息技术成本下降无关的沉没固定成本。谢科范等[56]在质量投资成本仅为质量水平的线性函数的假设条件下建立质量竞争博弈模型，探讨两寡头同时做出决策的质量竞争机理及质量竞争过程中的企业风险。

已有的文献表明，信息技术成本下降是两寡头企业序贯做出投资决策的重要影响因素，并且结合实践观察我们发现，电子商务企业由于对市场和技术成本具有不确定性，更愿意成为市场的跟随者，因此我们将讨论序贯进入竞争性市场的两寡头或多寡头企业的投资策略。但是在电子商务企业的实际运营中，我们还发现，B2B 平台为提升网站质量所需的信息技术投资成本不仅包括用于提高质量水平的固定成本，还包括与平台质量、平台用户需求有关的可变成本，因为平台质量水平提升的同时会吸引越来越多的用户，中介需要加大对服务器、中介客服人员等方面的投资。

1.2　研究问题的提取及其理论意义

本书关注的 B2B 电子中介所提供的平台交易服务具有典型的网络外部性特征，用户规模是平台赖以生存的基础；B2B 电子中介的平台构建及后期服务质量的提升主要依赖于信息技术投资，这里信息技术投资指的是将投入于硬件和软件方面的货币资金转化为资本的活动和过程，摩尔定律说明信息技术投资成本随时间递延呈快速下降的趋势。这些特征使 B2B 电子中介目前在运营管理中遇到两个较为突出的问题：第一，从目前国内的阿里巴巴、慧聪、中国制造网等 B2B 电子中介来看，其运营模式较为单一、趋于同质化，用户可以较为容易地在不同网站之间进行转换；第二，信息技术投资成本的快速下降使市场中的后进入者可以以较低的成本构建较高质量的平台，先进入者难以维系忠诚用户，如网盛生意宝，2007 年创建以来先后推出跨平台搜索产品“生意搜”和类似于微软“人立方”的商家推荐产品“生意人脉圈”，以提供高质量的网站产品迅速吸引了大量用户，2011 年市场占有率迅速超越敦煌网等 B2B 平台上升至第五名。因而，随着新的 B2B 电子中介不断涌现，上述问题使 B2B 电子中介面临新用户难以获取、老用户难以维系、竞争优势难以保持的现状。

前期实证研究的结果显示，B2B 平台的用户忠诚受服务质量、网站功能、用户转移成本的显著影响[5]。因此，B2B 电子中介需要根据用户特征和市场特征，确定合适的服务定价、产品差异化等策略，以提供具有多种特色、多层次质量水平和对应于多种报价的网站版本与产品，以达到提高用户忠诚、保持和扩大平台规模的目标。这就要求，一方面，B2B 电子中介需要根据平台服务的网络外部性特征，确定为买卖双方提供平台服务的质量水平及相应的定价，以有效影响双边市场需求，提高自身收益；另一方面，在竞争环境下，B2B 电子中介需要根据用户偏好、转移成本、信息技术投资成本，确定质量差异化投资策略，以提高市场竞争力。

现实的管理实践中，B2B 电子中介的管理者大多根据经验来确定面向用户忠诚的平台投资项目及投资额，但投资策略受限于用户特征和市场特征，如用户偏好、转移成本、信息技术投资成本、竞争强度等，经验性的决策对于多种影响因素的影响机理和影响程度的把握存在很大的不确定性，如果决策不当，缺乏对用户需求的洞察力，对用户服务的某些方面投入过多，增加了操作的复杂性，却不能为用户“直接或间接”地创造利润，最终反而导致用户流失。因此，为降低 B2B 电子中介投资中存在的不确定性，有必要应用理论建模方法为 B2B 电子中介的投资决策提供有效的、科学的决策工具，并应用仿真计算方法优化这一动态决策过程，以期促进 B2B 电子中介的生存能力和市场竞争力的提升。

本书立足于 B2B 电子中介的电子商务平台运营的基本特征，综合运用实证分析、数理分析和实验分析相结合的研究方法，构建包含静态和动态影响因素的、刻画 B2B 电子中介决策行为发生与改变内在规律的决策模型；设计描述 B2B 平台中实体、事件、市场环境的仿真系统，探索网络外部性下的 B2B 平台用户忠诚的形成机理，获得精确的、对市场环境具有动态适应性的 B2B 电子中介面向用户忠诚的投资策略，以期为 B2B 电子中介的管理者科学地制定用户忠诚投资机制提供决策支持，本书对 B2B 电子中介的用户规模扩大和保持乃至生存能力和市场竞争能力的提高具有理论指导意义。

1.3 研究内容和研究方案

本书在现有相关研究和实践的基础上，以 B2B 电子中介的电子商务平台运营为背景，通过实证研究、数理分析和仿真相结合的研究方法，运用和借鉴营销管理、统计学、博弈论及优化理论等相关理论与研究成果，探讨网络外部性下的 B2B 电子中介用户忠诚测评和用户忠诚投资决策策略问题。本书具体研究目标如下。

(1)探索 B2B 电子中介用户忠诚现状及其形成机理，揭示网络外部性下 B2B 买卖双方交易行为发生和改变的内在机理。

(2)建立网络外部性下的 B2B 电子中介用户忠诚投资决策模型和方法，提高 B2B 电子中介运营的有效性和稳定性。

(3)揭示网络外部性、转移成本及信息技术成本下降等因素变化情况下的用户忠诚投资策略调整轨迹，提高 B2B 电子中介的动态适应能力。

1.3.1 研究内容

一般地，B2B 电子中介参与的电子商务市场结构可以抽象简化为图 1-2。其中，卖方通过 B2B 电子中介组织的交易平台展示商品和服务信息，买方则借助于平台完成信息收集、联系洽谈等一系列活动，而 B2B 电子中介则提供一系列与交易相关的服务，如供需匹配等。

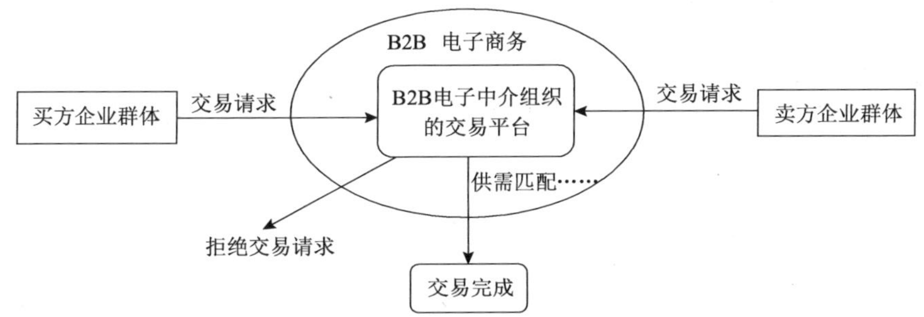

图 1-2 B2B 电子中介参与的电子商务市场结构

B2B 电子中介作为提供交易支持服务的第三方，用户的使用是其利润的源泉，忠诚的用户是 B2B 电子中介持续经营的基础。如前所述，B2B 电子中介的网络外部性与传统企业呈现出显著的差异，其网络外部性是双边的。一方面，存在买卖双方之间的正交叉网络外部性；另一方面，也存在买方群体内部和卖方群体内部的自网络外部性，如研究现状中的阐述，在 B2B 电子中介不同的用户规模水平下，自网络外部性对用户效用的影响有正有负。因此，我们将网络外部性影响下的 B2B 电子中介用户忠诚形成机理和影响因素作为研究的出发点，将网络外部性作为描述竞争性 B2B 电子商务市场的主要参数，将转移成本和信息技术成本下降作为辅助参数，将平台差异化定价、技术投资、服务质量差异化等作为激励用户多期使用的有效工具，开展 B2B 电子中介的用户忠诚测评和投资决策研究。具体拟从以下几个方面进行研究。

第一，网络外部性下的 B2B 电子中介用户忠诚形成机理的实证研究。通过实证研究，在前期买方用户忠诚影响因素研究的基础上，进一步探索网络外部性影响下的 B2B 电子中介买方用户、卖方用户忠诚形成机理，为数理分析与仿真优化提供实践基础。

B2B 电子中介用户忠诚受到诸多因素的影响，如品牌形象、网站质量、用户满意、转移成本等，探索网络外部性下这些因素对用户忠诚的影响机理和影响程度，可以为 B2B 电子中介更好地培养和保持用户忠诚提供理论依据。

将具体对比其他应用领域的用户忠诚研究特点，重点运用行为学理论、信息系统接受理论、营销学顾客满意与忠诚理论等已有的研究成果。借助于国内多个 B2B 平台，特别是合作单位——中国制造网（焦点科技）的企业样本资源，分期开展抽样调查，应用结构方程建模方法，对 B2B 电子中介用户忠诚的形成机理进行分析与揭示，为后面的定量建模奠定实践基础。

第二，网络外部性下 B2B 电子中介的用户忠诚投资决策建模研究。构建网络外部性下 B2B 电子中介的用户忠诚投资决策模型，有效地影响市场需求，提高 B2B 电子中介收益。

从现有的研究结论来看，网站感知质量、用户转移成本对用户忠诚存在正向的影响。因此，为培养和保持忠诚的用户，进而影响和扩大市场需求，B2B 电子中介有必要根据自身的网络外部性强度，对平台质量改进和质量水平差异化进行投资，以将自己与竞争对手区分开来；需要设计与转移成本相关的忠诚项目，即对忠诚用户提供会员费优惠(即差异化定价)，提供诸如保证等增值服务，通过改进网站设计增加用户的学习成本等。如前所述，任何投资策略都会产生成本，B2B 电子中介需要在用户忠诚水平提高与投资成本增加之间进行抉择。本书在形成机理实证分析结论的基础上，结合 B2B 电子中介的网络外部性特征，运用经济学和博弈论的建模方法，探索不同市场结构下 B2B 电子中介用户忠诚及其相关行为发生与改变的内在机理，进一步讨论转移成本及信息技术成本下降对中介投资决策的影响，以为 B2B 电子中介投资决策的制定提供理论依据。

第三，仿真优化研究。设计描述竞争性的 B2B 电子中介市场中实体、事件、市场环境的仿真系统，通过仿真计算实验，揭示网络外部性下 B2B 电子中介的用户忠诚投资决策行为的变化机理和策略调整轨迹，提高投资策略的动态适应性。

上述定量模型研究的最优化分析中，由于解的形式复杂性，往往很难直观地表征出最优策略应该如何随市场环境的改变进行参数的调整与变化，而且对于调整后的管理策略由于难以观察实施后的效果，常常仅流于理论上的探讨。为解决这些问题，本书拟采用基于计算的仿真方法，设计包含多买方 Agent 和多卖方 Agent 的 B2B 电子中介的市场交易模拟系统，依据定量模型所得到网络外部性下 B2B 电子中介的用户忠诚投资决策机制和决策模型，定义事件规则，观察多次仿真迭代后买方 Agent 与卖方 Agent 态度(忠诚水平)和行为的改变，以验证定量模型。同时，我们也可以通过改变买方实体和卖方实体的属性、活动等参数，进行反复、可控的实验，做多方案的比较，观察不同投资策略下“可能发生”的管理现象，探寻管理策略的适应性，从而为网络外部性下 B2B 电子中介的用户忠诚投资策略的调整提供实验依据。

这一部分研究的主要目的，是对网络外部性下 B2B 电子中介投资策略调整的仿真，以及对 B2B 电子中介市场中买方实体和卖方实体的决策行为进行计算仿真，以期获得有关协调机制的实施绩效实验数据，验证乃至揭示网络外部性强度异质、买方实体和卖方实体的价格与质量偏好异质、转移成本属性异质及市场交易主体风险偏好异质情况下，B2B 电子中介相关决策行为的变化机理和策略优化，提高 B2B 电子中介对于不确定市场环境的适应性。

1.3.2 研究方案

本书的总体研究方案采用基础研究、实证分析、定量建模、仿真模拟的技术路线。整体研究采用先实证、后理论、再仿真的思路，理论研究、仿真实现时采用先部分、后整体的自下向上的思路。从总体上解决好网络外部性下 B2B 电子中介用户忠诚测评和投资决策建模的总体框架设计，实现参与平台的买卖双方微观行为机理与 B2B 电子商务平台宏观运作之间的有机关联，从局部上解决好面向用户忠诚的 B2B 电子中介投资决策问题的深入研究和细化建模。

全面搜集、整理、吸收国内外有关用户忠诚、网络外部性、转移成本、在线中介、激励机制、电子商务管理、产业组织等领域的相关研究成果，熟练掌握行为学与社会学的主体行为测试方法、结构方程建模、基于仿真优化方法、博弈论、机制设计、产业经济学等基本理论和应用范式，为后续研究做好充分准备。

1. 实证分析阶段

这一阶段的研究主要针对研究内容的第一部分展开，即探索网络外部性影响下的 B2B 电子中介用户忠诚的影响因素和影响机理。研究方法上，主要遵循结构方程模型的研究范式展开实证研究，具体将遵循以下步骤：①结合实践观察和文献研究成果，运用二阶因子的分析方法，分别构建分层的网络外部性下 B2B 电子中介的用户忠诚多个测评模型；②在各个测评模型的基础上，分别设计问卷并分期组织调查，进行数据可靠性分析；③分别应用多种结构方程模型的参数估计及假设检验方法，对测评模型进行验证，为定量建模阶段用户特征和市场特征的描述提供实证依据。

2. 定量建模阶段

这一阶段的研究主要针对研究内容的第二部分展开，涉及两大方面的研究内容：①网络外部性下垄断 B2B 电子中介的用户忠诚投资决策建模；②网络外部性下两寡头或多寡头 B2B 电子中介的用户忠诚投资决策建模。从建模的基本方法上，都遵循以下技术路线：根据实证结果和理论分析提取变量，并提出变量间的关系假设→建立决策模型→模型的最优性分析→参数变化下的敏感性分析→研究结果和管理意义讨论。

3. 仿真优化阶段

如何用计算仿真方法刻画现实的 B2B 电子中介的电子市场交易系统？如何将定量模型分析获得的管理策略提取为仿真系统中事件的规则？等等。这些问题都是这一阶段必须解决的问题。针对上述问题，构建仿真实验模型进行仿真优化，主要包含以下步骤。

(1) 根据理论分析模型和实证研究结论提取买方企业主体和卖方企业主体的属性参数、活动事件与活动规则，建立反映网络外部性影响下的 B2B 电子市场交易系统特征的计算机仿真系统模型。

(2)在仿真系统模型的基础上，模拟在 B2B 电子中介的管理策略下，B2B 电子市场交易中网络外部性影响下的买方企业主体和卖方企业主体运作的演化机制，观察每一定量模型给出的具体策略下买方企业主体和卖方企业主体行为的发生过程、行为改变的轨迹，分析“可能发生”的现象，验证乃至发现具体的 B2B 电子中介面向用户忠诚的投资机制对于买方企业主体和卖方企业主体的忠诚行为意向与忠诚行为的影响及其影响机理。

(3)通过控制所模拟的 B2B 电子市场交易系统中各买方企业主体和卖方企业主体交易的次数，通过改变各种参数控制 B2B 电子商务交易环境的变化程度，观察网络外部性强度异质、用户基础异质、用户转移成本异质和信息技术投资成本异质情况下某一 B2B 电子中介面向忠诚投资策略的实施绩效；通过改变事件规则，通过改变功能模块及活动流程，观察实验系统中不同投资策略的实施绩效。

1.4 研究创新点

1. 研究目标定位于有效解决我国管理实践中广泛存在的典型问题

本书的研究从我国 B2B 电子中介管理和发展中的现实问题出发，总结 B2B 电子中介平台用户忠诚现状，研究网络外部性影响下 B2B 电子中介的用户忠诚投资策略，这对于扩大和保持 B2B 电子中介平台的用户规模，提高 B2B 电子中介的生存能力和市场竞争力具有重要意义。

2. 研究内容聚焦于实证上尚需深入验证的 B2B 电子中介用户忠诚问题

大量的有关传统行业用户忠诚方面的实证研究为本书提供了重要的理论基础。然而，对于网站用户忠诚的实证研究大多是针对 B2C 网站、C2C 网站的，有关 B2B 网站的相关实证研究较少。现实中，B2B 网站这一特殊的双边市场结构中，企业用户的忠诚形成存在不同于 B2C 网站和 C2C 网站的普通消费者用户忠诚的特殊性，但 B2B 电子中介的长期运营需要了解企业用户忠诚的形成机理和影响因素，而目前的实证研究结论不能够直接应用于 B2B 电子中介用户忠诚管理问题。当前实证研究与 B2B 电子中介管理实践之间仍然存在着脱节的现象。

3. 研究内容聚焦于理论上尚需深入的双边网络外部性特征的用户忠诚投资决策问题

早期学者对于传统行业中网络外部性对用户锁定及企业竞争性投资策略的影

响已经进行了大量的研究，然而考虑的大多是单边的自网络外部性。而本书的研究对象——B2B 电子中介，其网络外部性与传统市场存在显著的差异，不仅单边用户即买方用户、卖方用户内部存在自网络外部性，双边用户即买卖双方之间还存在交叉网络外部性，并且由于双边用户群体性质的不同，网络外部性的正负性也会有所改变。因此，本书以双边网络外部性特征为基础，研究 B2B 电子中介的用户忠诚投资决策问题，以期研究模型的结论能够更为符合或者贴近 B2B 电子中介的管理现实。

4. 研究方法上探索实证研究、数学建模与仿真计算方法的综合集成

在项目研究领域，广泛的实证研究、深入细致的数理分析和大量的人工智能方法研究已经取得了许多重要的成果，但实证调研成果与数理分析和仿真方法相结合的较为有限。本书通过实证调研获取 B2B 电子中介的企业用户忠诚影响因素的具体参数，将实证结果融入投资策略的数学建模和仿真建模，探索数学建模、仿真计算方法的有效结合，寻求实际管理问题解决的科学途径。

第 2 章　B2B 平台网络外部性存在性验证及强度研究

网络外部性是新经济学中的一个重要概念，近几年来受到了学者和企业的广泛关注。如何有效利用网络外部性，使企业获得持续有效的竞争优势，已成为企业和学者日益关注的焦点。在过去的三十余年里，国内外有关网络外部性的研究已经取得了丰硕的研究成果，研究方法也从最初的数学建模研究向实证研究和数理分析转变。

2.1　网络外部性的概念、类型及研究现状

1. 网络外部性的定义

1974 年一项针对通信服务的研究指出，对于电话网络，消费者获得的效用会随着其他用户的加入有所增加，需求方的规模经济来源于消费外部性[57]。“消费外部性”的概念第一次被人们所认知。这可以说是对网络外部性理论的最初关注和探讨。此后，Katz 和 Shapiro[36]提出了“网络外部性”这一概念，来解释一款产品的价值与其使用用户数量紧密相关的现象，并简单地将其论述为：消费同样产品的其他用户的人数增加时，用户消费该产品所获得的效用会相应增加。这种论述强调了正网络外部性。Farrell 和 Saloner [58]将这一现象的使用范围扩大到了消费兼容商品的情况。Liebowitz 和 Margolis [59]研究了网络外部性存在时，消费同样产品的代理人(agents)人数变化时，其利益或者盈余变化的情况。Economides[60]探讨了网络外部性对产品预期销量的作用。Kauffman 等[61]认为，当用户使用一种产品获得的价值随着使用该产品或兼容产品的用户基数增加而增大时，就出现了网络外部性。目前学者们对网络外部性的理解和认知角度主要是市场上消费者的相互影响。从消费者价值角度看，网络外部性意味着市场中用户获得的价值包括两个部分：一部分是产品的独立价值(autarky value)，即产品本身所具有的价值，与网络大小无关；另一部分是协同价值(synchronization value)，即用户从新用户加入中获得的额外价值，由网络大小决定[62]，网络外部性下的产品价值结构可以用图 2-1 表示。

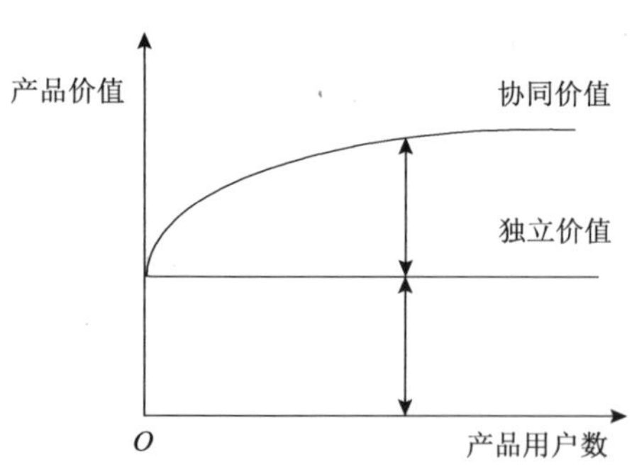

图 2-1　网络外部性下的产品价值结构

2. 网络外部性的类型

(1) 按来源分为：直接网络外部性和间接网络外部性。这种分类方式由早期的学者给出(Katz 和 Shapiro [36]、Economides [60])，目前已得到国内外学者的普遍认可。直接网络外部性指由消费相同产品的用户增加而对该产品的价值或者用户获得的效用带来的直接影响；间接网络外部性指某产品随着用户数量的增加，一方面该产品的价格降低，另一方面该产品的互补产品或者兼容产品数量增多，从而对产品价值或用户效用产生的影响。

(2) 按照作用结果分为：正网络外部性和负网络外部性。根据早期 Katz 和 Shapiro [36]的定义，网络外部性作用效果应该为正。然而，随着学者们对网络外部性的研究深入，人们发现网络外部性的作用效果不仅仅为正。Liebowitz 和 Margolis[59]明确指出超过某一个临界点，用户基数规模扩大会降低处于同一网络中的用户的效用，即负网络外部性同样存在，互联网拥堵现象就是一个典型的案例。

(3) 按照作用方向分为：自网络外部性和交叉网络外部性。这种分类方式在双边市场的研究中比较常见。随着双边市场理论的研究深入，Parker 和 van Alstyne[63]提出了“交叉市场外部性”(cross-market externality)的概念，交叉市场外部性表现为在双边市场中，一边用户的效用会随着另一边用户数量的增加而增大，也就是我们现在所说的交叉网络外部性。自网络外部性描述的是双边市场中，某一边用户规模的变化与同一边用户加入该市场的意愿或获得效用的正相关关系。交叉网络外部性描述的是市场中某一边用户规模的变化与另一边用户加入市场的意愿或获得效用的正相关关系[7]。

3. 网络外部性研究现状

通过对近几年有关网络外部性的文献进行分析，可以发现，学者们对网络外部性的研究大致可以分为以下三类。

(1) 企业定价策略及市场结构化研究。这一领域的研究在国内开始较早，研究范式也相对成熟，主要采用数学建模的方法。胥莉和陈宏民[64]选择具有网络外部性的产业，研究双寡头垄断厂商的定价策略选择行为；倪得兵和唐小我[65]从消费者的效用出发，在事后古诺竞争规则下研究了网络外部性对市场进入决策和市场进入机会价值的影响；通过构建具有负网络外部性的双边市场模型，朱振中和吕廷杰[66]考察了由消费者和广告资助的媒体企业之间的双寡头垄断竞争等。

(2) 网络外部性对用户行为影响的实证研究。此领域主要探讨网络外部性对用户接入某一平台/网络的态度和意愿的影响作用，是针对网络外部性研究领域的一个新兴热点。杨苏丹和胡春[67]在移动即时通信用户接受模型的实证研究中得出网络外部性对用户的使用态度产生直接正向的影响作用；Zhao 和 Lu[10]在对微博的实证研究中，得出网络外部性对用户满意产生正向影响；Zhou 和 Lu [6]、Chiu 等[9]分别在即时通信和社交网站 Facebook 的实证研究中表明，用户较高的感知网络外部性会大大促进用户对平台的满意程度。

(3) 特定产品或行业网络外部性强度研究。局限于数据的可获得性，这部分的研究成果相对较少且集中在国内，使用的方法主要为数理分析。张良卫[68]选择了我国即时通信行业，针对该行业的网络外部性开展了研究，发现平台一边软件用户的数量不断增加会导致平台的网络广告收入不断增加，平台两边存在着交叉网络外部性。阮亚娟[69]利用 1995～2008 年银行卡发卡量和 POS 机的数据对我国银行卡产业交叉网络外部性的存在性进行了检验，结果表明我国银行卡产业不存在交叉网络外部性，只有单向的网络外部性。曹俊浩等[3]使用数学建模的方法对垄断型的 B2B 平台的自网络外部性强度大小进行了研究，研究结果发现在垄断的 B2B 平台，双边用户的自网络外部性效应始终为负。

为了从更宏观的层面了解网络外部性的研究现状，本书对网络外部性研究领域国内文献的关键词进行了词频统计分析。基于国内最大文献数据库 CNKI，使用计量软件 Bibexcel，作者发现共涉及关键词 2667 个。其中，网络外部性作为关键词共出现了 669 次，其次为双边市场(187 次)。为了更好地反映主题，提高分析的准确性，剔除第一条关键词“网络外部性”进行共现分析，得到关键词共现配对 658 对，通过共现矩阵和关键词词频统计分析看出，国内对网络外部性的研究主要是定量建模研究，主题大致分为三类：①企业竞争及定价策略研究；②市场结构演化研究；③产品发展策略研究。针对网络外部性的实证研究和数理分析相对较少。图 2-2 从体系上反映了网络外部性的研究现状、研究主题和研究对象。通过框架可以大致确定国内外网络外部性的研究范围：从研究方法上来看，主要包括定量建模研究和实证研究。从研究对象来看，主要包括传统市场及其产品和网络平台及其产品。

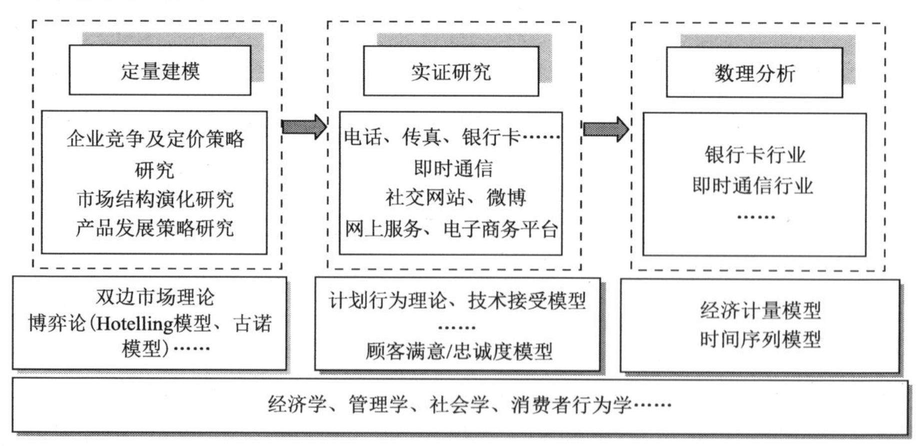

图 2-2 网络外部性研究框架

(1) 基础理论。涉及经济学、管理学、社会学、消费者行为学等学科领域。双边市场理论、博弈论作为定量建模的理论基础；计划行为理论、技术接受模型、顾客满意/忠诚度作为实证研究的理论基础；经济计量模型、时间序列模型作为数理分析的理论基础。

(2) 定量建模研究。理论基础主要为博弈论和双边市场理论，研究对象主要为传统市场和传统产品，大致可分为企业竞争及定价策略研究、市场结构演化研究、产品发展策略研究三个主题。

(3) 实证研究。主要通过问卷调查，使用结构方程建模或者回归分析的方法研究网络外部性对技术接受度或者用户忠诚的影响。早期的研究对象主要是电话、银行卡等传统产品，目前主要的研究对象包括社交网站、电子商务平台和即时通信等网络产品，研究对象有逐渐由传统产品如银行卡向网络产品或网络平台转变的趋势。

(4) 数理分析。主要利用计量经济学的思想，采取时间序列回归分析的方法，确定用户规模和用户效用之间的回归系数(网络外部性强度)，使用 Granger 检验验证网络外部性作用方向。由于研究数据难以获取，这一方向的研究对象仅局限于即时通信行业[68]和银行卡[69]行业。

可以预测，未来对网络外部性的研究将存在以下趋势。

(1) 从研究对象来看，将会由传统市场转向网络平台等双边市场，由传统产品转向网络产品/服务。过去网络外部性研究的对象为传统市场或者传统产品，伴随电子商务在全球范围内的广泛开展，且表现出典型的网络外部性，电子商务平台即将成为网络外部性下一个研究对象。

(2) 从研究方法来看，对网络外部性的研究将会由定量建模转向实证研究。从文献数量分析来看，国内外对网络外部性定量建模占比高达 90%以上，实证建模文献相对较少，数理分析更属于探索阶段。

大数据环境下，一些具有双边市场性质的电子商务平台，如 B2B 平台或者 C2C 平台，由于记录和存储了所有用户的访问与使用行为，反映双边行为交互影响的交叉网络外部性效应存在通过统计和计量经济学方法进行测定的可能性。本书首先提出双边市场用户网络外部性模型，通过合作单位提供的 2006 年 1 月～2014 年 4 月的用户行为数据，运用计量经济学方法对模型假设进行验证。

2.2　ARMA 理论

自回归移动平均(auto-regressive and moving average，ARMA)模型由 Box 和 Jenkins 创立，是一类常用的随机时间序列模型。其基本思想是：某些变量时序是依赖于时间的一组随机变量，虽然构成该时间序列的单个序列值具有不确定性，但整个序列的变化却存在一定的规律性，可以用相应的数学模型近似拟合，通过对数学模型的分析研究，能够从本质上了解时间序列的结构与特征，达到最小方差意义下的最优预测。ARMA 模型实质上是自回归模型和滑动平均模型的组合，如果时间序列 Y_t 满足：

$$\begin{cases} Y_t = \beta_0 + \beta_1 Y_{t-1} + \beta_2 Y_{t-2} + \cdots + \beta_p Y_{t-p} + \epsilon_t + \alpha_1 \epsilon_{t-1} + \alpha_2 \epsilon_{t-2} + \cdots + \alpha_q \epsilon_{t-q} \\ \beta_p \neq 0,\ \alpha_q \neq 0 \\ E(\epsilon_t) = 0,\ \mathrm{Var}(\epsilon_t) = \sigma_\epsilon^2,\ E(\epsilon_t \epsilon_s) = 0,\ s \neq t \\ E(Y_t\ \epsilon_t) = 0, \forall_s < t \end{cases}$$

那么，我们就可以称 $\{Y_t\}$ 为自回归滑动平均模型。通常，建立 ARMA 模型包括以下三个步骤。

(1) 模型识别和定阶。一般地，通过观察样本的自相关函数 (auto-correlation function，ACF) 和偏相关函数 (partial auto-correlation function，PACF)，初步确定 p 和 q 的取值集合，进行模型识别和定阶。确定 p、q 取值集合后，建立多个模型，采用赤池信息准则 (Akaike information criterion，AIC) 和施瓦兹信息准则 (Schwarz information criterion，SIC) 进行定阶，选择使 AIC 和 SIC 达到最小的一组阶数作为相对理想阶数，来决定 p 和 q 的取值。

(2) 模型参数估计。对模型进行识别和定阶之后，需要确定模型中的未知数，即参数估计。模型参数估计常用的方法有极大似然法、矩估计法、非线性最小二乘法等。

(3) 诊断与检验。对模型参数估计之后，需要对模型的参数显著性和残差随机性进行检验。如果模型通过检验，则此模型可以看作最优模型；如果模型的某些参数估计值不能通过显著性检验或者残差序列不能近似为一个白噪声过程，则选取 AIC 值和 SIC 值次小的一组 p 和 q 组合进行参数估计和相关统计检验，依此类推，直至选到最合适的模型为止。

2.3 变量设定

本章的内容主要包括两个方面：①验证 B2B 平台网络外部性存在性、大小及强度的大小；②探究 B2B 平台双边用户网络外部性的相互影响关系——互为因果还是单向的因果关系。对于 B2B 平台而言，参与的企业越多，访问次数越多，发布的信息越多，通过平台相互联系洽商的次数越多，进而询盘的概率和次数也会相应增加，用户获得效用也会相应增多。因此，网络外部性的大小采取双边用户规模指标进行衡量：买家用户规模使用买家活跃用户数量(B)；卖家用户规模使用卖家活跃用户数量(S)。活跃用户数指每月访问网站 2 次或以上的用户数，采取这一指标有效避免了网页爬虫的无效访问，从而更能客观地反映出网站用户的真实有效数量。结合 B2B 平台的交易特征，买家效用使用买家收到的询盘量(BXP)来衡量，卖家效用使用卖家获得的询盘量(SXP)指标来衡量。在这里，为了方便研究，我们假设买家收到的询盘量为卖家发出的询盘量，卖家获得的询盘量为买家发出的询盘量。B2B 平台网络外部性的作用机理概念模型如图 2-3 所示。

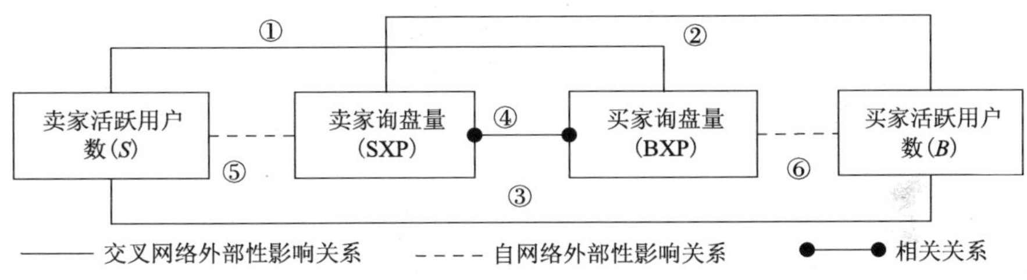

图 2-3　B2B 平台网络外部性研究概念模型

根据图 2-1 的理论模型，可以得到如下六个因变量的初步计量模型：

$$\ln \mathrm{BXP}_t = c_0 + c_1 \ln S_t + \varepsilon_t \tag{2-1}$$

$$\ln \mathrm{SXP}_t = c_0 + c_1 \ln B_t + \varepsilon_t \tag{2-2}$$

$$\ln S_t = c_0 + c_1 \ln B_t + \varepsilon_t \tag{2-3}$$

$$\ln \mathrm{BXP}_t = c_0 + c_1 \ln \mathrm{SXP}_t + \varepsilon_t \tag{2-4}$$

$$\ln \mathrm{SXP}_t = c_0 + c_1 \ln S_t + \varepsilon_t \tag{2-5}$$

$$\ln \mathrm{BXP}_t = c_0 + c_1 \ln B_t + \varepsilon_t \tag{2-6}$$

2.4　数据预处理

样本数据来自国内一家知名 B2B 平台。我们统计了该平台 2006 年 1 月～2014 年 4 月每个月各指标的运营数据，共 99 组，基本符合设定模型检验的要求。数据的初步处理通过两个步骤完成：①为了减少数据的波动和消除时序的异方差，且不改变时序的性质和关系，对所有的变量取自然对数；②为了保证平台运营数据的私密性，对取自然对数后的每列变量数据同乘以 θ(θ 为常数，且 $0<\theta<1$)。预处

理后的部分指标基础数据如表 2-1 所示。

表 2-1　基础指标处理后的数据(部分)

时间	卖家询盘量(lnSXP)	买家询盘量(lnBXP)	卖家活跃用户数(ln$S$)	买家活跃用户数(ln$B$)
2006 年 1 月	1.190	1.195	1.021	1.003
2006 年 2 月	1.188	1.194	1.039	1.002
2006 年 3 月	1.187	1.195	1.057	1.002
2006 年 4 月	1.170	1.180	1.054	1.000
⋮	⋮	⋮	⋮	⋮

2.5　ARMA 模型构建及参数检验

2.5.1　平稳性检验

为了避免“伪回归”现象的发生，时间序列回归模型对随机变量有一定的要求，即各随机变量为平稳序列。一般地可以通过适当的变换，如差分或取对数，把非平稳的随机变量序列变成平稳序列。检验随机变量是否平稳的常用方法为 ADF(augment Dickey-Fuller)单位根方法。ADF 方法主要涉及 3 个模型。

模型 2-1：$\Delta Y_t = \gamma Y_{t-1} + \sum_{i=1}^{P} \varphi_i \Delta Y_{t-i} + \varepsilon_t$

模型 2-2：$\Delta Y_t = \alpha + \gamma Y_{t-1} + \sum_{i=1}^{P} \varphi_i \Delta Y_{t-i} + \varepsilon_t$

模型 2-3：$\Delta Y_t = \alpha + \beta t + \gamma Y_{t-1} + \sum_{i=1}^{P} \varphi_i \Delta Y_{t-i} + \varepsilon_t$

其中，α 为常数项；t 为时间趋势项；Y_{t-1} 为滞后值；β_t 为动态乘数，也称延迟系数，描述的是各滞后期变动对当期变动的影响作用大小。原模型的假设为 H_0：$\gamma = 0$。按模型 2-3、模型 2-2、模型 2-1 的顺序对各随机变量进行检验，如果原假设被拒绝，停止检验，说明序列不存在单位根，随机变量为平稳时间序列。分别对 lnSXP、lnBXP、ln$S$ 和 ln$B$ 的单位根进行检验，得到的结果如表 2-2 所示。

表 2-2　指标平稳性检验

变量名称	ADF 值	1%临界值	5%临界值	10%临界值	检验类型(c,t,p)	结果
lnSXP	0.639 10	−2.589 27	−1.944 21	−1.614 53	(0,0,2)	不平稳
DlnSXP	−13.426 60	−2.589 02	−1.944 18	−1.614 55	(c,t,0)	平稳

续表

变量名称	ADF 值	1%临界值	5%临界值	10%临界值	检验类型 (c,t,p)	结果
lnBXP	0.502 96	−2.588 77	−1.944 14	−1.614 58	(0,0,0)	不平稳
DlnBXP	−12.326 34	−2.589 02	−1.944 18	−1.614 55	$(c,t,0)$	平稳
ln$S$	−4.235 17	−4.054 39	−3.456 32	−3.153 99	$(c,t,0)$	平稳
Dln$S$	−10.021 79	−2.589 27	−1.944 21	−1.614 53	$(c,t,0)$	平稳
ln$B$	0.451 60	−2.588 77	−1.944 14	−1.614 58	(0,0,0)	不平稳
Dln$B$	−11.714 14	−2.589 02	−1.944 18	−1.614 55	$(c,t,0)$	平稳

注：c，t，p 分别表示检验的截距项、趋势项和滞后阶数；滞后阶数 p 的选择根据 SIC

根据上述检验结果，我们可以看出变量指标 ln$B$、lnSXP 和 lnBXP 为一阶单整序列，ln$S$ 是平稳序列。一阶差分 DlnSXP、DlnBXP、Dln$S$ 和 Dln$B$ 均是平稳序列。为了验证两变量之间是否存在长期的均衡关系，需要进行协整检验。

2.5.2　协整检验

协整关系表示两变量序列之间存在长期的均衡关系，协整检验的目的是检验一组非平稳系列的线性组合是否具有协整关系，对于非平稳的变量序列，只有具有长期的均衡关系，两变量之间才有可能存在因果或引导关系。我们采用两步法进行协整检验。其基本步骤如下。

第一步：估计模型 $Y_t = \alpha + \beta X_t + \varepsilon_t$，得到回归系数 $\hat{\alpha}_t$ 和 $\hat{\beta}_t$ 的值，将模型残差用 $\hat{\varepsilon}_t = Y_t - \hat{\alpha}_t - \hat{\beta}_t X_t$ 表示。

第二步：检验残差序列的平稳性，同样使用 ADF 单位根方法。若检验结果表明残差序列 $\hat{\varepsilon}_t$ 是平稳序列，说明 X_t 和 Y_t 之间具有长期的协整关系。

估计方程得到回归残差 $\hat{\varepsilon}_t$，对 $\hat{\varepsilon}_t$ 进行单位根检验，若残差 $\hat{\varepsilon}_t$ 是平稳的，则表明两序列是协整的。分别对式(2-1)～式(2-6)涉及的变量进行初步的模型估计，生成残差序列 $r_1 \sim r_6$，并对 $r_1 \sim r_6$ 进行单根检验，得到结果如表 2-3 所示。可以看出，$r_1 \sim r_6$ 的 ADF 检验 t 统计量均小于相应的 1%概率的临界值，说明各变量之间是协整的。

表 2-3　回归残差单位根检验结果

变量	ADF 统计值	1%临界值	5%临界值	10%临界值	检验类型 (c,t,p)	结论
r_1	−11.882 25	−2.589 02	−1.944 18	−1.614 56	$(c,t,0)$	平稳
r_2	−11.877 38	−2.589 02	−1.944 18	−1.614 56	$(c,t,0)$	平稳
r_3	−10.927 80	−2.589 27	−1.944 21	−1.614 53	$(c,t,1)$	平稳

续表

变量	ADF 统计值	1%临界值	5%临界值	10%临界值	检验类型 (c,t,p)	结论
r_4	−8.728 27	−2.589 53	−1.944 25	−1.614 51	$(c,t,2)$	平稳
r_5	−12.791 94	−2.589 02	−1.944 18	−1.614 55	$(c,t,0)$	平稳
r_6	−12.791 94	−2.589 02	−1.944 18	−1.614 55	$(c,t,0)$	平稳

2.5.3 Granger 检验

通过协整检验得知式(2-1)～式(2-6)两两指标变量之间存在长期且稳定的协整关系，为了验证两者之间是否存在因果关系，还需对变量进行 Granger 因果检验，进而确定网络外部性的作用方向。本小节主要对以下两个模型进行回归估计。

模型 2-4：$Y_t = \sum_{i=1}^{k} \alpha_i X_{t-i} + \sum_{j=1}^{k} \beta_j Y_{t-j} + \varepsilon_t$

模型 2-5：$X_t = \sum_{i=1}^{k} \gamma_i Y_{t-i} + \sum_{j=1}^{k} \delta_j X_{t-j} + \mu_t$

其中，X_t 和 Y_t 为 X、Y 原序列的当期值；X_{t-i}、X_{t-j}、Y_{t-i}、Y_{t-j} 为序列的滞后值；α_i、β_j、γ_i、δ_j 为方程的估计系数；k 为滞后阶数。当模型 2-4 中的 α_i $(i=1,2,\cdots,k)$ 显著不为零时，说明 X 是 Y 的 Granger 原因；当模型 2-5 中的 γ_i $(i=1,2,\cdots,k)$ 显著不为零时，说明 Y 是 X 的 Granger 原因。检验结果如表 2-4 所示。

表 2-4　Granger 检验结果

零假设	观测值个数	F 值	概率
DS 不是引起 DBXP 的 Granger 原因	96	3.406 79	0.037 4
DBXP 不是引起 DS 的 Granger 原因		13.579 10	7×10^{-6}
DB 不是引起 DSXP 的 Granger 原因		0.818 20	0.444 4
DSXP 不是引起 DB 的 Granger 原因		3.900 25	0.023 7
DB 不是引起 DS 的 Granger 原因		8.435 16	0.000 4
DS 不是引起 DB 的 Granger 原因		1.295 67	0.278 7
DS 不是引起 DSXP 的 Granger 原因		5.275 45	0.006 8
DSXP 不是引起 DS 的 Granger 原因		16.851 10	6×10^{-7}
DB 不是引起 DBXP 的 Granger 原因		0.618 06	0.541 2
DBXP 不是引起 DB 的 Granger 原因		3.574 60	0.032 0

2.5.4 模型定阶及参数估计

1. 式(2-1)验证

为了满足回归序列变量为平稳序列的要求，根据单位根检验和 Granger 检验结果，对式(2-1)建立初步回归方程 $\text{DlnBXP}_t = c_0 + c_1 \text{Dln}S_t + \varepsilon_t$。通过对自相关函数和偏相关函数的观察，自相关函数在滞后阶数 1、11、12 较大，偏相关函数在滞后阶数 1、11、12 较大，因此可以初步确定 P、Q 的取值范围均为(1，11，12)。经过计算，ARMA 模型各组阶数的 AIC 值和 SIC 值如表 2-5 所示。根据 AIC 值和 SIC 值最小化原则，初步确定模型为 ARMA(12,12)。对式(2-1)进行参数估计，结果为

$$\text{DlnBXP}_t = 0.8808 \times \text{DlnBXP}_{t-12} + 0.2477 \times \text{Dln}S_t + 0.9040 \times \varepsilon_{t-12} - 0.0103 + \varepsilon_t \quad (2\text{-}7)$$

$$t \quad (18.636\,570) \qquad (2.956\,778) \qquad (-39.061\,610) \qquad (-0.325\,287)$$

表 2-5 式(2-1)定阶结果

P，Q	R^2	AIC	SIC	DW
1，1	0.062 587	−1.612 505	−1.506 331	2.028 095
1，11	0.126 030	−1.682 582	−1.576 409	2.012 305
1，12	0.195 848	−1.765 840	−1.659 667	2.001 809
11，1	0.099 244	−1.634 214	−1.520 839	1.913 643
11，11	0.254 540	−1.823 447	−1.710 072	2.049 705
11，12	0.230 406	−1.791 586	−1.678 211	2.027 186
12，1	0.218 207	−1.811 190	−1.697 035	1.997 147
12，11	0.243 660	−1.844 289	−1.730 133	2.027 560
12，12	0.544 769	−2.351 976	−2.237 820	1.807 736

如图 2-4 所示，方程估计的参数都很显著，方程调整的 R^2 为 0.544 769，统计量表明模型拟合较好，残差的自相关值和偏相关值均落入置信区间内，与零相比差异不显著，通过白噪声检验。

Autocorrelation	Partial Correlation		AC	PAC	Q-Stat	Prob
		1	0.085	0.085	0.6487	
		2	-0.123	-0.131	2.0032	
		3	-0.081	-0.059	2.5941	0.107
		4	0.014	0.011	2.6123	0.271
		5	0.044	0.025	2.7894	0.425
		6	0.025	0.017	2.8462	0.584
		7	0.026	0.034	2.9130	0.713
		8	0.001	0.005	2.9131	0.820
		9	0.084	0.095	3.6085	0.824
		10	-0.056	-0.071	3.9205	0.864
		11	-0.141	-0.115	5.9170	0.748
		12	-0.083	-0.070	6.6274	0.760

图 2-4 式(2-1)残差白噪声检验

2. 式(2-2)验证

为了满足回归序列变量为平稳序列的要求，根据单位根检验结果，对式(2-2)建立初步回归方程 $\text{Dln}B_t = c_0 + c_1\text{DlnSXP}_t + \varepsilon_t$。通过对自相关函数和偏相关函数的观察，残差的自相关值和偏相关值均落入置信区间内，因此不需要使用 ARMA 模型进行信息的提取，直接对式(2-2)进行参数估计，结果为

$$\text{Dln}B_t = 0.7278 \times \text{DlnSXP}_t + 0.0017 + \varepsilon_t \tag{2-8}$$

$$t \quad (8.847\,785) \quad (0.210\,750)$$

可以看出，方程估计的参数都很显著，方程调整的 R^2 为 0.440 905，统计量表明模型拟合较好。

3. 式(2-3)验证

为了满足回归序列变量为平稳序列的要求，根据单位根检验结果，对式(2-3)建立初步回归方程 $\text{Dln}S_t = c_0 + c_1\text{Dln}B_t + \varepsilon_t$。通过对自相关函数和偏相关函数的观察，自相关函数在滞后阶数 1、2、10、12 较大，偏相关函数在滞后阶数 1、2、10、12 较大，故初步确定 P、Q 值的范围均为(1，2，10，12)。计算得出 ARMA 模型各组阶数的 AIC 值和 SIC 值(略)，根据 AIC 值和 SIC 值最小化原则，初步确定模型为 ARMA(12,1)。对式(2-3)进行参数估计，结果为

$$\text{Dln}S_t = 0.4898 \times \text{Dln}S_{t-12} + 0.2416 \times \text{Dln}B_t + 0.9766 \times \varepsilon_{t-1} - 0.0121 + \varepsilon_t \tag{2-9}$$

$$t \quad (9.725\,120) \quad (6.570\,332) \quad (-50.597\,730) \quad (-8.754\,478)$$

可以看出，方程估计的参数都很显著，方程调整的 R^2 为 0.533 374，统计量表明模型拟合较好，残差的自相关值和偏相关值均落入置信区间内，与零相比差异不显著，通过白噪声检验。

4. 式(2-4)验证

为了满足回归序列变量为平稳序列的要求，根据单位根检验结果，对式(2-4)建立初步回归方程 $\text{DlnBXP}_t = c_0 + c_1\text{DlnSXP}_t + \varepsilon_t$。通过对自相关函数和偏相关函数的观察，自相关函数在滞后阶数 1、3、10 较大，偏相关函数在滞后阶数 1、3、10 较大，故初步确定 P、Q 值的范围均为(1,3,10)。计算得出 ARMA 模型各组阶数的 AIC 值和 SIC 值(略)。根据 AIC 值和 SIC 值最小化原则，初步确定模型为 ARMA(1,1)。对式(2-4)进行参数估计，结果为

$$\text{DlnBXP}_t = 0.5027 \times \text{DlnBXP}_{t-1} + 1.0132 \times \text{DlnSXP}_t + 0.9849 \times \varepsilon_{t-1} - 0.0005 + \varepsilon_t \quad (2\text{-}10)$$

t　(5.356 510)　(28.867 450)　(–63.803 050)　(1.258 040)

可以看出，方程估计的参数都很显著，方程调整的 R^2 为 0.840 647，统计量表明模型拟合较好，残差的自相关值和偏相关值均落入置信区间内，与零相比差异不显著，通过白噪声检验。

5. 式(2-5)验证

为了满足回归序列变量为平稳序列的要求，根据单位根检验结果，对式(2-5)建立初步回归方程 $\text{DlnSXP}_t = c_0 + c_1\text{Dln}S_t + \varepsilon_t$。通过对自相关函数和偏相关函数的观察，自相关函数在滞后阶数 1、12 较大，偏相关函数在滞后阶数 1、12 较大，故初步确定 P、Q 值的范围均为(1,12)。计算得出 ARMA 模型各组阶数的 AIC 值和 SIC 值(略)。根据 AIC 值和 SIC 值最小化原则，初步确定模型为 ARMA(12,12)。对式(2-5)进行参数估计，结果为

$$\text{DlnSXP}_t = 0.9047 \times \text{DlnSXP}_{t-12} + 0.2517 \times \text{Dln}S_t + 0.8966 \times \varepsilon_{t-12} - 0.0120 + \varepsilon_t \quad (2\text{-}11)$$

t　(25.519 270)　(4.170 206)　(–45.189 310)　(–0.415 179)

可以看出，方程估计的参数都很显著，方程调整的 R^2 为 0.690 104，统计量表明模型拟合较好，残差的自相关值和偏相关值均落入置信区间内，与零相比差异不显著，通过白噪声检验。

6. 式(2-6)验证

为了满足回归序列变量为平稳序列的要求，根据单位根检验结果，对式(2-6)建立初步回归方程 $\text{Dln}B_t = c_0 + c_1\text{DlnBXP}_t + \varepsilon_t$。通过对自相关函数和偏相关函数的观察，自相关函数在滞后阶数 1、5 较大，偏相关函数在滞后阶数 1、12 较大，故初步确定 P 的值范围为(1,5)，Q 的值范围为(1,12)。计算得出 ARMA 模型各组阶数的 AIC 值和 SIC 值(略)。根据 AIC 值和 SIC 值最小化原则，初步确定模型为 ARMA(1,12)。对式(2-6)进行参数估计，结果为

$$\text{Dln}B_t = -0.2394 \times \text{Dln}B_{t-1} + 0.6726 \times \text{DlnBXP}_t + 0.8551 \times \varepsilon_{t-12} - 0.0029 + \varepsilon_t \quad (2\text{-}12)$$

t　(–2.213 247)　(14.092 880)　(–33.153 330)　(1.075 769)

可以看出，方程估计的参数都很显著，方程调整的 R^2 为 0.463 509，统计量表明模型拟合较好，残差的自相关值和偏相关值均落入置信区间内，与零相比差异不显著，通过白噪声检验。

2.6 本 章 小 结

本章使用 ARMA 模型，借助于国内一 B2B 平台运营数据，对 B2B 电子商务网站网络外部性的存在性、大小和方向做出了实证研究。通过数理建模与验证分析，得到的 B2B 平台网络外部性作用最终概念模型如图 2-5 所示。我们可以得出以下结论。

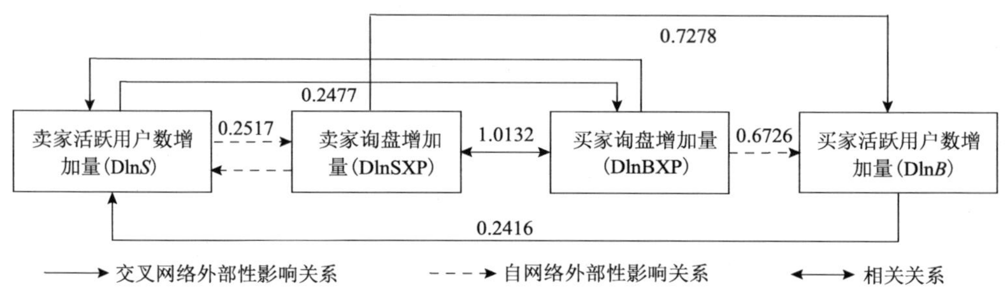

图 2-5 B2B 平台网络外部性作用概念模型

(1) B2B 平台既存在交叉网络外部性，又存在自网络外部性，两种网络外部性的作用效果均为正。对 B2B 平台而言，扩大平台本身某一边用户的基数，对于平台双边用户的效用均产生明显的影响。

(2) 卖家用户规模与买家效用之间存在双向的交叉网络外部性，卖家活跃用户增加会引起买家询盘量的增加，同时，买家询盘量的增加也会引起卖家活跃用户增加；而卖家用户规模和买家效用之间仅存在单向的交叉网络外部性，卖家询盘量的增加将会大大增加买家活跃用户的增加量，交叉网络外部性作用大小高达 0.7278。

(3) 卖家用户规模与卖家效用之间存在双向的自网络外部性，卖家活跃用户增加会引起卖家询盘量的增加，同时，卖家询盘量的增加也会引起卖家活跃用户增加；而买家用户规模和买家效用之间仅存在单向的自网络外部性，买家询盘量的增加将会大大增加买家活跃用户的增加量，自网络外部性的作用高达 0.6726。

第3章　网络外部性对卖方用户忠诚影响的实证研究

3.1　用户忠诚影响因素及理论假设提出

3.1.1　网络外部性

根据网络外部性的定义，网络外部性指用户接入某一网络或产品/服务市场获得的价值，取决于已经连接到该网络或该市场的其他人的数量及市场上互补产品和兼容产品的数量。Molina-Castillo 等[70]认为两种类型的网络外部性关系极为密切，在某一产品市场中，间接网络外部性的存在将会导致用户数量的增加，用户可以在和其他用户的互动中体验更多的价值。因此，我们提出如下假设。

H3-1：间接网络外部性对直接网络外部性产生直接的正向作用。

Katz 和 Shapiro 认为网络外部性会增加个人对产品或服务的感知价值[36]，不仅是经济价值[71]，而且会增加其积极朝向某产品或服务的情感认知和信念[72]。因此，我们提出如下假设。

H3-2a：直接网络外部性对感知价值产生直接的正向作用。

H3-3a：间接网络外部性对感知价值产生直接的正向作用。

网络外部性不仅影响着用户的感知价值，还影响着用户对使用某种产品或服务的情感或态度。Zhao 和 Lu[10]在对微博的实证研究中，得出感知互补性对用户满意产生的正向影响；Zhou 和 Lu[6]在对即时通信的实证研究中，发现感知兼容性对用户满意有直接的正向影响作用；进一步地，Chiu 等[9]通过对社交网站 Facebook 的实证研究中得出，间接网络外部性对用户满意有直接的正向影响作用。此外，Molina-Castillo 等[70]在产品质量与产品绩效的实证研究中认为网络外部性对转移成本有直接正向的影响作用。基于此，提出如下假设。

H3-2b：直接网络外部性对用户满意产生直接的正向作用。

H3-3b：间接网络外部性对用户满意产生直接的正向作用。

H3-2c：直接网络外部性对转移成本产生直接的正向作用。

H3-3c：间接网络外部性对转移成本产生直接的正向作用。

3.1.2　感知价值

Zeithaml[73]认为感知价值是消费者基于获得效用与付出成本的整体评价。

Holbrook[74]指出，感知价值是影响消费者和运营商之间关系转变的基础，是用户购买或使用产品之后的收益与预期收益之间的对比感知。Babin 等[75]对前人研究文献进行了总结，认为感知价值包括四个部分：价格、付出所获得的效用、感知质量和价格之间的权衡、所有主观和客观因素构成的完整购物体验。其中，效用是核心。Woodruff[76]指出，感知价值描述消费者就消费某种产品或服务本身的感知利得（如质量、利益、效用等）与感知利失（如价格、成本等）之间的权衡。从上述定义可知，用户感知价值即用户获得的效用，本质上是用户通过对感知利得与感知利失的比较权衡，对产品或服务效用的总体评价。本章中，感知价值指用户在使用电子商务网站的过程中，基于对感知利得与感知利失之间的权衡，由此形成的对电子商务网站的价值评价。

Balabanis 等[5]认为网络环境下，信息充分透明、用户进退自由、网络技术标准化及市场的完全竞争使网站运营商不得不通过提高用户感知价值来维持用户。对于电子商务网站而言，用户在访问电子商务网站时，会将其访问经历与期望等一些标准进行比较，当感知到的平台质量超出这些标准时，用户会产生满足的心理反应，这种满足的状态会影响用户与该电子商务网站运营企业之间的关系。因此，提出如下假设。

H3-4：感知价值对用户满意产生直接的正向作用。

H3-5：感知价值对用户忠诚产生直接的正向作用。

3.1.3 用户满意

用户满意的经营思想出现在 20 世纪 80 年代中后期。Oliver[77]认为用户满意是一种满足程度的反映，是用户对某一款产品或服务的特点或者产品或者服务本身体验之后的整体评价，是用户体验消费产品或者服务之后的情感和态度。本节中用户满意指一种整体性的情感反映，表现为用户在已有使用经验的基础上，对电子商务购物网站的信息产品或服务传递有关的一系列构成要素的感受或态度的总和，强调累积性[78]。

目前大量的学者对用户满意和用户忠诚的关系做出了研究。Oliver[79]、Anderson 和 Sullivan[80]认为用户满意是消费者与运营商之间维持持续购买意图或使用关系的强有力的影响因素。在信息技术研究领域，用户满意也同样被认为是持续使用意图的有效预测因素[81]。此外，在电子商务领域，不少学者也认为用户满意是用户忠诚的关键性决定因素，用户满意可以促进用户忠诚的形成[82]。

另外，根据 Edward 和 Sahadev[83]的观点，增加用户满意可能会增加用户心理上的转移成本，从而强化用户与供应商之间的联系。因此，提出如下假设。

H3-6：用户满意对用户忠诚产生直接的正向作用。

H3-7：用户满意对转移成本产生直接的正向作用。

3.1.4　转移成本及其中介效应验证

1. 转移成本

电子商务网站的转移成本表现为用户在从一个网站转换到另一个网站的过程中感知的货币成本和感知的时间、精力的损失及心理上的障碍等非货币成本。

回顾前期研究文献，在用户忠诚实证研究领域中，多数的研究把转移成本作为外生变量，检验其调节作用[84,11]，随着转移成本理论的发展和人们对转移成本认识的加深，目前已有不少学者的研究表明，转移成本可以作为平台的可控因素，对用户忠诚产生直接的影响作用。Chou 和 Lu[85]对中国台湾宅配服务的用户忠诚进行了研究，认为转移成本是用户忠诚一个强有力的预测指标。Yen[86]对美国东北部有过购物经验的用户进行了调查，使用获得的 425 份有效样本就转移成本对用户忠诚的影响关系进行了验证，结果表明转移成本可以对用户忠诚产生直接的影响作用。Edward 和 Sahadev[83]对印度的蜂窝移动服务忠诚度进行了研究，表明转移成本对用户保持产生直接的正向影响。本章试图将转移成本作为用户忠诚的前置因素纳入总体模型，研究其对用户忠诚的直接影响。在此之前，需要验证转移成本在用户满意和用户忠诚之间的中介效应，才能做出“转移成本对用户忠诚有直接的正向作用”的合理假设。接下来对转移成本在用户满意和用户忠诚之间的中介效应进行验证。

2. 转移成本的中介效应

1) 中介变量

考察自变量 X 对因变量 Y 的影响，如果 X 通过影响变量 M 来影响 Y，则称 M 为中介变量。中介变量的作用原理如表 3-1 中典型模型所示。其中，c 是 X 对 Y 的总效应，a、b 是经过中介变量 M 的中介效应，c'是直接效应。

表 3-1　中介效应作用原理

项目	中介变量 M
研究目的	X 如何影响 Y
考虑情境	X 对 Y 的影响较强且稳定
M 的位置	M 在 X 之后、Y 之前
M 的功能	代表一种机制，X 通过它影响 Y
典型模型	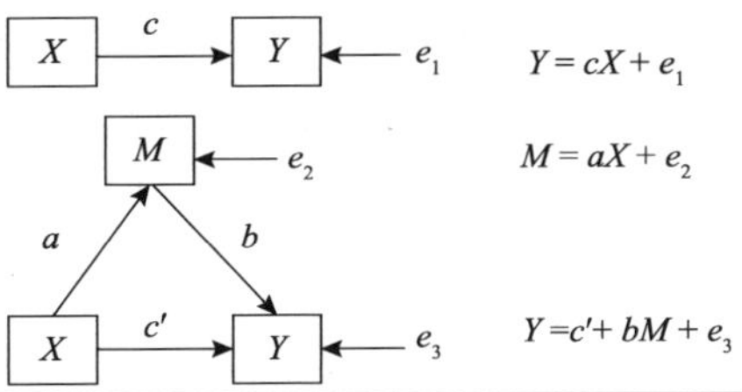 X →(c) Y ← e_1　$Y = cX + e_1$ M ← e_2　$M = aX + e_2$ X →(a) M →(b) Y；X →(c′) Y ← e_3　$Y = c' + bM + e_3$

2) 中介效应的检验方法

中介效应的检验进行通常采用温忠麟等[87]提出的检验方法，该方法综合了中介效应检验中常用的依次检验法和 Sobel 检验法，该方法不仅可以将第一类错误和第二类错误控制在较小的范围，还可以检验中介效应的类型——部分中介效应和完全中介效应。具体如图 3-1 所示。

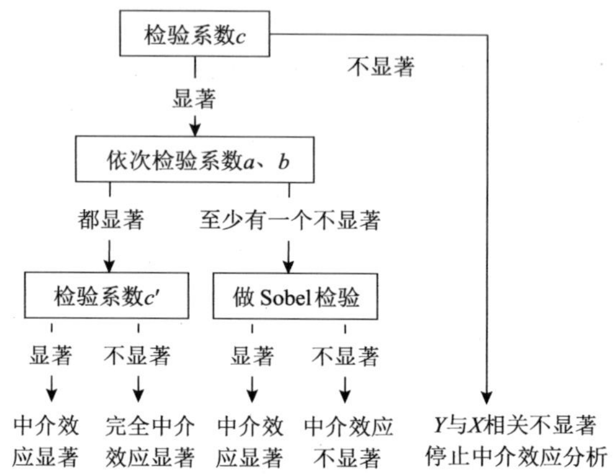

图 3-1　温忠麟中介效应检验程序

3) 转移成本的中介效应检验

首先，我们做出如下假设：用户满意对用户忠诚有直接、显著的正向作用（Hc'）；转移成本在用户满意和用户忠诚之间起中介效应，即用户满意对转移成本有直接、显著的正向影响(Ha)，且转移成本对用户忠诚有直接、显著的正向影响(Hb)。概念模型如图 3-2 所示。模型联结了转移成本、用户满意和用户忠诚三个变量，着重关注转移成本在用户满意和用户忠诚关系间的中介效应。

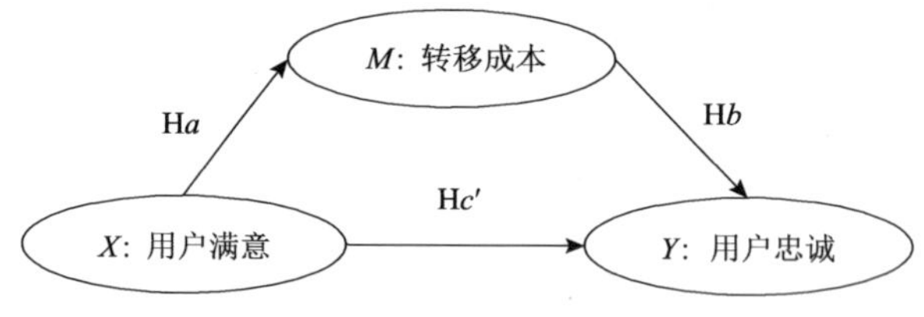

图 3-2　转移成本中介效应概念模型

在进行中介效应分析之前，首先对数据进行以下预处理：将自变量(X)、中介变量(M)、因变量(Y)对应的潜变量，即用户满意、转移成本和用户忠诚的项目得分合并取均值并中心化，X 代表用户满意，Y 代表用户忠诚，M 代表转移成本。根据图 3-1 所示的步骤进行检验。

步骤一：检验 $Y = cX + e(\mathrm{I})$ 的回归系数和显著性。

$$Y = -2.674 \times 10^{-5} + 0.789X$$
$$t\text{值：}\quad (-0.001) \qquad (46.249)$$

$F = 2139.0$， $P < 0.001$，方程整体显著，可以看出回归系数 c 的值为 0.783，显著性 $P < 0.000$，拒绝原假设，可以进行方程（Ⅱ）和方程（Ⅲ）的检验。

步骤二：检验方程 $M = aX + e$(Ⅱ)的回归系数和显著性。

$$M = -6.546 \times 10^{-6} + 0.628X$$
$$t\text{值：}\quad (-0.000) \qquad (27.647)$$

$F = 764.3$，$P < 0.001$，可以看出，回归系数 a 的值为 0.602，显著性 $P < 0.000$，拒绝原假设，继续进行方程 $Y = c'X + bM + e$(Ⅲ)的检验。

步骤三：进行 $Y = c'X + bM + e$(Ⅲ)的回归系数和显著性。

$$Y = -2.852 \times 10^{-5} + 0.618X + 0.272M$$
$$t\text{值：}\quad (-0.002) \qquad (31.038) \qquad (14.238)$$

$F = 1331.1$， $P < 0.001$，回归系数 b 的值为 0.282，显著性 $P < 0.000$，拒绝原假设；回归系数 c' 的值为 0.618，显著性 $P < 0.000$，拒绝原假设。至此，我们可以看出各回归系数都通过了显著性检验，且 $a \times b$ 的值不为 0，不需要继续做 Sobel 检验，说明转移成本对用户满意和用户忠诚的关系是部分中介效应，用户满意对用户忠诚的影响作用可以部分通过转移成本传递。我们可以计算出转移成本中介效应占总效应的比值为 $ab / c = 0.602 \times 0.282 / 0.783 = 21.68\%$。

通过上述验证，我们可以得出转移成本在用户满意和用户忠诚之间存在部分中介效应，因而提出如下假设。

H3-8：转移成本对用户忠诚产生直接的正向作用。

3.2　概念模型和测量模型的提出

根据上述假设，在成熟的满意度模型的基础上，我们将网络外部性和转移成本两个概念纳入，得到最终的概念模型，如图 3-3 所示。

对于图 3-3 所示的概念模型，本书首先从文献研究出发，结合研究对象的特征设计了测量模型。其中，“感知价值”结构变量的测量模型设计主要参考了马彪[88]的研究，从公平相比价值和同类相比价值两个维度测量；“用户满意”的测量则是在大量文献的基础上，参考了包括 Yoon 等[89]在内的十几位学者的研究，从内容满意、过程满意和总体满意三个维度的三个问项进行；“用户忠诚”从主流

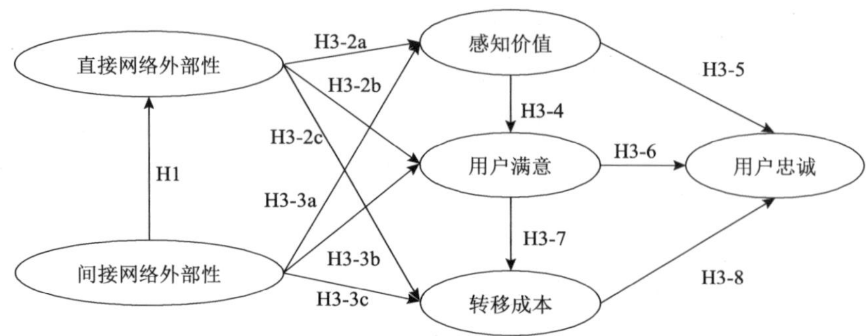

图 3-3 网络外部性下 B2B 平台卖方用户忠诚概念模型

研究的基本出发点出发，使用行为忠诚和态度忠诚两个指标，态度忠诚表现为给予该平台好的评价或口碑，行为忠诚则表现为愿意再次光顾当前平台的意向；“网络外部性”主要取自 Zhao 和 Lu[10]、Chiu 等[9]的研究，包括直接网络外部性和间接网络外部性在内的五个指标；转移成本在 Jones 等[27]的大量研究的基础上，结合 B2B 电子商务平台的特征，选取了程序性转移成本、财务性转移成本和关系型转移成本三个维度。各结构变量的观测变量见表 3-2。

表 3-2 结构变量的测量模型

结构变量	观测变量		来源
感知价值	公平相比价值		马彪[88]
	同类相比价值		
用户满意	内容满意		Yoon 等[89]
	过程满意		Yoon 等[89]；Shin 等[90]
	总体满意		Jaiswal 等[91]；Casaló 等[92]
用户忠诚	行为忠诚		Jaiswal 等[91]；Casaló 等[92]
	态度忠诚		Jaiswal 等[91]；Čater T 和 Čater B[93]；Bodet[94]
网络外部性	直接网络外部性	感知网络大小	Zhao 和 Lu 等[10]；Chiu 等[9]
		感知外部信誉	Chiu 等[9]
	间接网络外部性	感知互补性	Chiu 等[9]；Lin 和 Lu[8]
转移成本	程序性转移成本		Jones 等[27]；Molina-Castillo 等[95]；Kaur 和 Soch[96]
	财务性转移成本		Yen[86]；Burnham 等[97]
	关系型转移成本		Burnham 等[97]；Jones 等[27]；Kaur 和 Soch[96]

3.3　实证研究方案设计

3.3.1　调查方式和调查对象

首先对国内一家知名 B2B 平台的用户体验部门进行访谈。根据反馈，对量表题项和表达进行了适当的修改和补充。在此基础上，在该 B2B 平台的配合下进行大规模问卷调查。问卷主要通过邮件的方式，在全国范围内，向该平台的注册企业用户发放链接，每家接受调查的企业仅发放一份。由于无法获得样本的总量，且考虑到调查的便捷性，调查使用随机抽样的方法进行。

3.3.2　调查问卷设计

在对国内外文献研究的基础上，本书形成了初始量表，量表采用 Likert 7 级格式设计，将指标的衡量转化为问卷题项，“1”表示完全不同意，“7”表示完全同意。为了确保量表的效度和信度，本书尽可能参考国内外的成熟量表，同时考虑我国企业电子商务的实践，使量表更适合研究主体。

3.3.3　调查组织与实施

为了确保量表的质量和效度，使量表更适合研究主体，更符合我国电子商务企业的实践，研究组对我国一家知名 B2B 企业用户体验部门的专业人士进行了访谈。根据反馈，对量表题项进行了适当的修改和补充。在此基础上，在该 B2B 平台的配合下进行大规模问卷调查。问卷主要通过邮件的方式，在全国范围内，向该平台注册的卖家企业用户发放链接，每家接受调查的企业仅发放一份。为了保证数据的质量，平台为每一参与调查的用户准备了价值 39.5 美元的代金币，可以用于购买平台用户的一份认证报告。

此次调查共持续 9 天(2013 年 5 月 8～16 日)，共收集问卷 1947 份(完整问卷 1616 份)。有效问卷的筛选主要是通过人工筛选和机器筛选两部分工作完成。

(1)人工筛选。将以下情况的样本予以删除：填写不完整的问卷样本；所有选项全部一致的样本；选项连着超过 10 项一致的样本。

(2)机器筛选。主要是根据结构方程软件 AMOS 奇异值报告，将不符合要求的样本予以删除。

经过以上两部分工作，最终确定共得到有效问卷 1348 份，用于最终的数据分析。

3.3.4　样本特征分析

参与本次调查的 1616 位用户中，有 1206 位填写了自己所在地区，他们来自

8 个地区的 28 个省份，主要分布在华东地区（51.85%）和华南地区（42.20%），见表 3-3。其中，单从省份来看，该平台的用户广东最多，其次为浙江。有 1360 位填写了销售的商品种类。该平台用户所销售的商品种类工业品居多，占总人数的 52.94%，其次是小商品（16.99%），商品服务最少（4.34%）。企业样本属性见表 3-4。

表 3-3　地区分布

序号	地区	样本数/位	序号	地区	样本数/位	序号	地区	样本数/位
1	浙江	176	11	河北	63		东北地区	25
2	山东	107	12	北京	30	21	四川	9
3	江苏	97	13	天津	9	22	重庆	7
4	上海	62	14	山西	4	23	云南	1
5	福建	57		华北地区	106	24	贵州	1
6	江西	17	15	河南	38		西南地区	18
7	安徽	16	16	湖北	20	25	陕西	13
	华东地区	532	17	湖南	17	26	甘肃	1
8	广东	424		华中地区	75		西北地区	14
9	广西	8	18	辽宁	18	27	台湾	2
10	海南	1	19	黑龙江	6	28	香港	1
	华南地区	433	20	吉林	1		港澳台地区	3

表 3-4　销售商品总类分布

商品种类	样本数/位	比例/%
工业品	720	52.94
原材料	149	10.96
家居百货	201	14.78
小商品	231	16.99
商品服务	59	4.34

3.4　平台用户忠诚的实证研究

3.4.1　信度和效度检验

1. 信度检验

信度被用于衡量量表的可靠性和稳定性，量表的信度越高，说明量表越稳定，使用该量表进行问卷调查就越可靠。0.65～0.70 是最小可接受值区间[98]。从表 3-5 可以看出，各结构变量的 Cronbach's α 值和组合信度都超过了 0.65，表明收集的数据对测量概念有很高的聚敛效度，且表现出良好的内部一致性，数据可靠性高。

表 3-5　信度、效度检验

概念变量	测量题项	Cronbach's α	组合信度	AVE
直接网络外部性	5	0.859	0.867	0.655
间接网络外部性	2	0.690	0.698	0.539
感知价值	3	0.836	0.834	0.626
用户满意	3	0.855	0.858	0.668
用户忠诚	3	0.889	0.891	0.732
转移成本	5	0.896	0.897	0.636

注：AVE——average variance extracted，平均提炼方差

2. 效度检验

效度表示一个测量过程实际上达到测量目的的程度。效度的检验常采用 AVE 和因子载荷系数(factor loadings)两个指标。一般来说，每个测量概念变量的 AVE 都大于 0.5，说明潜在变量具有良好的内敛效度；因子载荷系数在 0.50～0.95，表示测量变量能有效反映其要测量的潜在变量。从表 3-5 可以看出，问卷每一测量概念的 AVE 均大于 0.5，同时，从表 3-6 中可以看出，每个测量项的因子载荷系数均大于 0.5，说明本次调查针对某 B2B 平台设计的问卷题项能够很好地表征各测量概念，问卷量表具有良好的收敛效度。

表 3-6　观测变量荷载系数

<table>
<tr><th>概念变量</th><th colspan="2">观测变量</th><th>因子载荷系数</th></tr>
<tr><td rowspan="5">直接网络外部性</td><td rowspan="3">感知网络大小</td><td>他人</td><td>0.694</td></tr>
<tr><td>商业伙伴/朋友</td><td>0.669</td></tr>
<tr><td>预期规模</td><td>0.779</td></tr>
<tr><td rowspan="2">感知外部信誉</td><td>认可度</td><td>0.809</td></tr>
<tr><td>信誉度</td><td>0.731</td></tr>
<tr><td rowspan="2">间接网络外部性</td><td rowspan="2">感知互补性</td><td>支持工具</td><td>0.653</td></tr>
<tr><td>平台活动</td><td>0.807</td></tr>
<tr><td rowspan="3">感知价值</td><td>公平相比价值</td><td>—</td><td>0.784</td></tr>
<tr><td rowspan="2">同类相比价值</td><td>流程</td><td>0.756</td></tr>
<tr><td>明智选择</td><td>0.831</td></tr>
</table>

续表

概念变量	观测变量		因子载荷系数
用户满意	整体满意	整体满意	0.743
	内容满意	内容满意	0.830
	过程满意	过程满意	0.874
用户忠诚	行为忠诚	持续使用	0.819
	态度忠诚	口碑	0.885
		推荐	0.861
转移成本	程序性转移成本	不确定性	0.713
		时间精力	0.836
		注册程序	0.821
	财务性转换成本	财务性转换成本	0.836
	关系型转移成本	关系型转移成本	0.775

3.4.2 网络外部性下用户忠诚模型检验

1. 模型拟合与评价

本小节应用 AMOS17.0 软件，采用极大似然估计对各主要因素的相互影响关系进行验证，得出某 B2B 平台用户忠诚模型的标准化路径系数及假设检验结果，如表 3-7 和表 3-8 所示。从表 3-7 可以看出，在各项拟合指标中，χ^2/df 的值不能达到拟合标准；同时从表 3-8 中可以看出，“感知价值→用户满意”标准化后的路径系数为 1.001，超过了 1，说明模型的构建存在一定的问题，需要修正。

表 3-7 模型拟合优度

拟合指数	χ^2	df	χ^2/df	CFI	GFI	RMESA
评价标准	越小越好	—	<5	>0.9	>0.9	<0.08
估计值	953.774	158	6.037	0.956	0.932	0.061

注：CFI——comparative fit index，比较拟合指数；GFI——goodness-of-fit index，拟合优度指标；RMESA——root-mean-square error of approximation，近似误差的均方根

表 3-8 路径分析与假设检验

假设	假设路径	标准化路径系数	t 值	检验结果
H3-1	间接网络外部性→直接网络外部性	0.641	15.121	支持
H3-2a	直接网络外部性→感知价值	0.666	17.535	支持
H3-2b	直接网络外部性→用户满意	–0.057	–0.805	不支持
H3-2c	直接网络外部性→转移成本	0.251	5.076	支持

续表

假设	假设路径	标准化路径系数	t 值	检验结果
H3-3a	间接网络外部性→感知价值	0.327	9.008	支持
H3-3b	间接网络外部性→用户满意	–0.040	–0.838	不支持
H3-3c	间接网络外部性→转移成本	0.128	3.028	支持
H3-4	感知价值→用户满意	1.001	9.789	支持
H3-5	感知价值→用户忠诚	0.346	6.052	支持
H3-6	用户满意→用户忠诚	0.442	5.842	支持
H3-7	用户满意→转移成本	0.389	7.291	支持
H3-8	转移成本→用户忠诚	0.170	6.321	支持

2. 模型修正

参考 AMOS 软件输出的模型修正指数(model-update index，MI)及路径关系检验结果，结合定性研究，对模型进行修正。具体的修正过程如表 3-9 所示。

表 3-9　模型修正过程

修正过程	χ^2	df	χ^2/ df	CFI	GFI	RMESA	修正内容
M	953.774	158	6.037	0.956	0.932	0.061	原模型
M_1	694.505	157	4.424	0.970	0.949	0.050	建立感知网络大小(他人)残差项与感知网络大小(商业伙伴)使用数量残差项之间的相互关系
M_2	766.861	178	4.308	0.969	0.946	0.050	删除网络外部性到用户满意之间的路径关系

修正后的模型的标准化路径系数及假设检验结果见表 3-10。模型修正后，各路径假设关系均通过假设检验。

表 3-10　修正后的模型路径分析与假设检验

假设	假设路径	标准化路径系数	t 值	检验结果
H3-1	间接网络外部性→直接网络外部性	0.665	15.097	支持
H3-2a	直接网络外部性→感知价值	0.716	18.073	支持
H3-2c	直接网络外部性→转移成本	0.277	4.996	支持
H3-3a	间接网络外部性→感知价值	0.271	7.970	支持
H3-3c	间接网络外部性→转移成本	0.118	2.759	支持
H3-4	感知价值→用户满意	0.914	26.390	支持
H3-5	感知价值→用户忠诚	0.334	5.296	支持
H3-6	用户满意→用户忠诚	0.476	7.304	支持
H3-7	用户满意→转移成本	0.368	6.514	支持
H3-8	转移成本→用户忠诚	0.172	6.872	支持

通过上述的数据分析，最终得出的网络外部性作用下 B2B 平台用户忠诚的测评模型如图 3-4 所示。

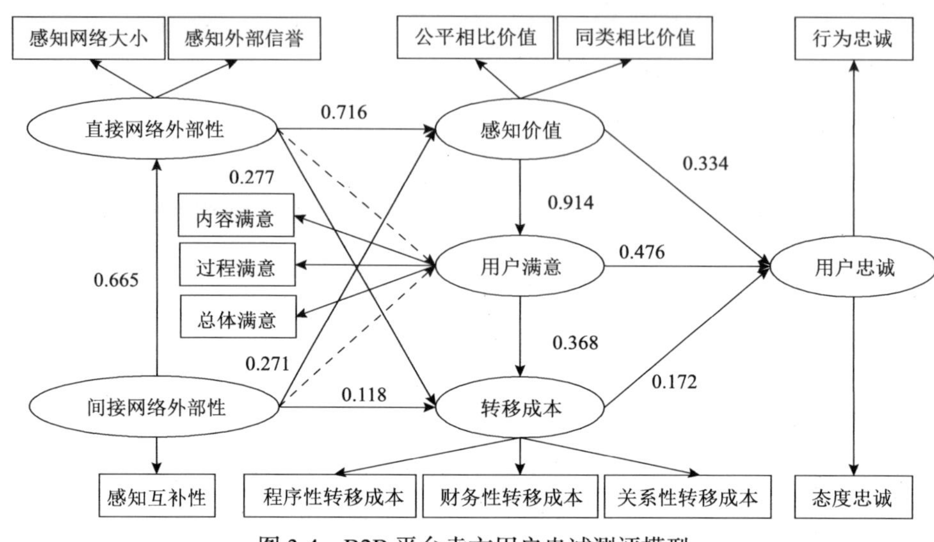

图 3-4　B2B 平台卖方用户忠诚测评模型

3. 结果分析

通过对网络外部性下的 B2B 平台用户忠诚的实证研究，我们可以得出如下结论。

(1) 网络外部性对用户满意无显著直接的影响，这和前期即时通信[11,67]、社交网站[15]和微博[14]的研究结论有所不同。这意味着 B2B 平台的用户不会简单地因为平台的用户规模的扩大或者平台的信誉度的提升而改变对该平台的态度。原因可能是 B2B 平台的用户为企业用户，其决策过程比较复杂，相对比较理性，更多关注的是在该平台上获得的切身效用，即感知价值。

(2) 间接网络外部性对直接网络外部性产生较高的直接影响。这说明对于 B2B 平台来说，间接网络外部性的存在将会导致用户数量的增加，用户可以在和其他用户的互动中体验更多的价值。

(3) 网络外部性对感知价值产生直接显著的影响，相对于直接网络外部性，间接网络外部性的影响更大，直接网络外部性对用户忠诚的影响作用为 0.5988，间接网络外部性对用户忠诚的影响作用为 0.6434。网络外部性可以作为感知价值和转移成本的前置驱动因素进而影响到用户忠诚。

(4) 转移成本可以作为网络外部性和用户满意的后置因素，对用户忠诚产生直接的影响作用。这说明平台用户规模的扩大或者平台信誉的提升及提升用户对平台的喜好程度都会增加用户的转移成本，进而提高用户忠诚水平。

(5)用户满意直接正向影响用户忠诚，再次证明了 B2B 平台的用户属于理性用户，满意的用户有望培养成忠诚的用户。

3.4.3 网络外部性的调节作用检验

1. 样本分组

使用 SPSS17.0 工具的 K-means 聚类功能，基于用户对网络外部性大小的感知差异对样本进行分类，水平等距地将样本分为高网络外部性、中网络外部性、低网络外部性三类。为增加样本在网络外部性这一水平上的可区分程度，特选择高网络外部性与低网络外部性两个类别。其中，高转移成本的共有 584 个样本，低转移成本的共有 213 个样本。

2. 模型等值性检验

在聚类的基础之上，运用 AMOS17.0 软件中的 multiple-group analysis 功能，研究和检验网络外部性作为调节变量在用户忠诚形成过程中的调节作用。

首先，对模型进行形态等值检验。表 3-11 中形态检验结果表明，各拟合指标均符合要求，模型拟合度较高，用户忠诚形成机制的模型在高、低网络外部性的分组测评模型中均具有较好的适用性。其次，进一步确认发生显著变化的路径。按假设顺序对每条路径分别进行等值性检验，具体操作方法为将两组待测结构变量的路径在两组样本中设为恒等，其余结构变量的路径设定为自由，从而得到的结果如表 3-11 所示。

表 3-11　网络外部性调节效应等值检验

模型	χ^2	CFI	GFI	RMESA	df	$\Delta\chi^2$	Δdf
原模型	449.797	0.940	0.926	0.051	148	—	—
路径系数等值模型	470.266	0.937	0.922	0.052	151	20.469	3
感知价值→用户满意	452.546	0.940	0.925	0.051	149	2.749	1
用户满意→转移成本	449.797	0.940	0.926	0.050	149	0	1
用户满意→用户忠诚	465.719	0.937	0.923	0.052	149	15.922	1

从表 3-11 中的数据可以看出，路径系数等值模型与原模型之间的 χ^2 变化量为 20.496，自由度 df 变化为 3，$\Delta\chi^2/\Delta df=20.496/3$ 的临界比率 $P<0.001$，因此可以确定原模型和等值模型之间的确存在不同。进一步观察每条路径，在“用户满意→用户忠诚”这条路径上，$\Delta\chi^2/\Delta df=15.922/1$，该数值在 $P<0.001$ 的水平上显著，表明网络外部性对这条路径具有调节效应，其余路径的 $\Delta\chi^2/\Delta df$ 不显著，说明网络

外部性对其余路径不具有调节效应。

3. 结果分析

网络外部性对用户满意与用户忠诚之间的关系存在调节作用。

当用户感受到较高的网络外部性时，用户满意对用户忠诚的影响程度为 0.83，而当用户感受到较低的网络外部性时，用户满意对用户忠诚的影响程度为 0.68，高的网络外部性感知会强化用户对 B2B 平台用户忠诚的形成。具体如图 3-5 所示。

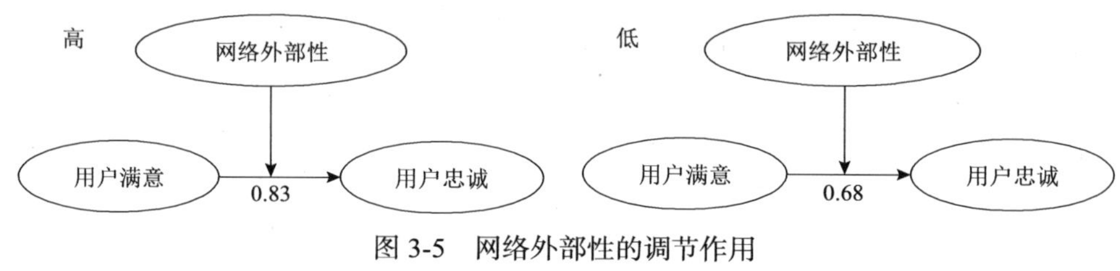

图 3-5　网络外部性的调节作用

3.5 本章小结

本章实证研究可以得出如下结论。

(1) 网络外部性对用户感知价值的形成有着直接的决定性作用，对用户满意的形成没有直接的影响作用，但高的网络外部性却有助于平台满意的用户转化为忠诚的用户。B2B 电子商务企业可以通过扩大平台的网络外部性来维持忠诚的用户。具体的做法可以是提高该平台在国际上的品牌信誉，做好平台的推广，从而吸引更多的用户；提高平台的兼容性和互补性，优化平台在用户常使用的软、硬件(手机、平板电脑、移动终端等)上的用户体验；为用户提供互补的服务和功能(APP、游戏、社区等)。

(2) 感知价值对用户满意和用户忠诚均产生直接的影响。对于 B2B 平台而言，其用户大都为企业用户，具有明显的行业特点和交易金额大的固有属性，其决策过程比较复杂。相对于个人用户，相对比较理性，更多关注的是在该平台上获得的切身效用，即感知价值。B2B 电子商务企业可以通过提高用户对平台价值的感知来维持用户，具体可以采取的措施是完善网站内容的广泛性、网站内容的可靠性、订阅产品速递、积分奖励机制；减少注册步骤、减少各项交易的步骤、提高页面设计的简约性、增加易操作性、便捷的交易流程等；做供应链采购和管理服务，整合供应链分销、供应商分析筛选、并行设计、招投标、信用中介和商品评估等专业服务。由信息服务类、交易服务类平台向资源整合类平台转换，为用户提供全方位的服务和电子商务解决方案。

(3)转移成本在用户满意和用户忠诚之间存在部分中介效应,中介效应占总效应的比例为 21.68%。用户满意对用户忠诚的影响作用可以通过转移成本进行传递，也就是说，转移成本可以作为用户满意的后置因素进而驱动用户忠诚。对于 B2B 平台而言，提高平台转移成本，也可以有效地预防用户流失。具体的做法可以是挖掘网站本身特色并将之扩大；运用数据挖掘技术，做好采购商与供应商之间的匹配推荐，为两者关系的长期维系提供额外的辅助服务；针对双方用户，提高平台本身的客户关系管理意识，如为双方客户发送节日邮件等。

第4章 买方视角下卷入度对电子商务网站用户忠诚形成机理的影响

培养并维系电子商务网站的忠诚用户，需要分析并掌握用户的心理。其中，卷入度作为影响用户购买决策的主要心理因素之一[99]，近些年来受到众多学者和企业关注。卷入度最初是一个社会心理学概念，指个人在心理上感受到的自身与情境的相关程度[100]。后来这一概念被引入组织行为学、市场营销学和广告学等领域，用来描述消费者在制定购买决策过程中（如搜集产品信息、比较和评价产品性能等）投入的时间和精力[101]。根据这一描述，部分学者对行业进行了高卷入度和低卷入度的区分[102]。其中，高卷入度行业是指该行业的顾客在购买产品前，会花费大量的时间和精力制定购买决策，如汽车、家电行业；而在低卷入度行业，顾客购买产品则较为随意，因为即使不满意也不会有严重损失，如日用品零售服务业等[103]。从上述研究来看，高卷入度行业与低卷入度行业的区分是相对的，某一行业中用户购买决策花费的时间和精力高于另一行业，则认为该行业是高卷入度行业，而另一行业为低卷入度行业。

目前，关于卷入度的研究主要集中在实体行业[104,99]，少有研究关注电子商务市场中卷入度对用户购买行为的影响。事实上，基于卷入度的行业区分和买方用户的客观认知及心理特征，电子商务市场也可划分为高卷入度行业（B2B 电子商务）和低卷入度行业（B2C 电子商务）。对于 B2B 电子商务，一般涉及的采购数量和金额较大，企业用户制定购买决策较为谨慎，花费的时间、精力相较于 B2C 电子商务的大多数用户要高，因而属于高卷入度行业；而对于 B2C 电子商务，购买金额较小，个人用户的决策过程也较 B2B 电子商务企业用户更为简单，属于低卷入度行业。

对于 B2B 网站和 B2C 网站而言，卖方用户多为经营网站的企业自身，或者是在网站平台经营的卖家企业，无论对于何种形式的卖方用户，其最主要和最直接的盈利来源于买方用户，买方用户的忠诚问题对 B2B、B2C 电子商务网站十分重要。通过前人的相关研究，结合实际情况，我们了解到卷入度对电子商务网站用户忠诚有不可忽视的作用[105,106]。卷入度会影响用户搜集信息、选择产品、做出购买决策的过程，进而影响用户对某品牌、某购买平台的忠诚。因此，本章从买家角度出发，以高卷入度行业（B2B 电子商务）和低卷入度行业（B2C 电子商务）为研究对象，研究两个行业不同的卷入度对买方用户忠诚形成的影响。

4.1　卷　入　度

4.1.1　卷入度的内涵

“卷入度”(involvement)的概念起源于心理学，由 Sherif 和 Cantril[100]于 1947 年提出，用来描述个人在心理上感受到自身与情境的相关程度。这一概念后来被引入组织行为学、市场学和广告学等领域，众多学者对这一问题进行了探讨，并针对特定对象和环境提出了“卷入度”的定义。

目前，卷入度的定义主要有客观认知和主观情感两个视角。Vaughn[107]从客观产品出发，指出卷入度直接由产品本身的潜在价值决定。Zaichkowsky[108]则强调消费者的主观感受，将卷入度定义为“一个人基于其价值观和兴趣、内在需求而感知到的与客体的关联程度”。这一定义得到了大部分学者的认可。Beatty 等[109]基于用户的角度，认为卷入度是顾客对特定需求的购买过程关注和感兴趣的程度。Tuu 和 Olsen[105]指出卷入度是“个人对商品消费过程的重要性和自身相关程度的长期评估”。张月莉和陈洁[110]定义卷入度为“消费者主观上感受商品、商品购买过程以及消费环境与自身的相关程度”。部分学者[111]对这一定义进行补充，认为感知风险也是卷入度的一部分。此外，有部分学者从作用结果角度来定义“卷入度”，如 Hsu 和 Lee[101]认为卷入度决定了消费者在制定购买决策过程中投入的时间和精力。

从上述有关卷入度的研究来看，探究“卷入”的效应一般分为多个角度，最常见的是从产品、购买过程和用户这三个角度[112,113]。具体而言，产品角度主要是考虑到产品的类别、特性、价格等[104]，购买过程则强调的是投入的时间和精力[114]；用户角度主要关注与消费者的消费需求、风险感知和品牌认知等[115,110]。“行业卷入度”这一概念则涵盖以上三个方面，既考虑到行业采购的产品特性、价格和品牌等，又考虑不同行业用户对风险和品牌的在意程度，同时关注在制定购买决策过程中用户投入的时间和精力。

这里，B2B 电子商务涉及的产品数量和金额相对较大，用户对价格、网站信誉和风险的关注程度较高，顾客在购买前会花费大量精力比较产品的性价比，以免决策失误带来较大损失，属于高卷入度行业；而 B2C 电子商务，由于大多所购买的商品涉及金额较小，顾客的购买决策要简单得多，经常会因为价格、折扣和广告等在不同网站间切换，所以属于低卷入度行业。

本章基于购买过程的卷入度划分角度，结合用户在购买过程中的自身感受对卷入度进行了定义，即卷入度是指用户在产品购买过程中感知到的重要性和与自身相关的程度。

4.1.2 卷入度与用户忠诚的关系

卷入度作为能影响用户购买决策的主要心理因素之一[99]，近些年它与用户忠诚的关系受到众多学者关注。

不少学者指出，卷入度作为调节变量，影响用户忠诚的形成机理[116]。郑秋莹等[103]通过对 1980～2010 年有关顾客满意和顾客忠诚文献的 Meta 分析，发现顾客满意-顾客忠诚的关系在卷入程度较强的行业中较为紧密，即行业卷入度在顾客满意和顾客忠诚的关系中起着调节作用。郭国庆等[104]以高卷入度产品（笔记本电脑）和低卷入度产品（牙膏）为研究对象探究品牌体验与品牌忠诚的关系，证实产品卷入度作为调节变量作用于用户忠诚。然而，目前关于卷入度对用户忠诚调节效应的研究，结论并不一致。部分研究发现，卷入度对用户忠诚的形成起着积极的调节效应。例如，Tuu 和 Olsen[105]通过对越南 922 名顾客的调查，得出"卷入度在满意和行为忠诚的关系中起着正向调节作用"的结论。Seiders 等[106]的研究结果也有效支持这一说法。然而，Suh 和 Youjae[117]的实证研究得出相反结论。他们认为，卷入度会弱化满意与忠诚间的关系。此外，还有部分学者[118,112]通过实证研究，论证了卷入度对用户忠诚的调节效应不显著。

除此之外，也有学者认为，卷入度与用户忠诚存在直接的正向相关关系[119]。徐国伟[99]认为，由于顾客的卷入度对产品选择过程有较大影响，包括信息的搜寻范围、唤醒集的大小等，故顾客感知的卷入度越高，其越可能对某个品牌或产品忠诚，即卷入度和忠诚之间存在直接的正效应。Bennett 和 Rundel-Thiele[120]赞同这一观点，指出卷入度的提升会对用户忠诚度的提高产生积极的影响。

以上讨论发现，卷入度对用户忠诚的形成有一定影响。但在影响方式和影响程度方面，目前的研究结果并不一致。关于这一方面，有必要进一步验证。本节以 B2B 和 B2C 电子商务网站为研究对象，探讨卷入度在两者用户忠诚形成过程中的作用，为这方面的研究提供新的方向和思路。

4.2 模型和假设

如第 3 章中的讨论，基于上述对网络环境下影响用户忠诚的各因素的理解，在考虑了电子商务网站的特殊性及其用户行为特征的基础上，提出电子商务网站用户忠诚的理论模型，如图 4-1 所示，以下仅对与第 3 章中不同的部分进行阐述和说明。

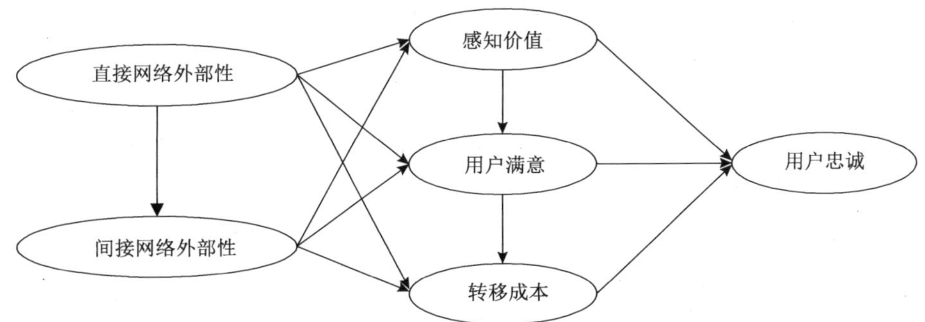

图 4-1　电子商务网站用户忠诚的总体测评模型

4.2.1　网络外部性下电子商务网站的用户忠诚的总体测评模型

通过文献研究与电子商务实践观察，结合电子商务网站的具体特征，确定整个理论模型所涉及的概念变量及各概念变量之间的相互影响关系。从当前实践观察和文献研究的成果来看，拟构建的总体测评模型如图 4-1 所示。

这一概念模型中，网络外部性、感知价值、用户满意、转移成本和用户忠诚是着重研究的概念变量，这些变量的定义与第 3 章相同，不再赘述。在对 B2B 网站和 B2C 网站的买方用户进行测量中，与第 3 章 B2B 网站卖方用户的概念假设上仅仅是直接网络外部性与间接网络外部性的影响关系发生了改变，直接网络外部性会积极作用于间接网络外部性。这是因为对于电子商务网站的买方群体而言，若用户感受到用户规模的扩大，会增强使用意愿，反之规模扩大亦会使网站的整体成本降低，网站可以有足够的资金投入到用户体验改进项目，这其中包括设计出更多互补产品和提高网站的兼容能力，从而提升用户对于间接网络外部性的体验。由此，提出如下假设。

H4-1a：直接网络外部性对感知价值有直接的正向作用。

H4-1b：直接网络外部性对用户满意有直接的正向作用。

H4-1c：直接网络外部性对转移成本有直接的正向作用。

H4-2a：间接网络外部性对感知价值有直接的正向作用。

H4-2b：间接网络外部性对用户满意有直接的正向作用。

H4-2c：间接网络外部性对转移成本有直接的正向作用。

H4-3：直接网络外部性对间接网络外部性有直接的正向作用。

H4-4：感知价值对用户满意有直接的正向作用。

H4-5：感知价值对用户忠诚有直接的正向作用。

H4-6：用户满意对转移成本有直接的正向作用。

H4-7：用户满意对用户忠诚有直接的正向作用。

H4-8：转移成本对用户忠诚有直接的正向作用。

4.2.2　卷入度对电子商务网站用户忠诚的调节效应

不同类型的用户，其用户忠诚形成的影响因素和影响程度可能会存在差异。从以往的文献研究[104,105,117]来看，卷入度在用户忠诚驱动因素和用户忠诚的关系间起到调节效应。然而，这一结论是否适用于电子商务及卷入度是否对用户忠诚的其他驱动因素有影响，仍需进一步探讨和验证。因此，本次调研拟从处于不同卷入度行业的用户角度，来分析卷入度对用户忠诚形成的各条路径的影响。模型如图 4-2 所示。

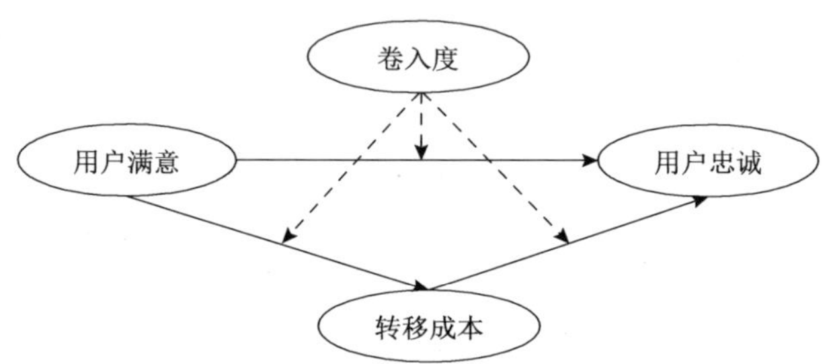

图 4-2　电子商务网站卷入度的调节效应模型

1. 卷入度对用户满意-转移成本的调节效应

张月莉和陈洁[110]通过对高卷入行业——手机行业的探讨，发现在高卷入行业中，满意的提升能够有效提高转移成本。这是因为高卷入度的用户，如 B 用户，对风险的敏感度相对更高，在满意的情况下，更倾向于保留原选择，即用户的转移成本会更高。相对而言，在卷入度较低的情境下，如 C 用户，用户的重复购买或使用更多的是因为消费习惯或者惰性，一旦有折扣或活动，即使对原来的选择满意，也会轻易切换到其他产品或服务上。即用户满意和转移成本的关系在卷入度更高的行业中更为紧密。由此，可以提出以下假设。

H4-9a：卷入度在用户满意和转移成本的关系中起着正向的调节效应。

2. 卷入度对用户满意-用户忠诚的调节效应

部分学者[110]指出，只有在高卷入情境下，用户满意才能驱动真正的用户忠诚。相比之下，在低卷入度情境下，用户不会耗费较大精力和时间制定复杂的购买决策与评估不同的选择。因此，用户很容易由于价格、活动等原因在不同满意的商品中摇摆，即低卷入度情境下，满意和忠诚的关系较为微弱。Tuu 和 Olsen[105]通过对越南 922 名顾客的调查得出一致的结论，即“卷入度在满意和行为忠诚的关系中起着正向调节作用”。Bloemer 和 De Ruyter[121]也提到，卷入度对 B2B 与 B2C 市场用户满意和用户忠诚关系强度的不同具有一定的解释力。相对于 B2B 市场，

B2C 市场的用户在制定购买决策时，可供选择的供应商更为广泛。而且，B2C 市场的转移成本相对较低，C 用户（个人用户）比 B 用户（企业用户）更容易受到广告和促销活动的影响。故可以推断满意-忠诚的关系在 B2B 市场更加牢靠和稳固，即满意和忠诚的关系在卷入度更高的 B2B 行业更为紧密。由此，可以提出以下假设。

H4-9b：卷入度在用户满意和用户忠诚的关系中起着正向的调节效应。

3. 卷入度对转移成本-用户忠诚的调节效应

卷入度起源于心理学，描述的是个人在心理上感受到自身与情境的相关程度[100]。张月莉和陈洁[110]指出，卷入度是消费者主观上感受商品、商品购买过程及消费环境与自身的相关程度。值得强调的是，这一描述表明卷入度的高低不仅取决于产品本身，也取决于消费者对产品的态度[116]。即当情境相同时，卷入度不同的用户的感知也会不同。就电子商务网站而言，当用户不再使用某一网站的转移成本相同时，由于心理上感知水平不同，在卷入度高的行业的用户会感受到更多的损失和风险，从而更容易锁定在该网站。从而可以推断，在卷入度更高的行业，转移成本与用户忠诚的关系更加紧密。由此，可以提出以下假设。

H4-9c：卷入度在转移成本和用户忠诚的关系中起着正向的调节效应。

4.3　抽样调查与样本分析

在电子商务网站用户忠诚影响因素测量的模型假设的基础上，将按照以下步骤进行模型的研究设计：首先，归纳整理国内外相关测量量表，并结合电子商务网站的特点进行问卷设计；其次，借助企业资源开展抽样调查以获取样本数据，并对效度低、不符合逻辑关系、异常值的数据进行处理；最后，对数据进行简单的统计分析和信度、效度检验。

4.3.1　问卷设计

本章的调查对象包括两部分：B2B 电子商务的买方企业用户和 B2C 电子商务的买方个人用户。具体是借助于国内一家信息服务类 B2B 网站——中国制造网和综合购物 B2C 网站——苏宁易购来展开调查。

问卷均由两个部分组成。其中，第一部分主要是对买家基本情况进行统计——中国制造网关注的是地区、注册时间、购买产品类型三方面，苏宁易购关注用户性别、注册时间和购物频次。第二部分在两份问卷中一致，主要是对模型中的结构变量进行测量。第二部分中所有量表均采用 Likert 7 级量表，从“完全不同意”到“完全同意”。各个结构变量的测量模型设计与第 3 章相同，只是针对调查对象的特点在部分问项上做一些调整，使其更为符合调查对象的行为特征。测量模型和具体问项如表 4-1 所示。

表 4-1　测量模型

结构变量	测量变量		具体问项
网络外部性	直接网络外部性	感知网络大小	我觉得很多人在使用××网站
			我很多的亲友也使用××网站
			我觉得将会有更多的用户加入××网站
		感知外部信誉	我觉得用户很认可××网站
			我觉得××网站是最好的购物网站之一
	间接网络外部性	感知兼容性	××网站网页在我常用的浏览器上运行得很好，不易出错
			××网站能和我经常使用的社交网站，如微博、人人等，很好地兼容，能够实现信息分享
		感知互补性	××网站上有很多支持工具和服务，如多种支付方式等
			在××网站上可以参加很多活动，如赢积分、限时促销等
感知价值	公平相比价值		我觉得花费一些时间或精力使用××网站是值得的
	同类相比价值		与我使用过的多数同类购物网站相比，××网站的购物流程更清晰便捷
			与我使用过的多数同类购物网站相比，选择使用××网站是明智的
用户满意	内容满意		××网站能够满足我生活多方面的需要
	过程满意		在××网站购物的过程令人愉悦
	整体满意		总的来说，我对××网站的服务很满意
转移成本	程序性转移成本		如果不再使用××网站，我将失去很多交易历史记录
			我不能确定其他同类网站是否能提供更好的服务
			如果转换到新网站，我需要花费许多时间和精力来熟悉新网站的操作和功能
			转换到其他网站的过程中涉及不少手续，如注册等
	财务性转换成本		转换到其他网站，我将会失去很多的购物优惠，如积分、折扣等
	关系型转移成本		转换到新的网站后，我将会失去很多重要的卖家信息
用户忠诚	行为忠诚		未来我会在××网站上更多地购物
	态度忠诚		别人提及××网站时，我会给予它积极的评价
			别人询问我时，我会向他推荐××网站

在发放问卷前，研究小组反复对问卷进行探讨，来收集问卷的一些问题；并组织与合作的电子商务网站的用户部门多次讨论，以了解用户的表达习惯和网站的特点。根据以上两种方式回馈的信息，对问卷进行多次修改。对中国制造网调查问卷的修改主要包括：删除了两个问题项“××网站能和我经常使用的社交网站，如微博、人人等，很好地兼容，能够实现信息分享”和“如果不再使用××网站，我将失去很多交易历史记录”。经删减后，正式问卷由 22 项问题项组成。对于苏宁易购问卷的改动主要包括以下几个方面：增加了一项感知价值的问题项，删除了一项间接网络外部性和一项转移成本的问题项。除此之外，借鉴楼天阳和陆雄文[122]在《虚拟社区与成员心理联结机制的实证研究》一文中的做法，在转移成本的测量中设置了一个反转变量，对应修改后的问卷第 20 题，将“我不确定其他网站能提供更好的服务”改成“我确定其他网站能提供更好的服务”，这一问题项与问卷其他问题项逻辑不一致，方便对后期数据的筛选和检验问卷的有效性。因此，这一问题项在数据处理中要重点观察，在问卷统计时还要进一步处理。最终，初始问卷主体部分的 24 个问项删减为 23 个，问题项的排序和部分问题项的表达方式均有一定改动，如“转换到其他网站”改为“改用其他网站”。

4.3.2　数据采集

研究采样资源分别来自 B2B 电子商务网站——中国制造网和 B2C 电子商务网站——苏宁易购，这两个网站日访问量大、用户基数大，能有效支持此次测量。数据收集主要分两阶段进行：第一阶段是技术支持，合作的两个网站都根据此次研究提供的调查问卷设计出相应的网页，并将相应的链接公布到网站首页或通过电子邮件的形式发送给网站用户；第二阶段是数据回收，包括预测试数据和正式测试数据。

其中，中国制造网的预测试问卷通过邮件发送了 1000 个链接，回收了 68 份调查问卷。对这 68 份数据进行探索性因子分析，各个潜变量的测量变量的内部一致性系数(Cronbach’s α)均大于 0.700，每个潜变量的 AVE 均大于 0.500，表明问卷的信度和效度都较好。正式测试随机发放 10 000 个链接，提供 39.5 美元的网站代金币激励，回收 982 份问卷。

苏宁易购的预测试问卷通过邮件发送了 1000 份，总共回收了 76 份问卷，根据反转问题项剔除 4 份无效问卷，共回收有效问卷 72 份。在采用探索性因子分析后，发现问卷信度和效度均符合要求。在此基础上开始正式测试，正式测试每份问卷提供 10 元话费奖励。正式测试共回收 500 份问卷，由于问卷系统设计上要求每个问项必填，故回收的问卷均无缺失值。

4.3.3 数据预处理

数据预处理主要是对效度低、不符合逻辑关系、异常值的数据进行处理。此次调查，数据预处理主要是分三步进行。

1. 对效度低的数据的处理

删除整个问卷所有问项都选同一个答案的问卷数据，例如，所有题均选“7”。

2. 对不符合逻辑关系的数据的处理——反转问项

由于在对中国制造网的调查中并未设立反转问项，所以这一部分的处理主要针对的是苏宁易购的问卷。按照反转问项的逻辑关系进行判断，删除不符合逻辑的数据[122]，如用户在 15 题“总的来说，我对苏宁易购网站很满意”题目中满意度给分很高，但是在 20 题“改用其他网站(如亚马逊、京东等)，我确定我能得到更好的服务”中打分也很高的话，那么答卷质量就可能存在问题。为保证问卷的效度，对这一部分不符合逻辑关系的数据进行删除。此外，用 SPSS 17.0 对反转问项的答案进行处理，用“8-反转答案”作为分析中采用的答案。例如，反转问项选项“改用其他网站(如亚马逊、京东等)，我确定我能得到更好的服务”选“2”，实际上代表的是“改用其他网站(如亚马逊、京东等)，我不确定我能得到更好的服务”中选“6”的意思。为保证较好的信度和效度，在后续分析中应采用处理后的数据。

3. 对异常值的处理——正态性检验

本节采用的结构方程研究工具为 AMOS 7.0。要对标准误做有效的计算，AMOS 要求观察变量必须满足正态分布[123]。因此，在对数据进行分析之前，首先需要对观测变量进行正态性检验。结果显示，部分变量不符合正态分布的假设，必须对这些变量的异常值进行处理。根据马氏距离(Mahalanobis d2)的 P_2 值来检测观察变量的异常值，P_2 值很小时即表示该观察值可能为异常值。荣泰生[123]指出，对于存在异常值的个案，可以直接将其删除。

经上述三步的数据处理，剔除无效问卷后，中国制造网总共获得 710 份有效问卷，问卷有效率为 72.3%，这一样本数据记为样本 A；苏宁易购共获得 311 份有效问卷，问卷有效率为 62.2%，样本数据记为样本 B。Gorsuch 和 Venable[124]指出，样本量的大小至少是测量问项的 5 倍，能达到 10 倍更好。苏宁易购调查问卷有 23 题，中国制造网调查问卷有 22 题，有效问卷数均大于 230 份，样本量符合要求，可以进行后续分析。

4.3.4　描述性数据分析

1. 样本特征

1) B2B 电子商务网站——中国制造网

由于本次调查主要面向买家用户，以下将对样本中买家所在地区、买家注册网站时间和买家所关注产品类别进行频率分布统计。参与本次调查的 710 位买家用户中，共有 507 位买家填写了自己所在地区，买家主要分布在亚洲(29%)、美洲(16%+8%=24%)、非洲(22%)、欧洲(19%)和大洋洲(6%)五大洲；参与本次调查的 710 位买家用户中，共有 505 位买家填写了自己在中国制造网的注册时间，注册时间超过 2 年的占 18%，注册时间不超过 2 年的买家占总人数的 76%；买家主要在中国制造网上采购电气电子、计算机产品、消费电子、照明设备、工业设备及组件、制造加工类等行业的产品。

2) B2C 电子商务网站——苏宁易购

本次调查主要面向苏宁易购用户，以下将对样本中用户的性别、注册时间及交易情况进行描述性分析。参与本次调查的 311 位用户中均填写了个人基本信息。其中，男性用户有 237 人(76%)，女性用户有 74 人(24%)；注册时间在从半年以下到 2 年以上的区间上分布较为均匀；三个月内在苏宁易购网站购物次数低于 3 次以下的有 41.8%，3～5 次的有 27.0%，说明用户在三个月内在苏宁易购网站购物的频次一般不超过 5 次。这与用户对苏宁易购的定位——电器专场有关，因此一般用户的购买频率不会很高。

2. 样本结构变量统计

对问卷中的各个问项的所有数据进行统计分析，分别计算出每个问题项数据的最小值、最大值、均值和标准差，从而对样本数据的分布有个大致了解。经计算发现，中国制造网和苏宁易购问卷所有问项的最小值均为 1，而最大值均为 7，说明调查对象的感知水平在各个测量问项上分布广泛，符合要求；所有问项的均值都大于 4，表明调查对象在各个影响因素上都有较好反应，也就是对苏宁易购网站和中国制造网都有一定的忠诚度；每个问项的标准差均大于 1，表明不同的用户使用中国制造网和苏宁易购网站的感知水平有较大差异，符合实际情况。

4.3.5　信度和效度

在对所采集的样本数据进行分析之前，必须对量表的信度和效度进行检验，从而判断量表的设置是否合理和正确。

1. 信度分析

信度可以用来显示测量结果是否一致或稳定，即研究者对于相同的或相似的现象或群体进行不同形式的或不同时间的测量，其所得结果保持一致性的程度。较高的信度是保证科学测量的必要条件，信度较低的数据不具备参考意义。研究者常采用 Cronbach's α 对量表信度进行分析，其值越高，越代表量表试题项是在测量相同的特质。被普遍认可的是，Cronbach's α 系数值在 0.800～0.900 表示量表的信度非常好，在 0.700～0.800 表示信度较好，在 0.650～0.700 表示信度可以接受，而低于 0.650 表示信度不能接受。

从表 4-2 中可以看出，中国制造网量表中 6 个潜变量 Cronbach's α 的数值在 0.823～0.928，苏宁易购量表中 6 个潜变量 Cronbach's α 的数值在 0.753～0.922，均大于 0.700，表明两份问卷的内部一致性较高，具有较好的信度。

表 4-2　变量测量的信度检验结果

结构变量	观测变量		中国制造网 Cronbach's α		苏宁易购 Cronbach's α	
网络外部性	直接网络外部性	感知网络大小	0.786	0.879	0.836	0.891
		感知外部信誉	0.854		0.778	
	间接网络外部性	感知兼容性	—	0.823	—	0.753
		感知互补性	0.799		0.750	
感知价值	公平相比价值		—	0.893	0.778	0.864
	同类相比价值		0.878		0.884	
用户满意	整体满意		0.928		0.883	
	内容满意					
	过程满意					
用户忠诚	行为忠诚		0.908		0.922	
	态度忠诚					
转移成本	程序性转移成本		0.900		0.778	
	财务性转换成本					
	关系型转移成本					

2. 效度分析

效度表示一个测量过程实际上达到测量目的的程度。一个测量模型能够达到它所要达到的目的，那么它就是有效的。效度主要包括三种：内容效度、建构效度、结构效度。在问卷效度分析中，最为关注的是内容效度和结构效度。内容效度指的是样本能较好地表现被测量的结构的内容。因问卷各结构变量的问题项均来自相关理论基础，并结合电子商务网站特点进行了全方位和多方面的调整与修正，故所使用的量表和问卷能符合内容效度的要求。结构效度用来描述测量工具能测量所建构理论的概念或特质的程度。结构效度可以指定结构的含义和区别于其他的构造，包括聚敛效度和判别效度两个方面。

1) 聚敛效度

聚敛效度指的是同一结构的各测量指标之间应彼此高度相关。对于聚敛效度的测量，常采用的指标为 AVE 和因子载荷系数。AVE 是平均提炼方差，是统计学中检验结构变量内部一致性的统计量，其值越大，表示测量指标越能有效反映其结构变量的潜在特质，一般的判别标准是平均方差抽取量要大于 0.500。除此之外，因子载荷系数也是判别聚敛效度的重要指标，代表的是共同因素对测量变量的影响。因子载荷系数值在 0.500～0.950，表示测量变量能有效反映其要测量的潜变量。表 4-3 和表 4-4 分别是中国制造网和苏宁易购问卷中各变量相应的因子载荷系数和 AVE 值。

表 4-3　中国制造网聚敛效度分析

潜变量	问项	标准化因子载荷系数	AVE
直接网络外部性	1	0.717	0.602
	2	0.654	
	3	0.788	
	4	0.833	
	5	0.867	
间接网络外部性	6	0.700	0.857
	7	0.776	
	8	0.857	
感知价值	9	0.869	0.862
	10	0.836	
	11	0.862	
用户满意	12	0.892	0.813
	13	0.910	
	14	0.902	
用户忠诚	15	0.852	0.780
	16	0.884	
	17	0.913	
转移成本	18	0.795	0.651
	19	0.857	
	20	0.866	
	21	0.711	
	22	0.795	

表 4-4　苏宁易购聚敛效度分析

潜变量	问项	因子载荷系数	调整后因子载荷系数	AVE	调整后 AVE
直接网络外部性	1	0.742	0.742	0.635	0.635
	2	0.802	0.802		
	3	0.696	0.696		
	4	0.848	0.848		
	5	0.883	0.883		
间接网络外部性	6	0.599	0.599	0.523	0.523
	7	0.770	0.770		
	8	0.785	0.785		
感知价值	9	0.673	0.673	0.621	0.621
	10	0.846	0.846		
	11	0.793	0.793		
	12	0.829	0.829		
用户满意	13	0.745	0.745	0.738	0.738
	14	0.894	0.894		
	15	0.927	0.927		
用户忠诚	17	0.843	0.843	0.806	0.806
	18	0.913	0.913		
	19	0.935	0.935		
转移成本	16	0.277	0	0.475	0.738
	20	0.298	0		
	21	0.855	0.847		
	22	0.907	0.920		
	23	0.809	0.807		

中国制造网数据的聚敛效度分析如表 4-3 所示，所有问项的因子载荷系数在 0.654～0.913，均大于 0.500；所有潜变量的 AVE 在 0.602～0.862，均大于 0.500，表明中国制造网数据的聚敛效度较高。

苏宁易购数据的聚敛效度分析如表 4-4 所示，调整前转移成本的 2 个问项——第 16 题和第 20 题的聚敛效度低(因子载荷系数<0.5，AVE<0.5)，不符合要求。分析发现，第 16 题对应的是关系型转移成本，对于 B2C 电子商务网站，一方面，由于 C 用户数量庞大，企业如果要与每个用户建立并维持长期关系需要花费较大的成本，国内大多互联网企业较少关注到这一方面，另一方面，由于 C 用户交易量少，交易金额相对较少，C 用户不太关注与卖家的关系，也就是说，对于 B2C 电子网站的用户来说，不存在关系型转移成本，这一点通过与苏宁易购的用户体

验部的交流获得证实；第 20 题对应的是反转项，反转问项由于逻辑的不同容易让填写问卷的用户产生混乱，这一项的效度不高。对于不符合要求的问题项，应删除，以增加此变量(转移成本)的收敛效度[123]。删除这两个问题项后，转移成本的测量变量仍有 3 个，符合“潜变量至少有 3 个测量变量”的要求，此外，收敛效度也获得明显提高(0.738)，符合要求。

从中国制造网和苏宁易购收敛效度的对比可以看出两点：第一，B2B 和 B2C 网站由于买家用户类型与交易规模的不同，两者存在的转移成本的类型也有区别，其中，B2B 网站存在关系型转移成本，B2C 网站不存在关系型转移成本；第二，反转问项要慎用，反转问项虽然可以检验出调查对象填写问卷的态度从而筛选问卷，但是由于反转问项逻辑上的不同容易使填写者发生混乱，即使以反转后的数据来分析，也会造成信度和效度不高，从而影响调查结果。

2)判别效度

判别效度指的是不同结构的衡量标准应彼此不相关或相关程度低。一般而言，量表的判别效度的验证要求每个潜变量 AVE 值的平方根必须大于潜变量间的相关系数[125]。中国制造网和苏宁易购测量中潜变量之间的相关系数与潜变量的 AVE 的平方根的计算结果分别如表 4-5 和表 4-6 所示。

表 4-5　中国制造网判别效度检验结果

潜变量	*A*	*B*	*C*	*D*	*E*	*F*
直接网络外部性 *A*	0.880					
间接网络外部性 *B*	–0.021	0.860				
感知价值 *C*	–0.067	0.783	0.935			
用户满意 *D*	–0.067	0.783	0.858	0.908		
转移成本 *E*	–0.068	0.600	0.655	0.694	0.846	
用户忠诚 *F*	–0.067	0.744	0.870	0.860	0.684	0.923

表 4-6　苏宁易购判别效度检验结果

潜变量	*A*	*B*	*C*	*D*	*E*	*F*
直接网络外部性 *A*	0.842					
间接网络外部性 *B*	0.597	0.823				
感知价值 *C*	0.728	0.725	0.846			
用户满意 *D*	0.728	0.703	0.831	0.904		
转移成本 *E*	0.379	0.365	0.425	0.423	0.905	
用户忠诚 *F*	0.701	0.620	0.764	0.734	0.305	0.931

如表 4-5 和表 4-6 所示，此次测量中，中国制造网和苏宁易购的量表中所有潜变量与其他潜变量之间的相关系数都小于其本身 AVE 的平方根，表明不同潜变量之间具有较高的判别效度。

综合以上分析，可以看出所设计的量表均具有较好的信度和效度，可以进行下一步的分析。

4.4 实证建模与分析

在样本数据具有较高的信度和效度基础上，采用结构方程建模技术对提出的概念模型假设进行检验。本节结合电子商务网站特征和用户心理提出了三个概念模型：①网络外部性下电子商务网站的用户忠诚的总体测评模型；②网络外部性对用户忠诚的调节效应；③卷入度对用户忠诚的调节效应。通过对以上三个模型的实证分析来揭示电子商务网站用户忠诚的影响因素及各因素对用户忠诚的影响机理与影响程度。

一般认为，B2B 市场的卷入度高于 B2C 市场[103]。因为相对于 B2C 市场，B2B 交易涉及的产品数量和金额更大，用户对价格、网站信誉和风险的关注程度更高，同时 B 用户会投入更多的时间和精力在交易过程中。故可选取 B2B 电子商务网站——中国制造网作为高卷入行业代表和 B2C 电子商务网站——苏宁易购作为低卷入度行业代表。本节分别从这两个网站采集数据来检验以上三个模型，以此探索两个类型网站（B2B、B2C）用户忠诚形成机理的异同，并试图从卷入度这一角度对其中的不同点进行解释。

4.4.1 网络外部性下电子商务网站的买方用户忠诚的总体测评模型

1. B2B 电子商务模型拟合与评价

在验证了量表的信度和效度后，借助于中国制造网采集的数据进一步对 4.2 节中提到的概念框架进行拟合度评估，采用的指标为 χ^2/df、GFI、CFI、RMSEA。各项拟合指标的具体数据为：χ^2/df=4.020（<5），GFI=0.900（=0.900），CFI=0.960（>0.900），RMSEA=0.070（<0.080），均符合要求，表明理论模型与实际模型拟合效度较好。

采用极大似然估计对各关系进行验证，得出 B2B 电子商务用户忠诚模型的标准化路径系数及假设检验结果，如表 4-7 所示。可以看出，直接网络外部性对感知价值（β=0.418，t=7.438）和转移成本（β=0.452，t=6.251）均有显著的正向作用；间接网络外部性对感知价值（β=0.555，t=9.411）和用户满意（β=0.212，t=2.680）均有显著的正向作用；直接网络外部性对间接网络外部性有显著的正向作用

(β=0.842，t=21.904)；直接网络外部性对用户满意的影响也是显著的(t=−2.438)，然其路径系数为负(−0.151)，与假设 H4-1b 的“正向作用”相反；间接网络外部性对转移成本不存在显著的影响(β=0.842，t=0.452)。故 H4-1a、H4-1c、H4-2a、H4-2b 和 H4-3 获得支持，H4-1b 和 H4-2c 未获得支持。此外，感知价值对用户满意(β=0.887，t=9.008)和用户忠诚(β=0.568，t=6.488)都产生显著的正向作用，用户满意对转移成本(β=0.293，t=3.314)产生显著正向作用，H4-4、H4-5 和 H4-6 获得支持；用户满意对用户忠诚(β=0.364，t=4.364)产生显著的正向作用，转移成本对用户忠诚(β=0.057，t=2.052)产生显著的正向作用，H4-7 和 H4-8 获得支持。

表 4-7 B2B 电子商务路径分析与假设检验

假设	假设路径	标准化路径系数	P 值	检验结果
H4-1a	直接网络外部性→感知价值	0.418	***	支持
H4-1b	直接网络外部性→用户满意	−0.151	**	不支持
H4-1c	直接网络外部性→转移成本	0.452	***	支持
H4-2a	间接网络外部性→感知价值	0.555	***	支持
H4-2b	间接网络外部性→用户满意	0.212	**	支持
H4-2c	间接网络外部性→转移成本	0.053	0.651	不支持
H4-3	直接网络外部性→间接网络外部性	0.842	***	支持
H4-4	感知价值→用户满意	0.887	***	支持
H4-5	感知价值→用户忠诚	0.568	***	支持
H4-6	用户满意→转移成本	0.293	***	支持
H4-7	用户满意→用户忠诚	0.364	***	支持
H4-8	转移成本→用户忠诚	0.057	*	支持

*表示 P<0.05；**表示 P<0.01；***表示 P<0.001

B2B 电子商务用户在网络外部性下的忠诚模型如图 4-3 所示。接下来分别探讨网络外部性对其他变量的总效应和间接效应，并对转移成本中介效应进行验证。

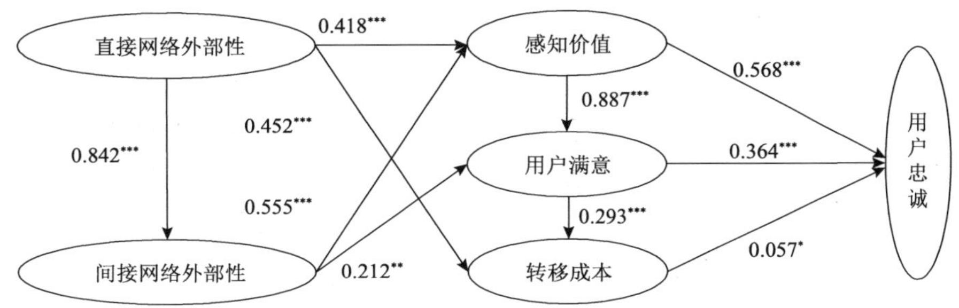

图 4-3 B2B 电子商务用户忠诚的因果关系概念模型

*表示 P<0.05；**表示 P<0.01；***表示 P<0.001

1）总效应和间接效应

可以计算出网络外部性作用于其他潜变量的间接效应和总效应，如表 4-8 所示。

表 4-8　B2B 电子商务网络外部性的总效应和间接效应

结构变量		感知价值	用户满意	转移成本	用户忠诚
直接网络外部性	总效应	0.886	0.813	0.730	0.841
	间接效应	0.468	0.964	0.279	0.841
间接网络外部性	总效应	0.555	0.704	0.254	0.586
	间接效应		0.492	0.206	0.586

2）转移成本中介效应的验证

在进行中介效应分析之前，首先对用户数据进行以下预处理：将自变量（X）、中介变量（M）、因变量（Y）对应的潜变量，即用户满意、转移成本和用户忠诚的项目得分合并取均值并中心化，X 代表用户满意，Y 代表用户忠诚，M 代表转移成本。运用三步回归法对 M 对 X 和 Y 之间的中介效应进行检验。检验结果如图 4-4 所示。

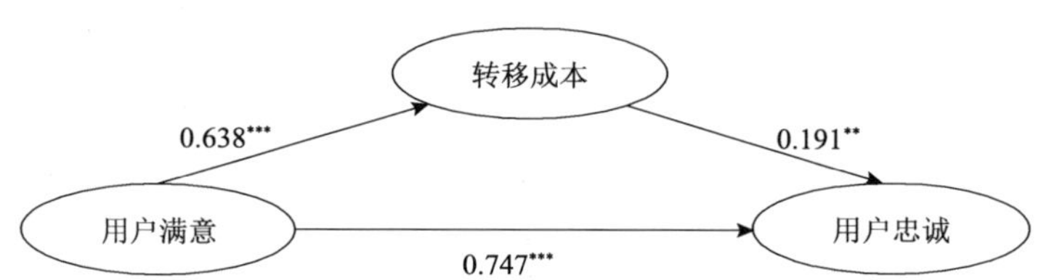

图 4-4　B2B 电子商务转移成本的中介效应模型

*表示 $P<0.05$；**表示 $P<0.01$；***表示 $P<0.001$

由以上结果可以看出，对于 B2B 电子商务网站而言，转移成本对用户满意和用户忠诚之间的关系存在中介效应，且为不完全中介效应。其中，中介效应占总效应的比值：$ab/c=0.638\times0.191/0.869=14.02\%$。因此，用户满意对用户忠诚有直接影响和通过转移成本的非直接影响，且总效应非常显著（0.869）。这说明：一方面，转移成本对用户忠诚有直接正效应，当一个用户使用 B2B 电子商务网站得到较高的满意度时，会更加愿意继续使用该网站。另一方面，用户满意对用户忠诚有间接正效应，当一个用户在从 B2B 电子商务网站转换到另一个网站的过程中感知的货币成本和感知的时间、精力的损失及心理上的障碍等非货币成本非常高时，会更加愿意继续使用该网站。即当用户在 B2B 电子商务网站感知到较高的转移成本时，提高了用户对电子商务网站用户的满意程度，会促使满意用户转变为忠诚用户。

2. B2C 电子商务模型拟合与评价

借助于苏宁易购采集的数据对 4.1 节中提到的概念框架进行拟合度评估，各项拟合指标的具体数据为：χ^2/df=2.915（<5），GFI=0.901（>0.900），CFI=0.921（>0.900），RMSEA=0.079（<0.080），均符合要求，表明理论模型与实际模型拟合效度较好。

各个假设的检验情况及路径系数如表 4-9 和图 4-5 所示，可以看出，模型中的假设 H4-1a、H4-2a、H4-3、H4-4、H4-5 都得到了支持，路径系数为正且都在 $P<0.05$ 的水平上显著。转移成本对用户忠诚的影响也是显著的（$P<0.05$），然其路径系数为负（–0.103），与假设 H4-8 的“正向作用”相反，故假设 H4-8 未获得支持。

表 4-9　B2C 电子商务路径分析与假设检验

假设	假设路径	标准化路径系数	*P* 值	检验结果
H4-1a	直接网络外部性→感知价值	0.472	***	支持
H4-1b	直接网络外部性→用户满意	0.041	0.625	不支持
H4-1c	直接网络外部性→转移成本	0.105	0.351	不支持
H4-2a	间接网络外部性→感知价值	0.532	***	支持
H4-2b	间接网络外部性→用户满意	0.082	0.433	不支持
H4-2c	间接网络外部性→转移成本	0.202	0.161	不支持
H4-3	直接网络外部性→间接网络外部性	0.721	***	支持
H4-4	感知价值→用户满意	0.828	***	支持
H4-5	感知价值→用户忠诚	0.951	***	支持
H4-6	用户满意→转移成本	0.171	0.284	不支持
H4-7	用户满意→用户忠诚	–0.052	0.767	不支持
H4-8	转移成本→用户忠诚	–0.103	*	不支持

*表示 $P<0.05$；**表示 $P<0.01$；***表示 $P<0.001$

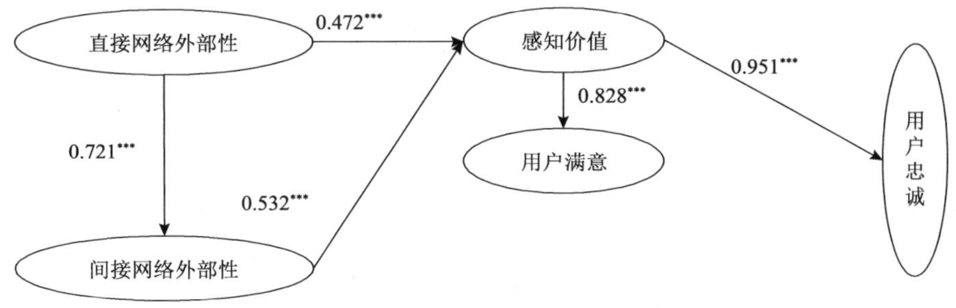

图 4-5　B2C 电子商务用户忠诚的因果关系概念模型

*表示 $P<0.05$；**表示 $P<0.01$；***表示 $P<0.001$

1）总效应和间接效应

可以计算出网络外部性作用于其他潜变量的间接效应和总效应，如表 4-10 所示。

表 4-10 B2C 电子商务网络外部性的总效应和间接效应

结构变量		感知价值	用户满意	用户忠诚
直接网络外部性	总效应	0.855	0.708	0.813
	间接效应	0.383	0.708	0.813
间接网络外部性	总效应	0.532	0.440	0.506
	间接效应		0.440	0.506

2）转移成本中介效应的验证

运用三步回归的方法对 B2C 电子商务用户满意、转移成本和用户忠诚的相互影响关系进行分析。其中，转移成本到用户忠诚路径的 P 值为 0.384，表明该路径不成立，即对于 B2C 电子商务而言，转移成本与用户忠诚没有显著联系，也不能对用户满意和用户忠诚的关系产生中介效应。

3. 模型分析

对比以上的 B2B 和 B2C 电子商务用户忠诚模型，可以得出以下结论。

1）传统环境下的顾客忠诚模型对电子商务仍有部分适用性

感知价值对用户满意和用户忠诚的正向效应无论是在 B2B 网站还是在 B2C 网站都依然成立。其中，在 B2B 网站，感知价值直接和间接通过用户满意对用户忠诚产生积极影响，感知价值通过这两条路径对用户忠诚产生的总效应为 0.600（0.568+0.887×0.364）；在 B2C 网站，感知价值对用户忠诚产生直接的正效应，效应水平为 0.951。由此可以看出：电子商务行业中的用户大多为理性用户，即当用户对于产品或服务的感知价值较高时，未来有较大可能继续选择该网站。这一结果支持并补充了前人[9,70]的研究结论，表明在存在网络外部性的市场中，包括移动通信、部分实体产业和电子商务行业，用户对商品或服务的感知价值越高，越倾向于继续使用该产品或服务。帅旭和陈宏民[50]对这一情况进行了解释，他们指出，用户在不同产品或服务之间转移会带来网络效用的损失，如从 Word 转到 WPS 可能带来兼容软件减少的损失，这部分潜在损失会将用户锁定在其满意的产品和服务上。

2）网络外部性对用户忠诚的形成具有积极的影响

在电子商务行业中，网络外部性对用户忠诚的形成具有一定的解释力。对于

B2B 电子商务，直接网络外部性通过感知价值和转移成本正向作用于用户忠诚，其总效应达到 0.841；间接网络外部性通过感知价值和用户满意对用户忠诚产生积极的影响，其总效应为 0.586。对于 B2C 电子商务，直接网络外部性和间接网络外部性通过感知价值正向影响用户满意，并分别对用户忠诚产生效应水平为 0.813 和 0.506 的总效应。该结果表明，直接网络外部性和间接网络外部性的提高有利于提升用户对产品或服务的感知价值，并且在很大程度上影响用户对产品或服务的评价、态度、未来使用倾向和使用行为。这一结果在一定程度上支持并补充了 Chiu 等[9]的观点，他们通过对社交网络的实证研究发现，网络外部性的不同维度，包括感知信誉、感知兼容性和感知互补性，均对用户忠诚产生积极影响。

3) 直接网络外部性对间接网络外部性具有积极的影响

研究发现，直接网络外部性对间接网络外部性具有显著的正效应，B2B 网站和 B2C 网站的效用水平分别高达 0.842 和 0.721。该结论表明，网站用户规模的扩大能大幅度提高电子商务行业的投资热情，从而创造出更多更好的互补产品和兼容产品。不仅如此，这部分研究试图从另一角度分析直接网络外部性与间接网络外部性的关系。在之前的研究中，Molina-Castillo[70]、Li 等[126]是将间接网络外部性作为直接网络外部性的前置因素来探讨两者的关系，而本节发现直接网络外部性也能积极作用于间接网络外部性。

4) 不同类型的网站，转移成本的强度及其对用户忠诚的影响程度不同

对于 B2B 电子商务，转移成本包括关系型转移成本，即与其他卖家的关系对于买方用户来说至关重要。同时，转移成本可作为中介变量对用户忠诚产生影响：用户满意对转移成本具有积极影响(效用水平为 0.293)，转移成本进一步对用户忠诚产生正效应(效用水平为 0.057)。Aydin 和 Özer[127]对土耳其通信市场(具有网络外部性特征)的实证研究解释了这一现象，他们发现，用户满意能提高用户转换通信服务商的心理成本，即当用户对产品或服务满意时，用户从心理和情感上不容易接受其他产品或服务，而这点保证用户会继续使用该产品或服务。

然而，对于 B2C 电子商务网站，用户从网站转移的成本较低，这是因为 C 用户数量众多，网站对 C 用户的服务是免费的及网站具有很强的同质性。同时，对于 B2C 网站而言，转移成本对用户忠诚存在微弱的负效应(–0.103)。这可能与 C 用户的行为特征有关，对于 C 用户而言，商品质量和价格是影响其选择网站的最重要的因素。因此，即使离开某些网站的转移成本较高，但面临其他网站较大促销或折扣等活动或者其他网站提供更优质的商品时，C 用户也会轻易离开原来的网站，最显著的案例就是 2012 年的“京东苏宁电商价格战”。

5）不同类型的网站，用户满意与用户忠诚的关系不同

对于 B2B 电子商务，用户满意是影响用户忠诚的重要因素之一，效用水平为 0.364；对于 B2C 电子商务，用户满意与用户忠诚没有必然的联系。这可能是因为，B2C 网站数量较多且从彼此转移几乎不需要成本，C 用户的忠诚很容易受其他因素的影响，如价格，用户对网站的满意并不能让用户锁定在该网站上。而对于 B2B 网站，由于在不同网站之间切换存在较高的转移成本，用户在对网站满意的基础上很容易被锁定在该网站，也就是，用户满意对用户忠诚有积极的影响。对比可以看出，B 用户相对 C 用户来说，更为理智，满意的用户有较大可能转化为忠诚用户。

4.4.2 卷入度对电子商务网站用户忠诚的调节效应检验

关于卷入度的研究主要是将卷入度作为调节变量，分别观察高卷入度样本——B2B 电子商务网站和低卷入度样本——B2C 电子商务网站在用户满意→用户忠诚、用户满意→转移成本、转移成本→用户忠诚三条路径的差异，并探究其原因，从而探究行业卷入度对用户忠诚的影响。

1. 模型拟合与评价

运用 AMOS 7.0 软件对 4.2 节提到的模型（图 4-2）——卷入度的调节效应模型进行验证性因子分析。验证性因子分析的核心在于求解模型统计参数和结构参数。模型统计参数在模型拟合度评估方面具有重要作用，可以用来判断理论模型与实际模型的拟合程度。结构参数指标包括多种，结构方程模型主要关注的是路径系数及其显著性水平。图 4-2 所示模型的拟合情况如表 4-11 所示，样本 A 和样本 B 的数据均与图 4-2 所示模型拟合较好。

表 4-11 卷入度模型拟合优度

模型统计参数	样本 A（高卷入）	样本 B（低卷入）	标准	参考
χ^2/df	3.020	2.458	<5	谢兆霞和李莉[17]；Lin 和 Lu[8]
GFI	0.903	0.960	>0.900	
RMSEA	0.062	0.069	<0.080	
CFI	0.962	0.984	>0.900	

确定理论模型与实际模型能达到有效拟合后，应用 AMOS 7.0 软件并运用最大似然估计方法对模型结构参数进行估计和假设检验。表 4-12 是中国制造网（样本 A）关于图 4-2 所示模型的标准化路径系数及假设检验结果。表 4-13 是苏宁易购（样本 B）关于图 4-2 所示模型的标准化路径系数及假设检验结果。

表 4-12　中国制造网(样本 A)卷入度模型结果

路径	标准化路径系数	P 值	检验结果
用户满意→转移成本	0.296	***	支持
用户满意→用户忠诚	0.367	***	支持
转移成本→用户忠诚	0.051	*	支持

*表示 $P<0.05$；**表示 $P<0.01$；***表示 $P<0.001$

表 4-13　苏宁易购(样本 B)卷入度模型结果

路径	标准化路径系数	P 值	检验结果
用户满意→转移成本	0.417	0.284	不支持
用户满意→用户忠诚	0.813	0.767	不支持
转移成本→用户忠诚	–0.030	*	支持

*表示 $P<0.05$；**表示 $P<0.01$；***表示 $P<0.001$

由表 4-12 和表 4-13 可以看出，卷入度对用户满意→转移成本、用户满意→用户忠诚、转移成本→用户忠诚这三条路径存在正向的调节效应。故假设 H4-9a、H4-9b、H4-9c 获得支持。具体说来，对于卷入度较高的行业，用户满意对转移成本的影响系数为 0.296，用户满意对用户忠诚的影响系数为 0.367，转移成本对用户忠诚的影响系数为 0.051；在卷入度较低的行业，用户满意与转移成本、用户忠诚之间没有显著的关系，转移成本对用户忠诚有微弱的负效应(–0.030)。

2. 卷入度调节效应分析

如上讨论，卷入度分别对用户满意与转移成本、用户满意与用户忠诚、转移成本与用户忠诚三个关系存在正向的调节效应。按照三条路径分别探讨卷入度在用户忠诚形成过程中起到的调节效应。

1)卷入度对用户满意与转移成本关系的调节效应

在卷入度高的行业，用户满意对转移成本具有积极的影响(效用水平为 0.296)，而在卷入度低的行业，用户满意与转移成本没有显著的关系。这一发现与张月莉和陈洁[110]的研究结果一致，他们通过对上海地区的手机用户的实证研究发现，在高卷入度情境下，用户满意能够有效提高品牌的转移成本。同时，他们对这一现象进行了解释，在卷入度高的情境下，用户满意会引发用户更高程度的在转化品牌上的惰性，由此引发的转移成本较高。对于电子商务网站而言，可能是因为在高卷入度行业，用户对风险的存在更加敏感，如 B 用户，一旦对网站满意会更倾向于继续使用该网站，从而从网站离开的成本更高。而低卷入度的行业——B2C 市场，C 用户由于购买量和金额相对较少，比起风险更加在意产品的价格，一旦有折扣或活动，用户会轻易切换到其他产品或服务上而不管是否对原网站满意。

2) 卷入度对用户满意与用户忠诚关系的调节效应

在卷入度高的行业，用户满意对用户忠诚具有显著的正效应(效用水平为 0.367)，而在卷入度低的行业，用户满意与用户忠诚之间不存在关系。这一结论与已有的大部分研究结果[106,105]一致，与 Suh 和 Youjae[117]的研究结果相反。这一发现可以有效支持“卷入度对满意和忠诚关系有积极的调节效应”的观点。徐国伟[99]指出，这可能与卷入度高的行业顾客规避风险意识较强(不确定性规避程度较高)有关，即当用户对产品或服务满意时就不乐意冒风险尝试其他产品或服务。而在卷入度较低的行业中，购买行为往往优先于态度形成[104]，即用户不重视产品购买，经常是使用某一产品后才对产品有所认知。在这种情况下，用户忠诚的形成很有可能是由于惰性购买而并非是对产品满意。因此，对于电子商务而言，顾客满意营销对 B2B 网站更有效；而在 B2C 网站，即使用户满意，也可能由于其他原因选择别的网站。

3) 卷入度对转移成本与用户忠诚关系的调节效应

在卷入度高的行业，转移成本对用户忠诚有微弱的正效应(效用水平为 0.051)。这一结果支持前人的研究[110]，表明在高卷入度情境下，转移成本对用户忠诚存在直接的积极影响。此外，本节对低卷入度情境也做了探讨，发现在卷入度低的行业，转移成本对用户忠诚有微弱的负效应(效用水平为–0.030)。对于电子商务行业，这可能是因为，对于 C 用户而言，影响用户忠诚的因素较为复杂，价格是影响 C 用户选择购物网站的重要原因之一。较常见的情况是，用户可能会同时对几个 B2C 购物网站满意，价格会使用户在不同网站进行切换。即使网站的转移成本较高，但面临竞争对手更优惠的价格时，用户也会轻易从原网站转移到竞争对手的网站。

4.5　本 章 小 结

本章综合运用理论研究与实证研究两种研究方法，构建多种模型探讨网络外部性和卷入度对电子商务网站用户忠诚的影响，并分析和比较 B2B 与 B2C 两类电子商务用户忠诚形成机理的相同点及不同点，进而为电子商务的管理者提供相应的建议。通过数据分析，得到以下结论。

(1) 无论是 B2B 电子商务还是 B2C 电子商务，感知价值对用户满意和用户忠诚均存在正效应。因此，提高感知价值，即提升产品质量和改善用户体验，能有效提高用户的满意度，促进用户对企业的忠诚。对于电子商务行业，具体运作策略可从两方面入手：一是从技术上提高网站的响应性、稳定性和搜索结果的相关性；二是从设计上提高网站的易理解性、易操作性和搜索功能的易用性。这两方面促使网站用户的感知体验高于预期和优于同类网站，进而产生满意情绪，最终转变为忠诚用户。

(2)无论是 B2B 电子商务还是 B2C 电子商务，网络外部性，包括直接网络外部性和间接网络外部性，均对用户忠诚产生显著的正效应。此外，直接网络外部性对间接网络外部性具有积极影响。因此，提高产品或服务的网络外部性，即扩大用户规模、提升信誉和开发多种兼容互补产品，对于用户对产品或服务的感知情况、满意度乃至忠诚度都将会产生很强的正面影响。众所周知，忠诚用户构成企业的核心竞争力，因此，对于用户基数、信誉及互补性产品的管理将是决定企业市场竞争的关键[50]。对于电子商务行业，具体运作策略上主要有以下三个方面：首先，企业可以依据自身的优势，做好宣传和推广，从而提高网站的用户基数；其次，企业可通过严格审核网站的交易信息，过滤虚假欺诈商品信息，确保网站上信息的真实性和可靠性，从而保证交易的安全性，进而提升企业的信誉；最后，产品部门可借助优化用户在网站经常使用的软硬件互补产品(浏览器、手机、平板电脑、移动终端等)来提高用户体验，并通过为用户提供互补的服务和功能(APP、社区等)和定期举办促销活动让用户感知额外的价值，进而将网站使用用户转化为忠诚用户。

(3)转移成本对于 B2B 电子商务和 B2C 电子商务用户忠诚的影响程度不同。转移成本可作为中介变量对 B2B 电子商务用户忠诚产生正效应；转移成本对 B2C 电子商务用户忠诚存在微弱的负效应。因此，对于 B2B 电子商务网站，可通过提高转移成本来获得用户忠诚。转移成本对 B 用户的价值主要体现在较为固定的合作伙伴、前期已投入的成本、已获得的各种个性化服务等。因此，B2B 电子商务管理者可以从增加个性化服务的种类和程度、注重网站设计与操作界面的个性化、为用户提供更多优秀的服务等方面入手，增加网站用户的转移成本，使用户产生更强的黏性进而转变为忠诚用户。

(4)用户满意对于 B2B 电子商务和 B2C 电子商务用户忠诚的影响程度不同。对于 B2B 电子商务，用户满意是影响用户忠诚的主要因素，对于 B2C 电子商务，用户满意与用户忠诚没有必然的联系。因此，满意度营销对 B2B 电子商务是有效的，电子商务管理者可通过提高用户的满意度来得到用户忠诚；相对而言，满意度营销对 B2C 电子商务更可能是营销陷阱，网站花费大量的金钱和精力来提高用户满意度是不明智的。

(5)卷入度不同的电子商务市场，用户忠诚形成机理有较大区别。卷入度对用户满意→转移成本、用户满意→用户忠诚、转移成本→用户忠诚这三条路径存在调节效应。因此，对于卷入度不同的电子商务行业，应该采取不同的用户忠诚策略。在卷入度较高的 B2B 行业，转移成本、用户满意均与用户忠诚有着紧密的联系。在这种情况下，最主要的策略是提高网站的转移成本和用户满意。在卷入度较低的 B2C 行业，用户满意和转移成本对用户忠诚的影响不显著。但不少学者指出，卷入度可以通过感知风险和品牌体验对用户忠诚产生影响。因此，对于 B2C 网站，主要的策略是提升网站的知名度和网站的质量。具体运作策略包括两方面：一方面，通过广告、促销、提高搜索排名等方式加强对网站的宣传，进而提升网站知名度和网站形象；另一方面，通过加强网站信息审核、提高网站稳定性和安全性来保证网站质量，进而有效降低用户在网站上感知到的风险。

第5章　两寡头序贯进入下的用户忠诚投资决策建模分析

实证研究结果显示，影响用户忠诚的最重要因素是用户的感知质量，感知质量受到 B2B 平台质量水平的直接影响，而 B2B 平台质量水平的高低取决于 B2B 电子中介的信息技术投资策略和投资额的多少。本章中信息技术投资指的是将投入于硬件和软件等方面的货币资金转化为资本的活动和过程。现实中，B2B 电子中介为提高用户忠诚所进行的投资活动主要有三类：第一类是差异化定价投资；第二类是提升平台质量的信息技术投资;第三类是提升平台人工服务水平的投资。本章主要关注第二类用户忠诚投资,即 B2B 电子中介通过信息技术投资,如硬件、软件等的投资，提供新的互联网产品和服务，以提升 B2B 平台质量，从而最终达到提高用户忠诚水平的目的。

在 B2B 电子中介行业竞争越来越激烈的市场环境下，各 B2B 电子中介在面向用户忠诚进行技术投资以提升 B2B 平台质量时，会考虑其他竞争者的投资行为。虽然 B2B 电子中介数量呈快速增长态势，但 B2B 市场面向行业精细化的发展趋势使得同一细分市场中 B2B 电子中介的数量有限。因此，本章首先将 B2B 电子中介所处的市场结构抽象为两寡头的市场结构，这一假设符合大多数细分市场的特征。此外，B2B 电子中介由于对市场、技术成本等众多因素存在不确定性，在进行技术投资以提供新产品或服务时基本都采取观望、追随的策略,待其他 B2B 电子中介研发出新产品并且新产品能够挖掘、吸引潜在用户时，开始模仿设计类似产品。因此，本章将进一步假设两个 B2B 电子中介先后进行 B2B 平台技术投资，即两寡头序贯进入的市场结构(一个是先入者，另一个是后入者)，在这一假设下，通过建立 B2B 电子中介的用户忠诚投资决策模型，并对模型均衡解进行分析，探讨 B2B 电子中介两类投资策略的选择：一是进攻性的、增加投资的策略；二是防守性的、减少投资的策略。

5.1　市场特征描述

在两寡头序贯进入的市场结构下，转移成本和网络外部性会通过影响 B2B 用户的选择行为进而给市场先入者带来竞争优势，信息技术成本下降会通过影响 B2B 中介的投资成本而给市场后入者带来竞争优势。

5.1.1 先入者优势——转移成本和网络外部性

1. 转移成本

第 3 章中转移成本调节作用的检验结果已表明，B2B 平台中来源于搜寻成本、学习成本及不确定性成本的转移成本会对用户感知质量与用户满意之间的关系起负向调节作用，具体表现为转移成本越高，感知质量对用户满意的影响越小；转移成本越低，感知质量对用户满意的影响越大。转移成本这一影响关系的存在会使得，当用户转移成本较高时，用户考虑到转换到新的 B2B 平台要付出较高的成本，因而会不愿转换而继续使用当前 B2B 平台，即使当前 B2B 平台的质量水平可能低于其他平台，用户也会不考虑平台质量问题而持续使用。对于先后通过信息技术投资提升 B2B 平台质量的先入者中介和后入者中介而言，一旦用户使用了先入者中介的平台，由于转移成本的存在，这类用户会不愿转向使用后入者中介提供的平台，这就给先入者带来一定的竞争优势。

2. 网络外部性

B2B 电子中介具有典型的网络外部性特征，即 B2B 平台的价值会随着使用者数量的增加而增加。网络外部性由用户安装基础和网络外部性强度构成[36]。网络外部性作为一种需求方规模经济，产品的用户安装基础规模便成为决定 B2B 电子中介竞争胜负的关键，使用同一 B2B 平台的用户网络规模越大，用户获得的效用水平会越高。当网络外部性强度增强时，用户更注重用户网络规模带来的效用增加，而较少关注 B2B 平台质量水平的高低，这就使得拥有较大规模的 B2B 平台能够吸引更多的用户加入。

对于 B2B 平台这一双边市场而言，卖方与买方都希望自己所属的用户群体规模会越来越大，一方面表明该 B2B 平台具有一定的使用价值，另一方面也使得卖方或买方能够基于各自群体内更多用户的使用经验做出正确的使用决策，卖方之间或买方之间存在的这一关系也即单边用户内部存在的由聚集和示范所带来的正自网络外部性。同时卖方与买方也希望对方的用户群体规模会越来越大，这是因为，买方群体规模越大，卖方能够出售产品的机会会越大，同时交易、库存等成本也会降低；卖方群体规模越大，为买方提供的产品类型会更多样化，即使是同类产品，也为买方提供了商品和价格比较的空间，提高了市场的交易效率，这也即是信息经济学中讨论的“扎堆”效应，一个市场聚集了越多的卖方，就越可以向买方传递该平台是“全部市场”的信息，买卖双方之间的这种影响即双边用户之间存在的正交叉网络外部性。总的来说，无论是卖方或买方，都希望 B2B 平台中总体用户群体规模会越来越大。

那么，当市场中有两个 B2B 电子中介先后通过信息技术投资提升 B2B 平台质量以吸引用户时，先入者由于抢先投资会占有一定的市场份额，网络外部性的存在会使得用户更愿意使用用户规模相对较大的先入者，从而给先入者带来竞争优势。

5.1.2　后入者优势——信息技术成本下降

大量的实证研究结果表明，随着信息技术的飞速发展，信息技术资产价值随时间的推移会快速递减，这就使得后入者对于硬件、软件和通信设备的投资成本要远低于先入者，从而给后入者带来显著的成本优势。Boulding 和 Christen[128]的实证研究支持了这一结论，研究结果显示，由于后入者具有成本优势，在消费品行业中后入者投资项目的利润回报率比先入者高 3.78%；在工业品行业中后入者投资项目的利润回报率比先入者高 4.24%。因此，在 B2B 电子中介市场中，当后入者可以利用先进的信息技术以较低的成本提供较高质量的 B2B 平台时，后入者的市场占有率会迅速超越先入者[129]，信息技术成本下降会给后入者带来一定的竞争优势。

在竞争性的 B2B 电子中介市场中，先入者中介拥有用户转移成本和网络外部性带来的用户规模优势，后入者中介拥有信息技术成本下降带来的成本优势，这些因素的不同水平对于先入者中介和后入者中介在进行信息技术投资时所采取的投资策略会产生怎样的影响？当这些因素交互影响时，先入者和后入者应采取何种投资策略？针对上述问题，本章以 Hotelling 模型为基础模型，通过综合考虑转移成本、网络外部性和信息技术成本下降等因素，构建一个序贯进入的、两寡头垄断的 B2B 电子中介用户忠诚投资决策模型，通过求解模型的均衡解进而探讨用户转移成本、网络外部性、信息技术成本下降等因素独立影响和交互影响下，B2B 电子中介市场中先入者和后入者的两类投资策略选择。

5.2　模 型 假 设

假设市场中存在两个 B2B 电子中介，记为中介 E_i，$i=1,2$，中介 E_1 先于中介 E_2 进行 B2B 平台的技术投资，通过提供更多的产品和服务来提升平台质量。当市场中存在多个 B2B 平台时，用户主要依据 B2B 平台的质量水平来选择使用，并且在无其他干扰因素影响的情况下，都偏好于高质量的 B2B 平台[130]。

模型的具体假设如下。

(1) 第一阶段，先入者中介 E_1 通过信息技术投资使其平台质量达到 K_1 水平。根据信息服务类 B2B 电子中介的盈利模式可知，用户为了使用平台中的一些服务需要交纳一定的费用，如会员费、广告费等，因此假设先入者中介 E_1 向单位用户收取的费用，即单位用户价格为 P_0。

第二阶段，后入者中介 E_2 在观察了先入者中介 E_1 投资的平台质量水平后，进行信息技术投资，使自身的平台质量达到 K_2 水平。先入者中介 E_1 和后入者中介 E_2 在互相观察了对方的平台质量后，同时确定单位用户价格 P_1 和 P_2。由于市场中存在两个中介，用户会根据自身的效用水平确定是使用先入者中介 E_1 还是后入者中介 E_2，使用中介 E_1 的用户如果转向使用中介 E_2 会产生一个非负的转移成本，记为 s。

(2) 先入者中介 E_1 和后入者中介 E_2 为提升平台质量水平都进行技术投资后，两个中介提供的平台质量水平的差异可抽象为 Hotelling 的线性城市，设先入者中介 E_1 位于 0 处，后入者中介 E_2 位于 1 处，用户均匀地分布在[0,1]线性城市中，则不妨假设用户的质量感知偏好为 x，$x \in [0,1]$。这样，位于 x 处的用户如果使用先入者中介 E_1 通过技术投资提供的平台，则面临 tx 的效用损失；如果使用后入者中介 E_2 通过技术投资提供的平台，则面临 $t(1-x)$ 的效用损失，其中，t 表示用户偏好与平台质量之间单位差异所产生的心理成本。

(3) B2B 电子中介通过信息技术投资额提升 B2B 平台质量水平，随着投资额的增加，平台质量水平的上升幅度会逐渐减少，即符合边际投资效用递减规律，与一般的管理实践观察相符。因此，不妨假设先入者中介 E_1 和后入者中介 E_2 的技术投资额，也即投资成本 C_1 和 C_2，与平台质量水平 K_1 和 K_2 有如下关系：$C_1 = \delta\left(K_1^2/2\right)$，$C_2 = \delta\left(K_2^2/2\right)$，即信息技术投资额为平台质量水平的二次函数，满足边际投资效用递减的要求，其中 $\delta(0 \leqslant \delta \leqslant 1)$ 为信息技术成本下降系数，即达到相同质量水平时先入者和后入者之间投资额的比例，δ 越大代表投资相同的质量水平先入者和后入者之间的投资额越接近，δ 越小代表投资相同的质量水平后入者所需的投资越少。用户使用中介通过技术投资提供的平台，根据平台质量获得的效用为 $r + \theta K_i + \varepsilon$，$i = 1,2$，$r$ 是平台质量水平只达到用户基本需求时的效用评价，$\theta(\theta > 0)$ 是质量边际效用，表示平台质量水平每提高一个单位，用户获得的效用，ε 是服从正态分布 $N\left(0,\sigma^2\right)$ 的随机变量。

(4) 网络外部性效用由用户安装基础和网络外部性强度构成[36]，其中的用户安装基础即为市场份额。用户使用先入者中介 E_1 通过技术投资提供的平台所获得的来自用户群体的效用为 αQ_1^e，使用后入者中介 E_2 通过技术投资提供的平台所获得的效用为 αQ_2^e，由于中介通过技术投资提供的平台是仅有质量水平区别的可替代产品，可假定两中介平台的网络外部性强度相等，均为 $\alpha(0 \leqslant \alpha < 1)$，$\alpha$ 越大表示用户对中介的市场份额越重视。Q_1^e 和 Q_2^e 分别表示用户对先入者中介 E_1 和后入者中介 E_2 市场份额的预期。

基于以上假设，先入者中介 E_1 和后入者中介 E_2 都通过技术投资提升 B2B 平台质量水平后，用户使用先入者中介 E_1 的平台所获得的效用函数为

$$U_1 = r + \theta K_1 + \varepsilon + \alpha Q_1^e - P_1 - tx$$

用户使用后入者中介 E_2 的平台所获得的效用函数为

$$U_2 = r + \theta K_2 + \varepsilon + \alpha Q_2^e - P_2 - t(1-x) - s$$

其中，r 为用户对只满足其基本需求的平台质量的效用评价；K_1、K_2 分别为中介 E_1 和 E_2 通过技术投资提供的平台质量水平；θ 为质量边际效用；ε 为服从正态分布 $N(0,\sigma^2)$ 的随机变量；Q_1^e 和 Q_2^e 分别为用户对中介 E_1 和 E_2 市场份额的预期；α 为网络外部性强度；P_1、P_2 分别为中介 E_1 和 E_2 的单位用户价格；x 为用户的质量感知偏好；t 为单位差异所产生的心理成本；s 为转移成本。

假定市场为两寡头的理性市场[131]，即所有用户的总需求为一个单位，市场中有且仅有两个 B2B 电子中介，每个用户只能参与到一个中介的平台中，且用户使用平台获得的总效用足够大，从而能够覆盖整个市场，即 $Q_1^e + Q_2^e = 1$。则用户的无差异质量感知偏好 $\tilde{x}$ 可通过求解 $U_1 = U_2$，即

$$r + \theta K_1 + \varepsilon + \alpha Q_1^e - P_1 - tx = r + \theta K_2 + \varepsilon + \alpha Q_2^e - P_2 - t(1-x) - s$$

得到

$$\tilde{x} = \frac{\theta(K_1 - K_2) + \alpha(Q_1^e - Q_2^e) + (P_2 - P_1) + t + s}{2t} \tag{5-1}$$

根据用户具有理性预期的假设，则两个中介的市场份额有 $Q_1 = Q_1^e = \tilde{x}$，$Q_2 = Q_2^e = 1 - \tilde{x}$ 成立，代入式(5-1)可得到先入者中介 E_1、后入者中介 E_2 通过技术投资获得的市场份额 Q_1、Q_2 分别表示为

$$Q_1 = \frac{1}{2} + \frac{\theta(K_1 - K_2) + (P_2 - P_1) + s}{2(t-\alpha)}，\quad Q_2 = \frac{1}{2} - \frac{\theta(K_1 - K_2) + (P_2 - P_1) + s}{2(t-\alpha)} \tag{5-2}$$

假设两个中介在技术投资过程中产生的可变成本为 0，那么先入者中介 E_1、后入者中介 E_2 通过技术投资获得的利润 Π_1、Π_2 可分别表示为

$$\Pi_1 = P_1 Q_1 - C_1 = P_1\left[\frac{1}{2} + \frac{\theta(K_1 - K_2) + (P_2 - P_1) + s}{2(t-\alpha)}\right] - \frac{K_1^2}{2},$$

$$\Pi_2 = P_2 Q_2 - C_2 = P_2\left[\frac{1}{2} - \frac{\theta(K_1 - K_2) + (P_2 - P_1) + s}{2(t-\alpha)}\right] - \frac{\delta K_2^2}{2} \tag{5-3}$$

5.3　模型均衡求解

在模型假设中，假设先入者中介 E_1、后入者中介 E_2 先后通过信息技术投资提升平台质量水平，先进行平台质量水平的博弈，再同时确定单位用户价格，因此研究的是一个两阶段的市场竞争博弈。采用逆向递推法求解这一两阶段的博弈过程，先从第二阶段开始，先入者中介 E_1 和后入者中介 E_2 在观察了双方的平台质量水平后，同时确定单位用户价格；然后回到第一阶段，后入者中介 E_2 在观察了先入者中介 E_1 通过技术投资提供的平台质量水平后，对自身平台进行投资，这一阶段属于 Stackelberg 博弈。

5.3.1　均衡价格

命题 5.1　先入者中介 E_1 和后入者中介 E_2 确定的最优单位用户价格分别为

$$P_1^* = \frac{3(t-\alpha)+\theta(K_1-K_2)+s}{3},\quad P_2^* = \frac{3(t-\alpha)+\theta(K_2-K_1)-s}{3}$$

证明　由 $\partial \Pi_1/\partial P_1 = 0$，$\partial \Pi_2/\partial P_2 = 0$ 得先入者中介 E_1、后入者中介 E_2 的价格反应函数分别为

$$P_1 = \frac{t-\alpha+\theta(K_1-K_2)+P_2+s}{2},\quad P_2 = \frac{t-\alpha+\theta(K_2-K_1)+P_1-s}{2}$$

从而得到先入者中介 E_1、后入者中介 E_2 确定的最优单位用户价格分别为

$$P_1^* = \frac{3(t-\alpha)+\theta(K_1-K_2)+s}{3},\quad P_2^* = \frac{3(t-\alpha)+\theta(K_2-K_1)-s}{3} \tag{5-4}$$

相应的市场份额分别为

$$Q_1^* = \frac{3(t-\alpha)+\theta(K_1-K_2)+s}{6(t-\alpha)},\quad Q_2^* = \frac{3(t-\alpha)+\theta(K_2-K_1)-s}{6(t-\alpha)} \tag{5-5}$$

证毕。

命题 5.1 说明先入者中介 E_1 和后入者中介 E_2 确定的最优价格受单位差异所产生的心理成本 t、网络外部性强度 α、质量边际效用 θ 及转移成本 s 的影响。首先，有 $\partial P_1^*/\partial t > 0$、$\partial P_2^*/\partial t > 0$ 成立，说明先入者中介 E_1 和后入者中介 E_2 确定的最优价格都随单位差异心理成本 t 的增加而提高，由此可知，单位差异心理成本

t 越大，可降低 B2B 市场的价格竞争强度，有利于中介提高均衡价格。其次，有 $\partial P_1^*/\partial\alpha<0$，$\partial P_2^*/\partial\alpha<0$ 成立，说明先入者中介 E_1 和后入者中介 E_2 确定的最优价格都随网络外部性强度 α 的增加而降低，由此可知，网络外部性影响越大，中介的定价就越低，通过低价来扩大市场份额，以提高用户的感知效用。再次，由 $\partial P_1^*/\partial\theta=-\partial P_2^*/\partial\theta=(K_1-K_2)/3$ 可知，当先入者中介 E_1 通过技术投资提供的平台质量水平高于后入者中介 E_2，即 $K_1>K_2$ 时，先入者中介 E_1 的最优价格随质量边际效用 θ 的增加而提高，而后入者中介 E_2 的最优价格随 θ 的增加而降低，说明用户质量偏好(即质量敏感程度)的变化对于 B2B 电子中介市场中先入者和后入者的策略选择存在趋势相反的影响。最后，由 $\partial P_1^*/\partial s>0$，$\partial P_2^*/\partial s<0$ 可知，转移成本 s 越高，越有利于先入者中介 E_1 提高价格，以获得更多的利润，而后入者中介 E_2 只能通过降低价格，以吸引更多的用户。

5.3.2　均衡质量水平

命题 5.2　先入者中介 E_1 和后入者中介 E_2 通过信息技术投资达到的最优平台质量水平分别为

$$K_1^*=\frac{3\delta\theta(t-\alpha)\left[9\delta(t-\alpha)-2\theta^2+3\delta s\right]}{\left[9\delta(t-\alpha)-\theta^2\right]^2-9\delta^2\theta^2(t-\alpha)},$$

$$K_2^*=\frac{\theta\left[9\delta(t-\alpha)-\theta^2\right]\left[3(t-\alpha)-s\right]-6\delta\theta^3(t-\alpha)}{\left[9\delta(t-\alpha)-\theta^2\right]^2-9\delta^2\theta^2(t-\alpha)}$$

证明　由于后入者中介 E_2 是在观察了先入者中介 E_1 的平台质量水平后对自身进行技术投资的，所以首先应考虑给定 K_1 的情况下，后入者中介 E_2 的最优选择，根据式(5-4)的价格函数、式(5-5)的市场份额函数，式(5-3)中后入者中介 E_2 的利润函数可进一步表示为

$$\Pi_2=\frac{\left[3(t-\alpha)-\theta(K_1-K_2)-s\right]^2}{18(t-\alpha)}-\delta\frac{K_2^2}{2}$$

令 $\partial\Pi_2/\partial K_2=0$，可求解得到先入者中介 E_2 的平台质量反应函数为

$$K_2(K_1)=\arg\max\Pi_2=\frac{3\theta(t-\alpha)-\theta s-\theta^2K_1}{9\delta(t-\alpha)-\theta^2}\tag{5-6}$$

因为先入者中介 E_1 预测到后入者中介 E_2 将根据式(5-6)确定平台质量水平 K_2，将式(5-6)代入式(5-3)，式(5-3)中先入者中介 E_1 的利润函数可进一步表示为

$$\Pi_1=\frac{(t-\alpha)\left[9\delta(t-\alpha)-2\theta^2+3\delta s\right]^2}{2\left[9\delta(t-\alpha)-\theta^2\right]^2}-\frac{K_1^2}{2}$$

令 $\partial\Pi_1/\partial K_1=0$，得到先入者中介 E_1 平台质量水平的最优解

$$K_1^*=\frac{3\delta\theta(t-\alpha)\left[9\delta(t-\alpha)-2\theta^2+3\delta s\right]}{\left[9\delta(t-\alpha)-\theta^2\right]^2-9\delta^2\theta^2(t-\alpha)} \tag{5-7}$$

当 $\partial^2\Pi_1/\partial K_1^2<0$，也就是满足 $\delta>\theta^2/\left[9(t-\alpha)-3\theta\sqrt{t-\alpha}\right]$ 这一条件时，上述先入者中介 E_1 平台质量水平的最优解才存在，同时也保证了中介 E_1 利润的非负性，这样才能吸引中介 E_2 进行技术投资以提升平台质量。

将式(5-7)代入式(5-6)，得到后入者中介 E_2 平台质量水平的最优解

$$K_2^*=\frac{\theta\left[9\delta(t-\alpha)-\theta^2\right]\left[3(t-\alpha)-s\right]-6\delta\theta^3(t-\alpha)}{\left[9\delta(t-\alpha)-\theta^2\right]^2-9\delta^2\theta^2(t-\alpha)} \tag{5-8}$$

为保证平台质量水平非负，需满足 $s<3(t-\alpha)-6\delta\theta^2(t-\alpha)/\left[9\delta(t-\alpha)-\theta^2\right]$ 这一条件，同时也是保证后入者中介 E_2 技术投资的实施。

证毕。

命题 5.2 说明先入者中介 E_1 和后入者中介 E_2 通过信息技术投资达到的最优平台质量水平与转移成本 s、网络外部性强度 α、信息技术成本下降系数 δ、单位差异所产生的心理成本 t 及质量边际效用 θ 有关，由于解析式较为复杂，将在本章 5.4 节、5.5 节通过分析转移成本、网络外部性和信息技术成本下降对最优平台质量水平的影响，进一步探讨这些因素对投资策略的影响。

5.3.3 均衡利润

命题 5.3 市场存在一个均衡状态，使得先入者中介 E_1 和后入者中介 E_2 通过技术投资获得的利润分别为

$$\Pi_1^*=\frac{(t-\alpha)\left[9\delta(t-\alpha)-2\theta^2+3\delta s\right]^2}{2\left\{\left[9\delta(t-\alpha)-\theta^2\right]^2-9\delta^2\theta^2(t-\alpha)\right\}}$$

$$\Pi_2^*=\frac{\delta\left[9\delta(t-\alpha)-\theta^2\right]\left\{\left[9\delta(t-\alpha)-\theta^2\right]\left[3(t-\alpha)-s\right]-6\delta\theta^2(t-\alpha)\right\}^2}{2\left\{\left[9\delta(t-\alpha)-\theta^2\right]^2-9\delta^2\theta^2(t-\alpha)\right\}^2}$$

证明略。

命题 5.3 显示的是，先入者中介 E_1 和后入者中介 E_2 为追求利润最大化，技术投资提供的最优平台质量水平及最优单位用户价格给中介带来的利润。通过命题 5.3 发现，利润 Π_1^* 和 Π_2^* 与转移成本 s 、网络外部性强度 α 、信息技术成本下降系数 δ 、单位差异所产生的心理成本 t 及质量边际效用 θ 有关，同样由于解析式的复杂性，将在本章 5.4 节、5.5 节重点分析转移成本、网络外部性和信息技术成本下降对通过投资所获利润的影响。

5.4　转移成本和信息技术成本下降对投资策略的影响

在模型均衡解已得的基础上，以下重点关注用户转移成本和信息技术成本下降这两个因素，通过分析这两个因素对模型均衡解中最优平台质量水平和利润的独立影响、交互影响，探讨这两个因素独立影响下、交互影响下，市场先入者中介和后入者中介可采取的用于提升平台质量的信息技术投资策略及这一策略所获利润的变化趋势。进一步基于实证研究中通过调查获得的用户转移成本水平分析当前市场先入者中介和后入者中介随信息技术成本下降可采取的投资策略。

5.4.1　转移成本对投资策略的影响

在其他参数已定的情形下，通过验证均衡结果，即最优平台质量水平 K_1^* 、K_2^* ，以及利润 Π_1^* 、 Π_2^* 关于转移成本 s 的偏导数，分析转移成本对通过投资达到的最优平台质量水平和利润的影响。

由 $\dfrac{\partial K_1^*}{\partial s}>0$ ， $\dfrac{\partial K_2^*}{\partial s}<0$ ， $\dfrac{\partial \Pi_1^*}{\partial s}>0$ ， $\dfrac{\partial \Pi_2^*}{\partial s}<0$ ，可得到如下结论。

结论 5.1　对于先入者中介 E_1 ，有 $\partial K_1^*/\partial s>0$ ， $\partial \Pi_1^*/\partial s>0$ 成立，即随着转移成本的增加，先入者中介 E_1 采取进攻性的、增加投资的策略，所获利润提高。

对于后入者中介 E_2 ，有 $\partial K_2^*/\partial s<0$ ， $\partial \Pi_2^*/\partial s<0$ 成立，即随着转移成本的增加，后入者中介 E_2 采取防守性的、减少投资的策略，所获利润下降。

结论 5.1 表明随着用户转移成本 s 的增加，先入者中介 E_1 的最优平台质量水平 K_1^* 会提高，相应地要求先入者中介 E_1 增加信息技术投资额 C_1 ，采取进攻性的投资策略，这一情况下，中介 E_1 的利润 Π_1^* 会提高。随着用户转移成本 s 的增加，后入者中介 E_2 的最优平台质量水平 K_2^* 会下降，相应地要求后入者中介 E_2 减少信息技术投资额 C_2 ，采取防守性的投资策略，这一情况下，中介 E_2 的利润 Π_2^* 会下降。出现上述这一结果是因为，转移成本的逐渐增加使用户对于先入者中介 E_1 的黏性较强，不愿转向后入者中介 E_2 ，从而激励中介 E_1 增加技术投资，提供更高质量的平台服务以保持更多的用户，市场份额的增加最终带来利润的提高。而后入者中介 E_2 即使增加技术投资提供高质量的平台服务也难以吸引这些黏性较强的用户，只能采取防守性的投资策略，减少对平台质量的投资，从而使最终利润下降。

尽管结论 5.1 表明用户转移成本的增加有利于先入者中介 E_1 采取进攻性的投资策略，但通过比较先入者中介 E_1 和后入者中介 E_2 通过技术投资达到的最优平台质量水平 K_1^* 和 K_2^*，即 $K_1^*-K_2^*$，发现存在一个特定的转移成本水平，定义为 s_1，当 $s=s_1=3(t-\alpha)\left[1-\dfrac{18\delta^2(t-\alpha)}{9\delta^2(t-\alpha)+9\delta(t-\alpha)-\theta^2}\right]$ 时，$K_1^*=K_2^*$；当 $s<s_1$ 时，$K_1^*<K_2^*$；当 $s>s_1$ 时，$K_1^*>K_2^*$。

通过比较先入者中介 E_1 和后入者中介 E_2 通过技术投资达到的市场份额 Q_1^* 和 Q_2^*，即 $Q_1^*-Q_2^*$，发现存在一个特定的转移成本水平，定义为 s_2，当 $s=s_2=\dfrac{\theta^2\left[9\delta(1-\delta)(t-\alpha)-\theta^2\right]}{3\delta\left[9\delta(t-\alpha)-\theta^2\right]}$ 时，$Q_1^*=Q_2^*$；当 $s<s_2$ 时，$Q_1^*<Q_2^*$；当 $s>s_2$ 时，$Q_1^*>Q_2^*$。总结可得到结论 5.2 与结论 5.3。

结论 5.2 存在转移成本临界值 $s_1=3(t-\alpha)\left[1-\dfrac{18\delta^2(t-\alpha)}{9\delta^2(t-\alpha)+9\delta(t-\alpha)-\theta^2}\right]$，①当 $s\in[0,s_1)$ 时，有 $K_1^*<K_2^*$ 成立，即后入者中介 E_2 采取防守性的、减少投资的策略所提供的平台质量水平高于先入者中介 E_1 采取进攻性的、增加投资的策略所提供的平台质量水平；②当 $s\in[s_1,+\infty]$ 时，有 $K_1^*>K_2^*$ 成立，即先入者中介 E_1 采取进攻性的、增加投资的策略所提供的平台质量水平高于后入者中介 E_2 采取防守性的、减少投资的策略所提供的平台质量水平。

结论 5.3 存在转移成本临界值 $s_2=\dfrac{\theta^2\left[9\delta(1-\delta)(t-\alpha)-\theta^2\right]}{3\delta\left[9\delta(t-\alpha)-\theta^2\right]}$，①当 $s\in[0,s_2)$ 时，有 $Q_1^*<Q_2^*$ 成立，即后入者中介 E_2 采取防守性的、减少投资的策略所获得的市场份额高于先入者中介 E_1 采取进攻性的、增加投资的策略所获得的市场份额；②当 $s\in[s_2,+\infty]$ 时，有 $Q_1^*>Q_2^*$ 成立，即先入者中介 E_1 采取进攻性的、增加投资的策略所获得的市场份额高于后入者中介 E_2 采取防守性的、减少投资的策略所获得的市场份额。

结论 5.2 和结论 5.3 表明只有当用户转移成本高于一些特定的临界值时，先入者中介 E_1 采取进攻性的、增加投资的策略才能成为平台质量的领先者、市场份额的领先者。

5.4.2 信息技术成本下降对投资策略的影响

在其他参数已定的情形下，通过分析信息技术成本下降对通过技术投资达到的最优平台质量水平和利润的影响，探讨随着信息技术成本的下降，先入者中介和后入者中介可采取的投资策略及这一策略下所获利润的变化趋势。

1. 信息技术成本下降对平台质量水平的影响

通过验证均衡结果，即最优平台质量水平 K_1^*、K_2^* 关于信息技术成本下降系数 δ 的偏导数，分析信息技术成本下降对平台质量水平的影响。

一般地，信息技术成本下降带来的成本优势有利于后入者中介 E_2 增加信息技术投资，提高平台质量以吸引更多的用户。但从上述求解结果可知，当用户具有不同水平的转移成本时，信息技术成本下降对最优平台质量水平存在的不同影响会使中介投资策略的选择也存在差异。以下在分析上述转移成本临界值的基础上，将转移成本 s 的取值划分为 $[0,s_3)$、$[s_3,s_4)$、$[s_4,+\infty)$ 三个区间，如图 5-1 所示，进一步讨论转移成本取值在这三个不同区间水平下信息技术成本下降对先入者中介 E_1 和后入者中介 E_2 投资策略的影响，所得结论如下。

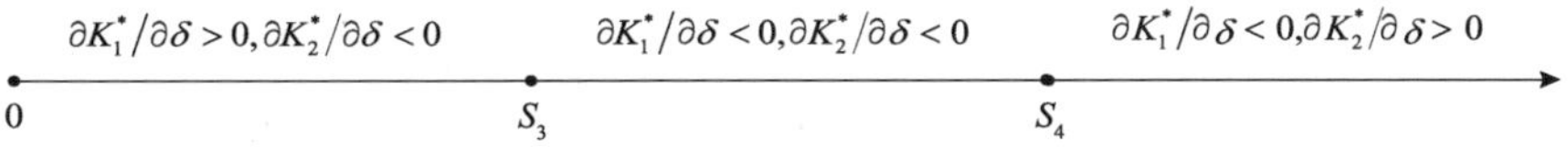

$\partial K_1^*/\partial\delta>0,\partial K_2^*/\partial\delta<0$　　$\partial K_1^*/\partial\delta<0,\partial K_2^*/\partial\delta<0$　　$\partial K_1^*/\partial\delta<0,\partial K_2^*/\partial\delta>0$

0　　S_3　　S_4

图 5-1　中介 E_1、E_2 平台质量水平随信息技术成本下降的变化趋势

结论 5.4　存在转移成本临界值 $s_3=\dfrac{\theta^2\left[9\delta(1-\delta)(t-\alpha)-\theta^2\right]}{3\delta\left[9\delta(t-\alpha)-\theta^2\right]}$，$s_4=$

$$\frac{9(t-\alpha)\left[9\delta(t-\alpha)-\theta^2\right]^2-\theta^2\left[243\delta^2(t-\alpha)^2-18\theta^2\delta(1+\delta)(t-\alpha)-2\theta^4\right]}{3\left[9\delta(t-\alpha)-\theta^2\right]^2-3\theta^2\delta\left[9\delta(t-\alpha)-2\theta^2\right]}$$

，①当 $s\in[0,s_3)$ 时，有 $\partial K_1^*/\partial\delta>0$，$\partial K_2^*/\partial\delta<0$ 成立，即随着信息技术成本下降，先入者中介 E_1 采取防守性的、减少投资的策略，后入者中介 E_2 采取进攻性的、增加投资的策略；②当 $s\in[s_3,s_4)$ 时，有 $\partial K_1^*/\partial\delta<0$，$\partial K_2^*/\partial\delta<0$ 成立，即随着信息技术成本下降，先入者中介 E_1 采取进攻性的、增加投资的策略，后入者中介 E_2 采取进攻性的、增加投资的策略；③当 $s\in[s_4,+\infty)$ 时，有 $\partial K_1^*/\partial\delta<0$，$\partial K_2^*/\partial\delta>0$ 成立，即随着信息技术成本下降，先入者中介 E_1 采取防守性的、减少投资的策略，后入者中介 E_2 采取进攻性的、增加投资的策略。

结论 5.4 中①表明，随着信息技术成本下降即 δ 的减小，当用户具有低转移成本，即 $s\in[0,s_3)$ 时，先入者中介 E_1 的最优平台质量水平 K_1^* 会下降，相应地要求先

入者中介 E_1 减少信息技术投资额 C_1，采取防守性的投资策略；后入者中介 E_2 的最优平台质量水平 K_2^* 会提高，相应地要求后入者中介 E_2 增加信息技术投资额 C_2，采取进攻性的投资策略。这是因为，具有低转移成本的用户受平台质量的影响较大，偏好于使用质量更高的平台，信息技术成本下降使后入者中介 E_2 投入较少的技术投资额即可提供高质量的平台，因而会有大量用户转移到中介 E_2，从而激励后入者中介 E_2 采取进攻性的投资策略提供高质量的平台服务以吸引更多的用户，而先入者中介 E_1 随着用户的流失为了减少损失只能采取防守性的投资策略。

结论 5.4 中②表明，随着信息技术成本下降即 δ 的减小，当用户具有一般水平的转移成本，即 $s\in[s_3,s_4)$ 时，先入者中介 E_1、后入者中介 E_2 的最优平台质量水平 K_1^*、K_2^* 会提高，相应地要求先入者中介 E_1、后入者中介 E_2 增加信息技术投资额 C_1、C_2，采取进攻性的投资策略。这是因为，具有一般水平转移成本的用户既可能受转移成本的影响继续使用先入者中介 E_1，也可能受平台质量水平的影响转向使用平台质量更高的后入者中介 E_2，在这种情况下，先入者中介 E_1 和后入者中介 E_2 都采取进攻性的投资策略进行用户的争夺。

结论 5.4 中③表明，随着信息技术成本下降即 δ 的减小，当用户具有高转移成本，即 $s\in[s_4,+\infty)$ 时，先入者中介 E_1 的最优平台质量水平 K_1^* 会提高，相应地要求先入者中介 E_1 增加信息技术投资额 C_1，采取进攻性的投资策略；后入者中介 E_2 的最优平台质量水平 K_2^* 会下降，相应地要求后入者中介 E_2 减少信息技术投资额 C_2，采取防守性的投资策略。这是因为，具有高转移成本的用户对于先入者中介 E_1 的黏性较强，较少受后入者中介 E_2 通过技术投资提供的平台质量水平的影响，大量用户的持续使用激励先入者中介 E_1 采取进攻性的投资策略，而后入者中介 E_2 只能采取防守性的投资策略。

总的来说，对于先入者中介 E_1 而言，当 $s\in[s_3,+\infty)$ 时，先入者中介 E_1 即认为用户具有的转移成本足够高使其可采取进攻性的投资策略。对于后入者中介 E_2 而言，当 $s\in[s_3,s_4)$ 时，后入者中介 E_2 认为该水平下信息技术成本下降能够抵消转移成本给其带来的一部分不利影响，因而可采取进攻性的投资策略，只有当 $s\in[s_4,+\infty)$ 时，后入者中介 E_2 才认为该水平下用户转移成本太高只能采取防守性的投资策略。

对于影响先入者中介 E_1、后入者中介 E_2 两类投资策略选择的转移成本临界值 s_3、s_4，由 s_3、s_4 的表达式可知这一临界值受信息技术成本下降系数 δ 的影响。以下通过数值算例方法以图的形式来进行表示，在不考虑其他因素，即 $\theta=1$，$t=1$，$\alpha=0$ 的情况下，设信息技术成本下降系数 $\delta\in[0.5,0.9]$，则转移成本临界值 s_3、s_4 随信息技术成本下降的变化趋势如图 5-2 所示。

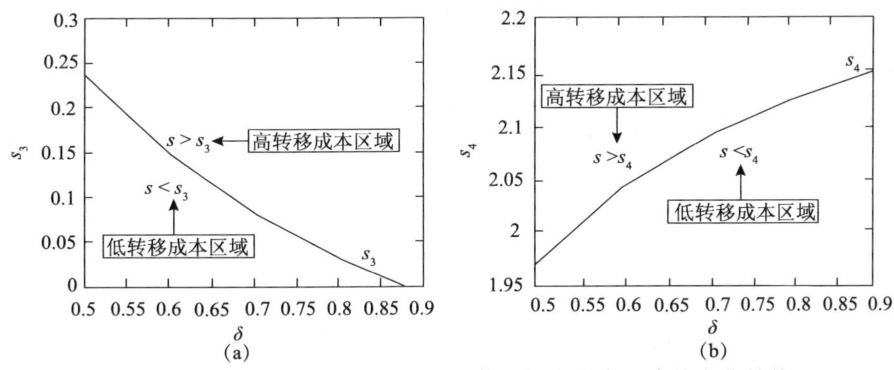

图 5-2　转移成本临界值 s_3 、s_4 随信息技术成本下降的变化趋势

通过图 5-2 可直观地看出，转移成本临界值 s_3 、s_4 受信息技术成本下降系数 δ 的影响。以转移成本 $s=0.05$ ，$s=2$ 为例，当转移成本 $s=0.05$ 时，由图 5-2(a) 可知，如果信息技术成本下降系数 $\delta>(<)0.76$（大约），当前的转移成本水平对于先入者中介 E_1 而言较高(低)；由图 5-2(b) 可知，对于任意的信息技术成本下降系数 δ ，当前的转移成本水平对于后入者中介 E_2 而言都较低。相反，当转移成本 $s=2$ 时，由图 5-2(a) 可知，对于任意的信息技术成本下降系数 δ ，当前的转移成本水平对于先入者中介 E_1 而言都较高；由图 5-2(b) 可知，如果信息技术成本下降系数 $\delta>(<)0.54$（大约），当前的转移成本水平对于后入者中介 E_2 而言较低(高)。

2. 信息技术成本下降对利润的影响

通过验证均衡结果，即利润 Π_1^* 、Π_2^* 关于信息技术成本下降系数 δ 的偏导数，分析信息技术成本下降对通过投资达到的利润的影响。

由 $\partial\Pi_1^*/\partial\delta>0$ ，$\partial\Pi_2^*/\partial\delta<0$ 会发现存在一个特定的转移成本水平，定义为 s_5 ，当 $s=s_5=3(t-\alpha)-\dfrac{2\delta\theta^2(t-\alpha)}{9\delta(t-\alpha)-\theta^2}-\dfrac{16\delta\theta^2(t-\alpha)\left[9\delta(t-\alpha)-\theta^2\right]}{\left[9\delta(t-\alpha)-\theta^2\right]^2+27\delta^2\theta^2(t-\alpha)}$ 时，$\partial\Pi_2^*/\partial\delta=0$ ；当 $s>s_5$ 时，$\partial\Pi_2^*/\partial\delta>0$ ；当 $s<s_5$ 时，$\partial\Pi_2^*/\partial\delta<0$ ，总结可得到结论 5.5 和结论 5.6。

结论 5.5　对于先入者中介 E_1 ，对 $\forall s\in[0,+\infty)$ ，都有 $\partial\Pi_1^*/\partial\delta>0$ 成立，即随着信息技术成本下降，先入者中介 E_1 通过技术投资所获利润下降。

结论 5.5 表明，随着信息技术成本下降即 δ 的减小，先入者中介 E_1 无论是采取防守性的投资策略还是采取进攻性的投资策略，最终所获利润 Π_1^* 都会下降。这是因为，当先入者中介 E_1 采取防守性的投资策略时，用户会转移到通过技术投资提供的平台质量更高的后入者中介 E_2 ，先入者中介 E_1 市场份额减少，最终导致其利润下降；当先入者中介 E_1 采取进攻性的投资策略时，虽然可以保持原有用户的持续使用，但由于无成本优势，通过技术投资提高平台质量水平必然会增加投资成本，最终使利润下降。

结论 5.6 对于后入者中介 E_2 ，存在转移成本临界值 $s_5=3(t-\alpha)-\dfrac{2\delta\theta^2(t-\alpha)}{9\delta(t-\alpha)-\theta^2}-\dfrac{16\delta\theta^2(t-\alpha)\left[9\delta(t-\alpha)-\theta^2\right]}{\left[9\delta(t-\alpha)-\theta^2\right]^2+27\delta^2\theta^2(t-\alpha)}$，①当 $s\in[0,s_5)$ 时，有 $\partial\Pi_2^*/\partial\delta<0$ 成立，即随着信息技术成本下降，后入者中介 E_2 通过技术投资所获利润提高；②当 $s\in[s_5,+\infty)$ 时，有 $\partial\Pi_2^*/\partial\delta>0$ 成立，即随着信息技术成本下降，后入者中介 E_2 通过技术投资所获利润下降。

结论 5.6 表明，随着信息技术成本下降即 δ 的减小，后入者中介 E_2 通过投资所获利润 Π_2^* 会提高，但当用户具有高转移成本，即 $s\in[s_5,+\infty)$ 时，利润 Π_2^* 会下降。这是因为，当用户转移成本较高时，一方面，后入者中介 E_2 自身采取的防守性投资策略提供的平台质量水平较低难以吸引用户来使用；另一方面，先入者中介 E_1 采取的进攻性投资策略提供的平台质量水平相对较高使得原有用户会继续使用，双重因素的影响使后入者中介 E_2 的用户规模较小，尽管单位平台质量的提升只需较低的成本，但为了达到原来的用户规模需要花费较多的成本，最终导致利润下降。

5.4.3 信息技术成本下降和转移成本对投资策略的交互影响

一般情况下，通过求 $\partial K^*/\partial\delta\,\partial s$ 、$\partial\Pi^*/\partial\delta\,\partial s$ 分析最优平台质量水平、利润随信息技术成本下降系数 δ 的减小和转移成本 s 增加的变化趋势，即可得到这两个因素交互影响下可采取的投资策略，以及这一投资策略下所获利润的变化趋势。但由于解析式较为复杂，以下采取数值算例方法，在不考虑其他因素，即 $\theta=1$ ，$t=1$ ，$\alpha=0$ 的情况下，设信息技术成本下降系数 $\delta\in[0.5,0.9]$ ，在选取转移成本 s 特例的基础上通过分析 $\partial K^*/\partial\delta$ ，$\partial\Pi^*/\partial\delta$ 随信息技术成本下降系数 δ 的变化趋势，如图 5-3、图 5-4 所示，以进一步探讨中介可采取的投资策略及投资所获利润的变化趋势。

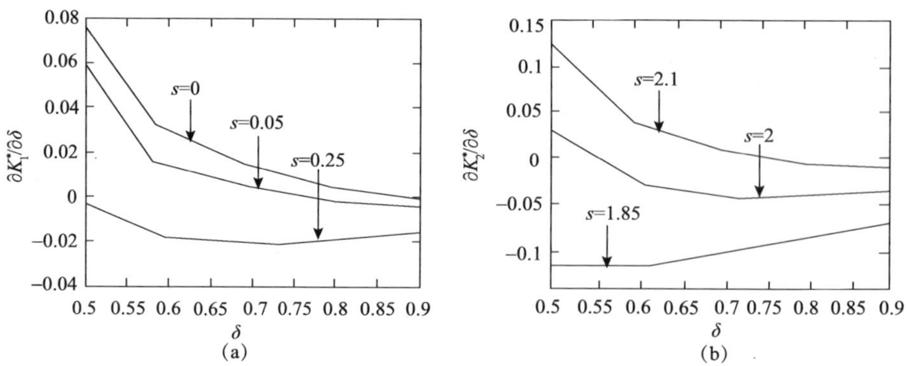

图 5-3 中介 E_1 、E_2 平台质量水平随信息技术成本下降和转移成本的变化趋势

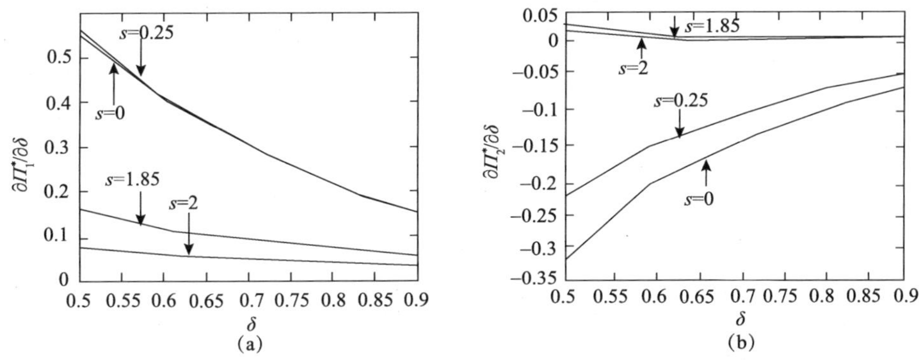

图 5-4　中介 E_1 、E_2 利润随信息技术成本下降和转移成本的变化趋势

在图 5-3(a)中，对于先入者中介 E_1 ，以转移成本 $s=0$ ， $s=0.05$ ， $s=0.25$ 为例，分析随信息技术成本下降即 δ 的减小，转移成本 s 的增加对最优平台质量水平 K_1^* 的影响，结合图 5-2(a)可知，所选取的转移成本特例包括了用户不具有转移成本、具有较低转移成本和较高转移成本这三种情况。在图 5-3(b)中，对于后入者中介 E_2 ，以转移成本 $s=1.85$ ， $s=2$ ， $s=2.1$ 为例做进一步分析，结合图 5-2(b)可知，所选取的转移成本特例包括了用户具有较低转移成本、一般转移成本和较高转移成本这三种情况。由于涵盖了不同水平的转移成本，针对先入者中介 E_1 和后入者中介 E_2 所选取的转移成本特例具有一定的代表性。

从图 5-3(a)中可观察到，当 $\partial K_1^*/\partial\delta<0$ 时，随着转移成本 s 的增加， $\left|\partial K_1^*/\partial\delta\right|$ 会增加，这说明，随着信息技术成本下降即 δ 的减小，先入者中介 E_1 的最优平台质量水平 K_1^* 会提高，随着转移成本 s 的增加，最优平台质量水平 K_1^* 的提高幅度会增加，这就要求先入者中介 E_1 在采取进攻性的投资策略时提高信息技术投资额的增加幅度。当 $\partial K_1^*/\partial\delta>0$ 时，随着转移成本 s 的增加， $\partial K_1^*/\partial\delta$ 会减小，这说明，随着信息技术成本下降即 δ 的减小，先入者中介 E_1 的最优平台质量水平 K_1^* 会下降，随着转移成本 s 的增加，最优平台质量水平 K_1^* 的下降幅度会减少，这就要求先入者中介 E_1 在采取防守性的投资策略时降低信息技术投资额的减少幅度。

从图 5-3(b)中可观察到，当 $\partial K_2^*/\partial\delta<0$ 时，随着转移成本 s 的增加， $\left|\partial K_2^*/\partial\delta\right|$ 会减小，这说明，随着信息技术成本下降即 δ 的减小，后入者中介 E_2 的最优平台质量水平 K_2^* 会提高，随着转移成本 s 的增加，最优平台质量水平 K_2^* 的提高幅度会减少，这就要求后入者中介 E_2 在采取进攻性的投资策略时降低信息技术投资额的增加幅度。当 $\partial K_2^*/\partial\delta>0$ 时，随着转移成本 s 的增加， $\left|\partial K_2^*/\partial\delta\right|$ 会增加，随着信息技术成本下降即 δ 的减小，后入者中介 E_2 的最优平台质量水平 K_2^* 会下降，随着转移成本 s 的增加，最优平台质量水平 K_2^* 的下降幅度会增加，这就要求中介 E_2 在采取防守性的投资策略时提高信息技术投资额的减少幅度。

通过上述分析可得到如下结论。

结论 5.7　随着信息技术成本下降，先入者中介 E_1 当采取进攻性的、增加投资的策略时，随着转移成本的增加，应提高投资额的增加幅度；当采取防守性的、减少投资的策略时，随着转移成本的增加，应降低投资额的减少幅度。后入者中介 E_2 当采取进攻性的、增加投资的策略时，随着转移成本的增加，应降低投资额的增加幅度，当采取防守性的、减少投资的策略时，随着转移成本的增加，应提高投资额的减少幅度。

结论 5.7 表明随着信息技术成本的下降，转移成本的增加会使得先入者中介 E_1 无论是采取进攻性的、增加投资的策略，还是采取防守性的、减少投资的策略时，其策略都更具进攻性，而后入者中介 E_2 在采取两类投资策略时更具防守性。

在图 5-4 中，对于先入者中介 E_1、后入者中介 E_2，以转移成本 $s=0$，$s=0.25$，$s=1.85$，$s=2$ 为例，分析随信息技术成本下降即 δ 的减小，转移成本 s 的增加对技术投资所获利润 Π_1^*、Π_2^* 的影响。从图 5-4(a) 中可观察到，有 $\partial\Pi_1^*/\partial\delta>0$ 成立，表明随着信息技术成本下降即 δ 的减小，先入者中介 E_1 无论是采取防守性的还是进攻性的投资策略所获利润 Π_1 都会下降。但当用户具有低的转移成本，即 $s=0$ 或 $s=0.25$ 时，随着转移成本 s 的增加，$\partial\Pi_1^*/\partial\delta$ 会增加，这说明随着信息技术成本下降，在低转移成本水平下，转移成本的增加会增大先入者中介 E_1 通过技术投资所获利润的下降幅度；当用户具有高的转移成本，即 $s=1.85$ 或 $s=2$ 时，随着转移成本 s 的增加，$\partial\Pi_1^*/\partial\delta$ 会减小，这说明随着信息技术成本的下降，在高转移成本水平下，转移成本的增加会减小先入者中介 E_1 通过技术投资所获利润的下降幅度。

从图 5-4(b) 中可观察到，当用户具有低的转移成本，即 $s=0$ 或 $s=0.25$ 时，$\partial\Pi_2^*/\partial\delta<0$，随着转移成本 s 的增加，$\left|\partial\Pi_2^*/\partial\delta\right|$ 会减小，这说明随着信息技术成本下降，低转移成本水平下，后入者中介 E_2 通过技术投资所获利润 Π_2^* 会提高，转移成本的增加会减小后入者中介 E_2 利润的提高幅度；当用户具有较高的转移成本，即 $s=1.85$ 或 $s=2$ 时，$\partial\Pi_2^*/\partial\delta>0$，随着转移成本 s 的增加，$\partial\Pi_2^*/\partial\delta$ 会减小，这说明随着信息技术成本下降，高转移成本水平下，后入者中介 E_2 通过技术投资所获利润 Π_2^* 会下降，转移成本的增加会减小后入者中介 E_2 利润的下降幅度。

通过上述分析可得到如下结论。

结论 5.8　随着信息技术成本下降，先入者中介 E_1 所获利润下降，当处于低转移成本水平时，转移成本的增加会增大先入者中介 E_1 利润的下降幅度；当处于高转移成本水平时，转移成本的增加会减小先入者中介 E_1 利润的下降幅度。随着信息技术成本下降，当处于低转移成本水平时，后入者中介 E_2 所获利润提高，转移成本的增加会减小后入者中介 E_2 利润的提高幅度；当处于高转移成本水平时，

后入者中介 E_2 所获利润下降，转移成本的增加会减小后入者中介 E_2 利润的下降幅度。

5.4.4　基于转移成本实证数据的投资策略分析

在用户忠诚影响因素实证研究中，通过对国内 B2B 电子中介进行调查，得到了当前用户在使用 B2B 平台过程中感知的用户转移成本水平。在 Likert 7 级量表，也即区间 $[1,7]$ 中用户转移成本的平均水平为 4.80。在用户忠诚投资决策模型中，为保证通过信息技术投资提供的最优平台质量水平为正、所获利润为正，需满足转移成本 $s<3(t-\alpha)-6\delta\theta^2(t-\alpha)\big/\left[9\delta(t-\alpha)-\theta^2\right]$ 这一条件，在其他参数已定的情况下，即 $t=0$，$\theta=1$，$\alpha=0$，当信息技术成本下降系数 δ 在区间 $[0.5,0.9]$ 变化时，则转移成本需满足 $s\in[0,2.1]$ 这一条件。将在区间 $[1,7]$ 中的用户转移成本的平均水平 4.80 进行归一化处理、转换后，可得到在区间 $[0,2.1]$ 中用户转移成本的平均水平为 1.33。

在当前 B2B 电子中介行业用户转移成本平均水平 $s=1.33$ 的情况下，信息技术成本下降对通过技术投资达到的平台质量水平和利润的影响如图 5-5、图 5-6 所示。通过观察图 5-5 可知，转移成本平均水平 $s=1.33$ 时，随着信息技术成本的下降即 δ 的减小，先入者中介 E_1、后入者中介 E_2 的最优平台质量水平 K_1^*、K_2^* 都提高，相应地要求中介 E_1、中介 E_2 增加信息技术投资额 C_1、C_2，采取进攻性的投资策略。对比图 5-5(a) 和图 5-5(b) 可进一步发现，先入者中介 E_1 采取进攻性投资策略所提供的最优平台质量水平 K_1^* 高于后入者中介 E_2 采取相同投资策略所提供的平台质量水平 K_2^*。

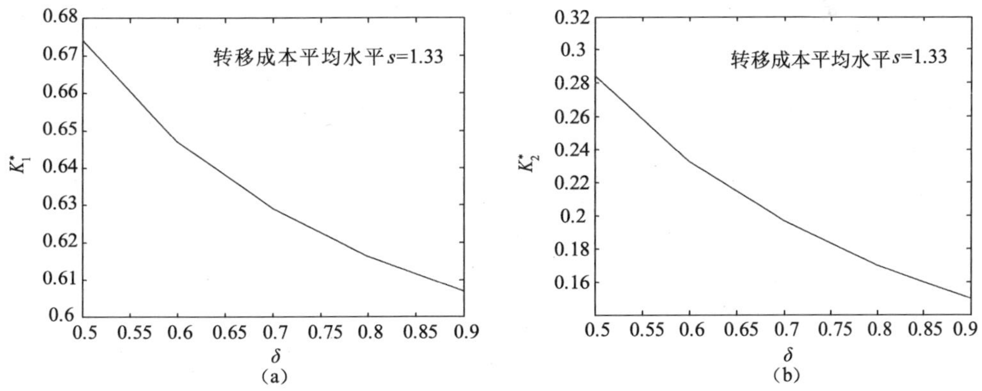

图 5-5　$s=1.33$，中介 E_1、E_2 平台质量水平随信息技术成本下降的变化趋势

通过观察图 5-6 可知，转移成本平均水平 $s=1.33$ 时，随着信息技术成本下降

即 δ 的减小，先入者中介 E_1、后入者中介 E_2 采取进攻性投资策略所获利润 Π_1^*、Π_2^* 都下降。对比图 5-6(a)和图 5-6(b)可进一步发现，中介 E_1 的利润 Π_1^* 高于中介 E_2 的利润 Π_2^*。

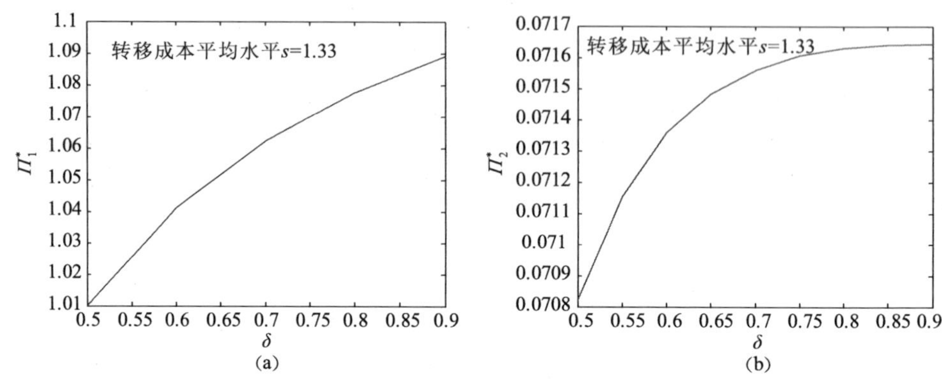

图 5-6　$s=1.33$，中介 E_1、E_2 利润随信息技术成本下降的变化趋势

通过上述分析，可得到如下结论。

结论 5.9　在当前 B2B 电子中介行业用户转移成本平均水平 $s=1.33$ 的情况下，随着信息技术成本的下降，先入者中介 E_1、后入者中介 E_2 可采取进攻性的、增加投资的策略，所获利润下降。先入者中介 E_1 采取进攻性投资策略提供的平台质量水平及所获利润高于后入者中介 E_2。

结论 5.9 表明随着信息技术成本的下降，在当前 B2B 行业中用户所具有的这一转移成本水平下，虽然市场先入者和后入者都可采取进攻性的、增加投资的策略，但这一转移成本水平对于先入者更有利，该转移成本水平能够抵消信息技术成本下降给先入者带来的一部分不利影响，虽然利润会不可避免有所降低，但通过技术投资提供的平台质量水平相对较高。

上述探讨的信息技术成本下降和转移成本对投资策略的影响，对于 B2B 电子中介进行技术投资有一定的启示作用。单个 B2B 电子中介无法控制信息技术的发展及信息技术成本，但可以通过提供一些个性化服务以提高用户转移成本，阻止用户转移，从而缓解信息技术成本下降带来的不利影响。

5.5　网络外部性和信息技术成本下降对投资策略的影响

在模型均衡解已得的基础上，以下重点关注网络外部性和信息技术成本下降这两个因素。由于本章 5.4.2 小节已分析信息技术成本下降对投资策略的影响，虽然讨论的是用户处于不同转移成本水平下信息技术成本下降对投资策略的影响，但当用户不存在转移成本时，通过 5.4.2 小节中的结论 5.4、结论 5.5 和结论 5.6 可知，随着信息技术成本下降，先入者采取防守性的、减少投资的策略，所获利润下降；后入者采取进攻性的、增加投资的策略，所获利润提高。因此，以下将通过分析网络外部性对模型均衡解中最优平台质量水平、利润的独立影响，以及信息技术成本下降和网络外部性对模型均衡解中最优平台质量水平、利润的交互影响，主要探讨网络外部性独立影响下、信息技术成本和网络外部性交互影响下市场先入者中介和后入者中介可采取的用于提升平台质量的信息技术投资策略及这一投资策略所获利润的变化趋势。

5.5.1　网络外部性对投资策略的影响

在分析网络外部性对投资策略的影响时，由于解析式不易直接得到平台质量水平和利润随网络外部性强度的变化趋势，采用数值算例方法，在不考虑其他因素，即 $t=1$ ， $\theta=1$ ， $s=0$ ， $\delta=1$ 的情况下，设网络外部性强度 $\alpha\in[0.1,0.5]$ ，给出中介 E_1 和 E_2 的平台质量水平、投资成本、价格及利润随网络外部性强度的变化趋势，见表 5-1。

表 5-1　中介 E_1 、 E_2 平台质量水平、投资成本、价格、利润随网络外部性强度的变化趋势

网络外部性强度	平台质量水平		投资成本		价格		利润	
α	K_1^*	K_2^*	C_1	C_2	P_1^*	P_2^*	Π_1^*	Π_2^*
0.1	0.389	0.326	0.076	0.053	0.921	0.879	0.396	0.376
0.2	0.399	0.323	0.080	0.052	0.826	0.774	0.346	0.323
0.3	0.414	0.318	0.086	0.051	0.732	0.668	0.297	0.268
0.4	0.438	0.310	0.096	0.048	0.643	0.557	0.248	0.202
0.5	0.484	0.290	0.117	0.042	0.565	0.436	0.202	0.148

从表 5-1 中可看出，随着网络外部性强度 α 的增加，先入者中介 E_1 的最优平台质量水平 K_1^* 提高，相应地要求先入者中介 E_1 增加技术投资额 C_1 ，采取进攻性的投资策略，这一情况下所获利润 Π_1^* 下降。随着网络外部性强度 α 的增加，后入者中介 E_2 的最优平台质量水平 K_2^* 下降，相应地要求后入者中介 E_2 减少技术投资额 C_2 ，采取防守性的投资策略，这一情况下所获利润 Π_2^* 下降。

通过上述分析，可得到如下结论。

结论 5.10　随着网络外部性强度的增加，先入者中介 E_1 采取进攻性的、增加投资的策略，所获利润下降；后入者中介 E_2 采取防守性的、减少投资的策略，所获利润下降。

出现上述这一结果是因为，当网络外部性强度增加时，用户对于中介的市场份额会越来越重视，其使用决策是基于对中介未来市场份额的预测，由于存在不确定性、信息不对称性等因素，这种预测通常以中介当前的市场份额为基础，中介当前的市场份额越大，用户预期其未来的市场份额也越大，因而用户会倾向于选择当前已拥有较大市场份额的中介。较之于后入者中介 E_2 ，先入者中介 E_1 的市场份额优势非常明显。因此，网络外部性强度会增加中介 E_1 的市场份额，减小中介 E_2 的市场份额。拥有市场份额优势的中介 E_1 为了保持这一竞争优势，可采取进攻性的投资策略，增加对平台质量的投资，以扩大其与中介 E_2 平台质量水平之间的差异，并且为了得到更多的市场份额会降低价格，但随着价格的降低及提高平台所需成本的增加，所获利润下降。中介 E_2 面对市场份额的降低，只能采取防守性的投资策略，减少对平台质量的投资，即使通过降价尝试进一步扩大市场份额，但中介 E_1 采取的进攻性投资策略使中介 E_2 的市场份额呈下降趋势，从而导致最终利润下降。

在网络外部性显著的 B2B 电子中介市场中，后入者中介为增强自身的竞争优势可采取产品引入时机策略和用户预期管理策略这两种主要策略。对于引入时机策略，即后入者何时将新产品或服务推向市场的策略。一方面，后入者中介越早通过技术投资提供 B2B 平台的新产品以提升平台质量，则越早与先入者中介展开竞争以争夺用户安装基础，避免先入者中介形成用户规模优势而使用户都锁定于先入者。但后入者中介较早地推出 B2B 平台新产品却也有可能面临着由于新产品的不够成熟、完善，在与先入者中介进行竞争时无竞争优势而遭遇退出市场的风险。另一方面，后入者中介越迟推出 B2B 平台的新产品，由于信息技术的不断进步及成本的逐渐下降，则越有可能提供质量高、成本低的新产品，相应地就能够以较低的价格吸引大量用户，获得用户安装基础。但后入者中介较晚地推出新产品须承受推迟上市带来利润损失的机会成本。因此，后入者中介的最优引入时机应取决于其何时能将技术上的优势转化为价格上的优势。

对于用户预期管理策略，由于网络外部性是一种需求方规模经济，用户的预期对于市场竞争有着重要的影响。预期管理常见的方式是预告，即 B2B 平台的新产品在推出之前 B2B 中介即在市场上预先告知其将有新产品推出。通过这一预告方式，诱导那些正好在新产品推出之前到达市场的用户推迟其购买或使用的行为，从而影响用户预期，使用户等待新产品推出后再购买或使用。这也即经济学中的“汽车策略”，通过提前宣布即将推出的产品以阻碍竞争者当前的销售，从而促进其新产品的未来销售。

5.5.2 信息技术成本下降和网络外部性对投资策略的交互影响

在分析信息技术成本下降和网络外部性的交互影响时，同样由于解析式的复杂性，采用数值算例方法，在不考虑其他因素即$\theta=1$，$t=1$，$s=0$的情况下，设信息技术成本下降系数$\delta\in[0.5,0.9]$，在选取网络外部性强度α特例的基础上通过分析$\partial K^*/\partial\delta$，$\partial\Pi^*/\partial\delta$随信息技术成本下降系数$\delta$的变化趋势，如图 5-7、图 5-8 所示，探讨这两个因素交互影响下可采取的投资策略及所获利润的变化趋势。这里网络外部性强度以$\alpha=0$，$\alpha=0.1$，$\alpha=0.2$为例，涵盖了 B2B 平台从不具有网络外部性强度到网络外部性强度逐渐增加的过程，具有一定的代表性。

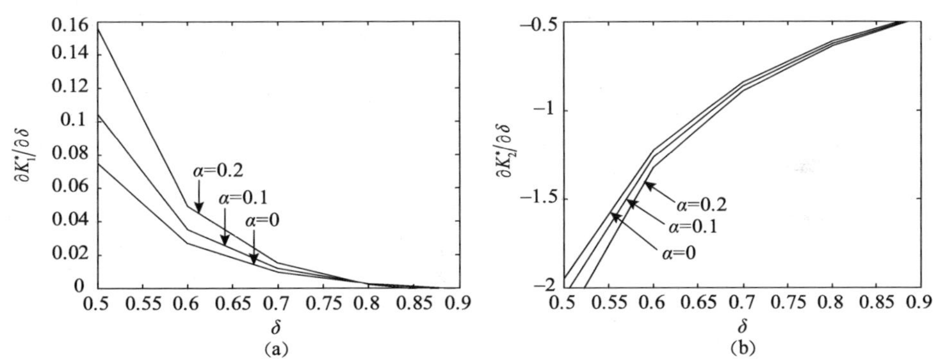

图 5-7　中介E_1、E_2平台质量水平随信息技术成本下降和网络外部性的变化趋势

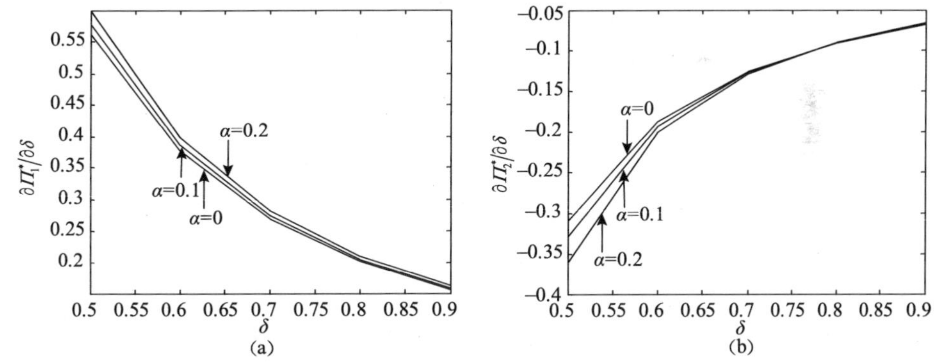

图 5-8　中介E_1、E_2利润随信息技术成本下降和网络外部性的变化趋势

从图 5-7(a)中可观察到，$\partial K_1^*/\partial\delta>0$，随着网络外部性强度$\alpha$的增加，$\partial K_1^*/\partial\delta$会增加，这说明随着信息技术成本下降即$\delta$的减小，先入者中介$E_1$的最优平台质量水平$K_1^*$会下降，随着网络外部性强度$\alpha$的增加，平台质量水平$K_1^*$的下降幅度会增大，这就要求先入者中介$E_1$在采取防守性的投资策略时提高信息技术投资额的减少幅度。

从图 5-7(b) 中可观察到，$\partial K_2^*/\partial\delta < 0$，随着网络外部性强度 α 的增加，$\left|\partial K_2^*/\partial\delta\right|$ 会增加，这说明随着信息技术成本下降即 δ 的减小，后入者中介 E_2 的最优平台质量水平 K_2^* 会提高，随着网络外部性强度 α 的增加，平台质量水平 K_2^* 的提高幅度会增大，这就要求后入者中介 E_2 在采取进攻性的投资策略时提高信息技术投资额的增加幅度。

从图 5-8(a) 中可观察到，$\partial \Pi_1^*/\partial\delta > 0$，随着网络外部性强度 α 的增加，$\partial \Pi_1^*/\partial\delta$ 会增加，这说明随着信息技术成本的下降，网络外部性强度的增加会增大先入者中介 E_1 采取防守性投资策略所获利润的下降幅度。

从图 5-8(b) 中可观察到，$\partial \Pi_2^*/\partial\delta < 0$，随着网络外部性强度 α 的增加，$\left|\partial \Pi_2^*/\partial\delta\right|$ 会增加，这说明随着信息技术成本的下降，网络外部性强度的增加会增大后入者中介 E_2 采取进攻性投资策略所获利润的提高幅度。

通过上述分析，可得到如下结论。

结论 5.11 随着信息技术成本下降，先入者中介 E_1 采取防守性的、减少投资的策略，所获利润下降，随着网络外部性强度的增加，应提高投资额的减少幅度，相应地会增大利润的下降幅度。随着信息技术成本下降，后入者中介 E_2 采取进攻性的、增加投资的策略，所获利润提高，随着网络外部性强度的增加，应提高投资额的增加幅度，相应地会增大利润的提高幅度。

由结论 5.10 和结论 5.11 可知，在无其他因素影响的情况下，网络外部性会给先入者中介带来竞争优势，但当信息技术成本下降时，网络外部性则给后入者中介带来竞争优势。主要原因在于，信息技术成本的下降使后入者中介通过技术投资可以提供相对先入者中介质量更高的平台，在不考虑转移成本的情况下原先使用先入者中介的用户会转向使用后入者中介，随着网络外部性强度的增加，会有越来越多的用户转向使用后入者中介，从而激励后入者中介在采取进攻性的投资策略时更具侵略性。

上述分析也充分说明网络外部性不一定会给先入者带来竞争优势。对于通过技术投资抢先推出新产品的 B2B 电子中介而言，提供增值服务以增加用户转移成本显得尤为重要，通过转移成本锁定用户可使得在网络外部性特征显著的市场中，会有越来越多的用户来使用其推出的新产品，这样才可能抵御未来具有成本优势的 B2B 电子中介进入这一市场。

5.6 本章小结

本章在用户忠诚影响因素实证研究的基础上，首先结合文献研究分析两寡头序贯进入的市场结构下，转移成本、网络外部性和信息技术成本下降可能对市场先入者和后入者带来的影响。然后以 Hotelling 模型为基础，综合考虑用户转移成本、网络外部性和信息技术成本下降等因素，构建一个序贯进入的、两寡头垄断的 B2B 电子中介用户忠诚投资决策模型。随后通过逆向递推法求解模型的均衡解，包括均衡价格、均衡质量水平及均衡利润。最后分析转移成本和信息技术成本下降这两个因素独立影响和交互影响下，市场先入者和后入者投资策略的选择，进一步基于实证研究中的用户转移成本平均水平分析当前市场先入者和后入者随信息技术成本下降可采取的投资策略；分析网络外部性和信息技术成本下降这两个因素独立影响和交互影响下，市场先入者和后入者投资策略的选择。本章获得的主要结论如下。

(1) 随着转移成本的增加，先入者中介采取进攻性的、增加投资的策略，所获利润提高；后入者中介采取防守性的、减少投资的策略，所获利润下降。只有当转移成本较高时，先入者中介采取进攻性的投资策略才能相对后入者中介提供更高质量的平台，获得更高的市场份额。

(2) 随着信息技术成本下降，当用户处于低转移成本水平时，先入者中介采取防守性的、减少投资的策略，随着转移成本的增加，应降低投资额的减少幅度；后入者中介采取进攻性的、增加投资的策略，随着转移成本的增加，应降低投资额的增加幅度。随着信息技术成本的下降，当用户处于高转移成本水平时，先入者中介采取进攻性的、增加投资的策略，随着转移成本的增加，应提高投资额的增加幅度；后入者中介采取防守性的、减少投资的策略，随着转移成本的增加，应提高投资额的减少幅度。

随着信息技术成本下降，先入者中介的利润会下降，当处于低转移成本水平时，随着转移成本的增加，会增大先入者中介利润的下降幅度；当处于高转移成本水平时，随着转移成本的增加，会减小先入者中介利润的下降幅度。随着信息技术成本下降，当处于低转移成本水平时，后入者中介的利润会提高，随着转移成本的增加，会减小后入者中介利润的提高幅度；当处于高转移成本水平时，后入者中介的利润会下降，随着转移成本的增加，会减小后入者中介利润的下降幅度。

(3) 在当前 B2B 电子中介行业用户转移成本平均水平 $s=1.33$ 的情况下，随着信息技术成本的下降，先入者中介和后入者中介可采取进攻性的、增加投资的策略，这一投资策略下所获利润下降。先入者中介采取进攻性的投资策略提供的平台质量水平及所获利润要高于后入者中介。

(4) 随着网络外部性强度的增加，先入者中介采取进攻性的、增加投资的策略，后入者中介采取防守性的、减少投资的策略，所获利润都呈下降趋势。随着信息技术成本下降，先入者中介可采取防守性的、减少投资的策略，所获利润下降，随着网络外部性强度的增加，应提高投资额的减少幅度，相应地会增大利润的下降幅度。随着信息技术成本下降，后入者中介可采取进攻性的、增加投资的策略，所获利润提高，随着网络外部性强度的增加，应提高投资额的增加幅度，相应地会增大利润的提高幅度。

第 6 章　多寡头序贯进入下的用户忠诚投资决策建模分析

第 5 章重点讨论了两寡头序贯进入的市场结构下，一个先入者、一个后入者面向用户忠诚的投资策略。随着越来越多的 B2B 电子中介进入这一行业，B2B 电子中介市场也常呈现出多寡头的竞争性市场特征，因此本章将讨论多寡头的市场结构下 B2B 电子中介的用户忠诚投资策略。在多寡头竞争的 B2B 电子中介市场中，通过实践可观察到，大量的 B2B 中介都采用跟随、模仿的方式通过技术投资提供类似于领先 B2B 中介的产品或服务，因此本章将多寡头的市场结构进一步假设为市场中存在一个先入者、多个后入者，通过建立一个先入者、多个后入者的 B2B 电子中介用户忠诚投资决策模型，并对模型均衡解进行分析，探讨 B2B 电子中介两类投资策略的选择：一是进攻性的、增加投资的策略；二是防守性的、减少投资的策略。

6.1　市场特征描述

在两寡头序贯进入的市场结构下，以 Hotelling 模型为基础理论模型，重点探讨了转移成本、网络外部性和信息技术成本下降对市场先入者和后入者投资策略的影响。基于用户效用的 Hotelling 模型通过用户效用函数能够建立用户转移成本、网络外部性等因素与中介通过技术投资提供的平台质量水平等决策变量之间的关联，以进一步分析转移成本、网络外部性对技术投资策略的影响，但以 Hotelling 模型为基础构建的投资决策模型适用于两寡头的市场结构，对于多寡头则不存在均衡解。Cournot 模型可用于分析多寡头的相关策略问题，但基于企业视角分析的 Cournot 模型对于用户的诸多特征，如转移成本、网络外部性等无法以参数形式进行表示。因此，在多寡头序贯进入的市场结构下，本章将以 Cournot 模型为基础理论模型，重点分析信息技术成本下降和竞争强度这两个因素对 B2B 电子中介市场中先入者和后入者投资策略的影响。

对于信息技术成本下降这一因素，如第 5 章所述，信息技术进步造成的信息技术成本下降会给市场后入者带来成本优势，后入者可以利用先进的信息技术以较低的成本提供较高质量的平台，从而吸引更多的用户[132]。对于竞争强度这一因素，在当前 B2B 市场表现出稳定增长态势、竞争越来越激烈的环境下，对于有限的用户而言，先入者、后入者的市场份额会有所变化，或增加或缩减，竞争强度导致的市场份额变化对中介投资策略的选择会产生一定的影响，当市场份额增加时，由于具有用户规模优势，中介可能会增加技术投资提供高质量的平台以吸引更多的用户；当市场份额缩减时，由于无任何优势，中介则可能会减少技术投资以降低市场风险。随着信息技术成本的下降及竞争强度的增加，B2B 电子中介市场中先入者与后入者的投资策略分别是什么？是否存在与“智猪博弈”分析结果相近的结论，即市场的领导者采用进攻性的、增加投资的策略，跟随者采用防守性的、减少投资的策略？

针对上述问题，本章以 Cournot 模型为基础，考虑信息技术成本下降、竞争强度等因素，构建一个先入者、多个后入者的 B2B 电子中介用户忠诚投资决策模型，通过求解模型的均衡解，进而探讨信息技术成本下降和竞争强度影响下 B2B 电子中介市场中先入者和后入者的投资策略选择。

6.2 模型假设

假设市场中有 $n(n\geqslant 2)$ 个 B2B 电子中介，记为中介 $E_i\ (i=1,\cdots,n)$，中介 E_1 先通过技术投资提升 B2B 平台质量，而其余中介 $E_j\ (j=2,\cdots,n)$ 随后通过技术投资同时提升 B2B 平台质量。对于任一中介 E_i 而言，其竞争者可记为中介 $E_m(m\neq i,m=1,\cdots,n)$，竞争者的数量可记为 t，$t=n-1$。模型的具体假设如下。

(1) 先入者中介 E_1 通过技术投资使其平台质量达到 K_1 水平。根据信息服务类 B2B 电子中介的盈利模式，用户使用平台中的一些服务需要交纳一定的会员费、广告费等，因此假设先入者中介 E_1 向单位用户收取的费用，即单位用户价格为 P_0。

后入者各中介 $E_j\ (j=2,\cdots,n)$ 在观察了先入者中介 E_1 的平台质量水平后，同时进行信息技术投资，使自身的平台质量达到 K_j 水平。先入者中介 E_1 和其他后入者中介 E_j 在观察了相互的平台质量水平后，同时确定单位用户价格 P_1 和 P_j。

(2) 在中介 $E_i\ (i=1,\cdots,n)$ 都进行技术投资以提升平台质量后，以 Cournot 模型为基础，中介 E_i 通过技术投资获得的市场份额 Q_i 可表示为

$$Q_i=a_n-\beta_n P_i+\gamma_n\sum_{m\neq i}P_m+\lambda_n K_i-\mu_n\sum_{m\neq i}K_m\ ,\quad i,m=1,\cdots,n,\quad m\neq i$$

中介 E_i 的市场份额 Q_i 不仅受自身价格 P_i 和平台质量水平 K_i 的影响，还受到

竞争者中介 $E_m(m\neq i,m=1,\cdots,n)$ 的价格 P_m 和平台质量水平 K_m 的影响[58]。其中，$a_n(a_n>0)$ 为潜在市场份额，$\beta_n(\beta_n>0)$、$\lambda_n(\lambda_n>0)$ 分别为中介自身价格、平台质量对其市场份额的影响系数，$\gamma_n(\gamma_n>0)$、$\mu_n(\mu_n>0)$ 分别为竞争者中介的价格、平台质量对其市场份额的影响系数，由于中介的市场份额更易于受自身价格和平台质量水平的影响，有 $\beta_n>\gamma_n$，$\lambda_n>\mu_n$。

在上述假设基础上，B2B 电子中介行业的总市场份额 $\sum_{i=1}^{n}Q_i$ 可表示为

$$\sum_{i=1}^{n}Q_i=na_n-n\left[\beta_n-(n-1)\gamma_n\right]\overline{P}+n\left[\lambda_n-(n-1)\mu_n\right]\overline{K}$$

其中，$\overline{P}=\left(\sum_{i=1}^{n}P_i\right)\Big/n$，$\overline{K}=\left(\sum_{i=1}^{n}K_i\right)\Big/n$，一般地，B2B 电子中介行业的总市场份额与用户数量有关，而与中介数量 n 无关，因此假设 $a_n=a/n$，$\beta_n=\beta/n$，$\gamma_n=\gamma/n(n-1)$，$\lambda_n=\lambda/n$，$\mu_n=\mu/n(n-1)$，中介 $E_i\ (i=1,\cdots,n)$ 的市场份额 Q_i 则可进一步表示为

$$Q_i=\frac{\alpha}{n}-\frac{\beta}{n}P_i+\frac{\gamma}{n(n-1)}\sum_{m\neq i}P_m+\frac{\lambda}{n}K_i-\frac{\mu}{n(n-1)}\sum_{m\neq i}K_m,\quad i,m=1,\cdots,n$$

(3) B2B 电子中介通过信息技术投资额提升 B2B 平台质量水平，随着投资额的增加，平台质量水平的上升幅度会逐渐减少。因此，假设先入者中介 E_1 和后入者各中介 $E_j\ (j=2,\cdots,n)$ 的投资额 C_1、C_j 与平台质量水平 K_1、K_j 有如下关系：$C_1=K_1^2/2$，$C_j=\delta\left(K_j^2/2\right)$，即信息技术投资额为平台质量水平的二次函数，满足边际投资效用递减的要求[55]，其中 $\delta(0\leqslant\delta\leqslant1)$ 为信息技术成本下降系数，表示达到相同平台质量水平时先入者和后入者投资额的比例。

假设各中介在技术投资过程中产生的可变成本为 0，那么先入者中介 E_1 和后入者各中介 $E_j\ (j=2,\cdots,n)$ 通过技术投资获得的利润 Π_1、Π_j 可分别表示为

$$\Pi_1=P_1Q_1-C_1=P_1\left[\frac{\alpha}{n}-\frac{\beta}{n}P_1+\frac{\gamma}{n(n-1)}\sum_{j=2}^{n}P_j+\frac{\lambda}{n}K_1-\frac{\mu}{n(n-1)}\sum_{j=2}^{n}K_j\right]-\frac{K_1^2}{2}$$

$$\Pi_j=P_jQ_j-C_j=P_j\left[\frac{\alpha}{n}-\frac{\beta}{n}P_j+\frac{\gamma}{n(n-1)}\sum_{m\neq j,m=1}^{n}P_m+\frac{\lambda}{n}K_j-\frac{\mu}{n(n-1)}\sum_{m\neq j,m=1}^{n}K_m\right]-\delta\frac{K_j^2}{2}$$

(6-1)

6.3 模型均衡求解

在模型假设中，各中介 $E_i\left(i=1,\cdots,n\right)$首先先后通过技术投资提升平台质量，然后同时确定单位用户价格。对于这一两阶段的市场竞争博弈主要采用逆向递推法进行求解，先从第二阶段开始，中介 E_1 和中介 $E_j\left(j=2,\cdots,n\right)$在观察了相互的平台质量水平后，同时确定单位用户价格；然后回到第一阶段，中介 $E_j\left(j=2,\cdots,n\right)$在观察了中介 E_1 投资的平台质量水平后，对自身平台进行投资，这一阶段属于 Stackelberg 博弈。

6.3.1 均衡价格

命题 6.1 中介 $E_i\left(i=1,\cdots,n\right)$确定的最优单位用户价格为

$$P_i^* = \frac{1}{H_n}\left(R_n + F_n K_i - T_n \sum_{m \neq i} K_m\right), \quad i,m=1,\cdots,n$$

证明 由$\partial \Pi_i / \partial P_i = 0$可得到中介 E_i 的价格反应函数为

$$P_i\left(P_1,\cdots,P_{i-1},P_{i+1},\cdots,P_n\right) = \frac{1}{2\beta}\left[\alpha + \frac{\gamma}{(n-1)}\sum_{m \neq i} P_m + \lambda K_i - \frac{u}{n-1}\sum_{m \neq i} K_m\right], \quad i,m=1,\cdots,n \tag{6-2}$$

各中介 $E_i\left(i=1,\cdots,n\right)$都依据式(6-2)采取最优价格策略 P_i，得到该阶段的子博弈纳什均衡，即求解下列的线性方程组

$$\begin{cases} 2\beta P_1 = \alpha + \dfrac{\gamma}{(n-1)}\left(P_2 + P_3 + P_4 + \cdots + P_n\right) + \lambda K_1 - \dfrac{u}{n-1}\left(K_2 + K_3 + K_4 + \cdots + K_n\right) \\ 2\beta P_2 = \alpha + \dfrac{\gamma}{(n-1)}\left(P_1 + P_3 + P_4 + \cdots + P_n\right) + \lambda K_2 - \dfrac{u}{n-1}\left(K_1 + K_3 + K_4 + \cdots + K_n\right) \\ \vdots \\ 2\beta P_n = \alpha + \dfrac{\gamma}{(n-1)}\left(P_1 + P_2 + P_3 + \cdots + P_{n-1}\right) + \lambda K_n - \dfrac{u}{n-1}\left(K_1 + K_2 + K_3 + \cdots + K_{n-1}\right) \end{cases}$$

将上述各方程进行相加并化简，得到$\sum_{i=1}^{n} P_i = \dfrac{n\alpha + (\lambda - \mu)\sum_{i=1}^{n} K_i}{2\beta - \gamma}$，代入式(6-2)，

则中介 $E_i\left(i=1,\cdots,n\right)$ 的最优价格 P_i^* 可表示为

$$P_i^*=\frac{\alpha\left[2\beta(n-1)+r\right]+(\gamma\lambda-2\beta u)\sum_{m\neq i}K_m+\left[2\beta\lambda(n-1)-\lambda\gamma(n-2)-\gamma\mu\right]K_i}{(2\beta-\gamma)\left[2\beta(n-1)+r\right]}$$
$$i,m=1,\cdots,n$$

为了简便，设 $R_n=\alpha\left[2\beta(n-1)+r\right]$，$T_n=2\beta u-\gamma\lambda$，$F_n=2\beta\lambda(n-1)-\lambda\gamma(n-2)-\gamma\mu$，$H_n=(2\beta-\gamma)\left[2\beta(n-1)+r\right]$，中介 $E_i\left(i=1,\cdots,n\right)$ 的最优价格 P_i^* 可进一步简化为

$$P_i^*=\frac{1}{H_n}\left(R_n+F_nK_i-T_n\sum_{m\neq i}K_m\right),\quad i,m=1,\cdots,n \tag{6-3}$$

相应的市场份额为

$$Q_i^*=\frac{\beta}{nH_n}\left(R_n+F_nK_i-T_n\sum_{m\neq i}K_m\right),\quad i,m=1,\cdots,n \tag{6-4}$$

证毕。

命题 6.1 说明的是中介 $E_i\left(i=1,\cdots,n\right)$ 在通过技术投资提高平台质量水平后，为使自身利润最大化，确定的最优单位用户价格。为保证最优价格 P_i^* 存在，有 $H_n\neq 0$ 成立。为保证中介有一定的潜在市场需求，有 $R_n>0$ 成立。关于 T_n，当 $T_n<0$ 时，在中介 E_i 平台质量水平给定的情况下，其最优价格会随竞争者中介 E_m 平台质量水平的提高而增加，也就是说，中介 E_i 无需对自身平台质量进行提升，只要竞争者 E_m 提升自身的平台质量水平，中介 E_i 就会提高价格，显然不符合管理实际，因此有 $T_n>0$，并且由于中介的价格更易于受自身平台质量水平的影响，有 $F_n>T_n$。

6.3.2　均衡质量水平

命题 6.2　先入者中介 E_1 和后入者中介 $E_j\left(j=2,\cdots,n\right)$ 通过技术投资达到的最优平台质量水平分别为

$$K_1^*=\frac{2\beta F_nR_n\left(n\delta H_n^2-2\beta F_n^2-2\beta F_nT_n\right)\left[n\delta H_n^2-2\beta F_n^2+2(n-2)\beta F_nT_n+2(n-1)\beta T_n^2\right]}{nH_n^2\left[n\delta H_n^2-2\beta F_n^2+2(n-2)\beta F_nT_n\right]^2-2\beta S_n^2\left[n\delta H_n^2-2\beta F_n^2+2(n-2)\beta F_nT_n+2(n-1)\beta T_n^2\right]^2}$$

$$K_j^*=\frac{2\beta F_nR_n\left\{\left(nH_n^2-2\beta F_n^2-2\beta F_nT_n\right)\left[n\delta H_n^2-2\beta F_n^2+2(n-2)\beta F_nT_n\right]-4(n-1)\beta^2F_nT_n^2\left(F_n+T_n\right)\right\}}{nH_n^2\left[n\delta H_n^2-2\beta F_n^2+2(n-2)\beta F_nT_n\right]^2-2\beta F_n^2\left[n\delta H_n^2-2\beta F_n^2+2(n-2)\beta F_nT_n+2(n-1)\beta T_n^2\right]^2}$$

证明 由于后入者各中介 $E_j\ (j=2,\cdots,n)$ 是在观察了中介 E_1 的平台质量水平后同时对自身平台质量进行技术投资的，首先应考虑给定 K_1 的情况下，后入者各中介 $E_j\ (j=2,\cdots,n)$ 的最优选择，根据式(6-3)、式(6-4)的价格函数和市场份额函数，式(6-1)中后入者中介 $E_j\ (j=2,\cdots,n)$ 的利润函数可进一步表示为

$$\Pi_j=\frac{\beta}{nH_n^2}\left(R_n+F_nK_j-T_n\sum_{m\neq j}K_m\right)^2-\frac{\delta K_j^2}{2},\quad j=2,\cdots,n,\quad m=1,\cdots,n$$

令 $\partial\Pi_j/\partial K_j=0$，得到后入者各中介 $E_j\ (j=2,\cdots,n)$ 的质量反应函数为

$$K_j\left(K_1,\cdots,K_{j-1},K_{j+1},\cdots,K_n\right)=\frac{2\beta F_n}{n\delta H_n^2-2\beta F_n^2}\left(R_n-T_nK_1-T_n\sum_{m\neq j,m=2}^{n}K_m\right)\tag{6-5}$$

后入者各中介 $E_j\ (j=2,\cdots,n)$ 都依据式(6-5)采取最优策略 K_j，得到该阶段的子博弈纳什均衡，即求解下列的线性方程组：

$$\begin{cases}K_2=\dfrac{2\beta F_n}{n\delta H_n^2-2\beta F_n^2}\left[R_n-T_nK_1-T_n\left(K_3+K_4+K_5+\cdots+K_n\right)\right]\\K_3=\dfrac{2\beta F_n}{n\delta H_n^2-2\beta F_n^2}\left[R_n-T_nK_1-T_n\left(K_2+K_4+K_5+\cdots+K_n\right)\right]\\\vdots\\K_n=\dfrac{2\beta F_n}{n\delta H_n^2-2\beta F_n^2}\left[R_n-T_nK_1-T_n\left(K_2+K_3+K_4+\cdots+K_{n-1}\right)\right]\end{cases}$$

将上述各方程进行相加并化简得到 $\sum_{j=2}^{n}K_j=\dfrac{2(n-1)\beta F_n\left(R_n-T_nK_1\right)}{n\delta H_n^2-2\beta F_n^2+2(n-2)\beta F_nT_n}$，代入式(6-5)，可求得后入者各中介 $E_j\ (j=2,\cdots,n)$ 的最优平台质量反应函数为

$$K_j\left(K_1\right)=\frac{2\beta F_n\left(R_n-T_nK_1\right)}{n\delta H_n^2-2\beta F_n^2+2(n-2)\beta F_nT_n}\tag{6-6}$$

因为先入者中介 E_1 预测到后入者各中介 $E_j\ (j=2,\cdots,n)$ 将根据式(6-6)确定平台质量水平 K_j，将式(6-6)代入中介 E_1 的利润函数，式(6-1)中先入者中介 E_1 的利润函数可进一步表示为

$$\Pi_1=\frac{\beta}{nH_n^2}\left(R_n+F_nK_1-\frac{2(n-1)\beta F_nT_n\left(R_n-T_nK_1\right)}{n\delta H_n^2-2\beta F_n^2+2(n-2)\beta F_nT_n}\right)^2-\frac{K_1^2}{2}$$

令 $\partial \Pi_1/\partial K_1 = 0$，得到先入者中介 E_1 平台质量水平的最优解

$$K_1^* = \frac{2\beta F_n R_n\left(n\delta H_n^2 - 2\beta F_n^2 - 2\beta F_n T_n\right)\left[n\delta H_n^2 - 2\beta F_n^2 + 2(n-2)\beta F_n T_n + 2(n-1)\beta T_n^2\right]}{nH_n^2\left[n\delta H_n^2 - 2\beta F_n^2 + 2(n-2)\beta F_n T_n\right]^2 - 2\beta S_n^2\left[n\delta H_n^2 - 2\beta F_n^2 + 2(n-2)\beta F_n T_n + 2(n-1)\beta T_n^2\right]^2} \tag{6-7}$$

将式(6-7)代入式(6-6)，可得到后入者各中介 $E_j\ (j = 2,\cdots,n)$ 平台质量水平的最优解

$$K_j^* = \frac{2\beta F_n R_n\left\{\left(nH_n^2 - 2\beta F_n^2 - 2\beta F_n T_n\right)\left[n\delta H_n^2 - 2\beta F_n^2 + 2(n-2)\beta F_n T_n\right] - 4(n-1)\beta^2 F_n T_n^2 (F_n + T_n)\right\}}{nH_n^2\left[n\delta H_n^2 - 2\beta F_n^2 + 2(n-2)\beta F_n T_n\right]^2 - 2\beta F_n^2\left[n\delta H_n^2 - 2\beta F_n^2 + 2(n-2)\beta F_n T_n + 2(n-1)\beta T_n^2\right]^2} \tag{6-8}$$

证毕。

命题 6.2 说明的是中介 E_1、中介 $E_j\ (j = 2,\cdots,n)$ 通过信息技术投资提供的最优平台质量水平。为保证命题 6.2 是平台质量水平的最优解，需要满足 $\partial^2 \Pi_1/\partial K_1^2 < 0$，$\partial^2 \Pi_j/\partial K_j^2 < 0$，也即信息技术成本下降系数 δ 需满足 $2\beta F_n^2/nH_n^2 < \delta \leqslant 1$ 这一条件，该条件同时也使平台质量水平为正，即 $K_1^* > 0$，$K_j^* > 0$。

6.3.3　均衡利润

命题 6.3　市场存在一个均衡状态，使得先入者中介 E_1 和后入者各中介 E_j $(j = 2,\cdots,n)$ 通过技术投资获得的利润分别为

$$\Pi_1^* = \frac{\beta R_n^2\left(n\delta H_n^2 - 2\beta F_n^2 - 2\beta F_n T_n\right)^2}{nH_n^2\left[n\delta H_n^2 - 2\beta F_n^2 + 2(n-2)\beta F_n T_n\right]^2 - 2\beta F_n^2\left[n\delta H_n^2 - 2\beta F_n^2 + 2(n-2)\beta F_n T_n + 2(n-1)\beta T_n^2\right]^2}$$

$$\Pi_j^* = \delta\beta R_n^2\left(n\delta H_n^2 - 2\beta F_n^2\right)\left\{\frac{\left(nH_n^2 - 2\beta F_n^2 - 2\beta F_n T_n\right)\left[n\delta H_n^2 - 2\beta F_n^2 + 2(n-2)\beta F_n T_n\right] - 4(n-1)\beta^2 F_n T_n^2 (F_n + T_n)}{nH_n^2\left[n\delta H_n^2 - 2\beta F_n^2 + 2(n-2)\beta F_n T_n\right]^2 - 2\beta F_n^2\left[n\delta H_n^2 - 2\beta F_n^2 + 2(n-2)\beta F_n T_n + 2(n-1)\beta T_n^2\right]^2}\right\}^2$$

证明　将式(6-7)、式(6-8)代入式(6-3)，可求得最优价格为

$$P_1^* = \frac{nH_n R_n\left(n\delta H_n^2 - 2\beta F_n^2 - 2\beta F_n T_n\right)\left[n\delta H_n^2 - 2\beta F_n^2 + 2(n-2)\beta F_n T_n\right]}{nH_n^2\left[n\delta H_n^2 - 2\beta F_n^2 + 2(n-2)\beta F_n T_n\right]^2 - 2\beta F_n^2\left[n\delta H_n^2 - 2\beta F_n^2 + 2(n-2)\beta F_n T_n + 2(n-1)\beta T_n^2\right]^2}$$

$$P_j^* = \frac{n\delta H_n R_n\left\{\left[nH_n^2 - 2\beta F_n^2 - 2\beta F_n T_n\right]\left[n\delta H_n^2 - 2\beta F_n^2 + 2(n-2)\beta F_n T_n\right] - 4(n-1)\beta^2 F_n T_n^2 (F_n + T_n)\right\}}{nH_n^2\left[n\delta H_n^2 - 2\beta F_n^2 + 2(n-2)\beta F_n T_n\right]^2 - 2\beta S_n^2\left[n\delta H_n^2 - 2\beta F_n^2 + 2(n-2)\beta F_n T_n + 2(n-1)\beta T_n^2\right]^2} \tag{6-9}$$

将式(6-7)、式(6-8)代入式(6-4)，可求得最优市场份额为

$$Q_1^* = \frac{\beta H_n R_n\left(n\delta H_n^2 - 2\beta F_n^2 - 2\beta F_n T_n\right)\left[n\delta H_n^2 - 2\beta F_n^2 + 2(n-2)\beta F_n T_n\right]}{nH_n^2\left[n\delta H_n^2 - 2\beta F_n^2 + 2(n-2)\beta F_n T_n\right]^2 - 2\beta S_n^2\left[n\delta H_n^2 - 2\beta F_n^2 + 2(n-2)\beta F_n T_n + 2(n-1)\beta T_n^2\right]^2}$$

$$Q_j^* = \frac{\delta H_n \beta R_n\left\{\left[nH_n^2 - 2\beta F_n^2 - 2\beta F_n T_n\right]\left[n\delta H_n^2 - 2\beta F_n^2 + 2(n-2)\beta F_n T_n\right] - 4(n-1)\beta^2 F_n T_n^2\left(F_n + T_n\right)\right\}}{nH_n^2\left[n\delta H_n^2 - 2\beta F_n^2 + 2(n-2)\beta F_n T_n\right]^2 - 2\beta S_n^2\left[n\delta H_n^2 - 2\beta F_n^2 + 2(n-2)\beta F_n T_n + 2(n-1)\beta T_n^2\right]^2} \tag{6-10}$$

将式(6-7)、式(6-8)、式(6-9)、式(6-10)代入式(6-1)，可求得利润为

$$\Pi_1^* = \frac{\beta R_n^2\left(n\delta H_n^2 - 2\beta F_n^2 - 2\beta F_n T_n\right)^2}{nH_n^2\left[n\delta H_n^2 - 2\beta F_n^2 + 2(n-2)\beta F_n T_n\right]^2 - 2\beta F_n^2\left[n\delta H_n^2 - 2\beta F_n^2 + 2(n-2)\beta F_n T_n + 2(n-1)\beta T_n^2\right]^2}$$

$$\Pi_j^* = \delta\beta R_n^2\left(n\delta H_n^2 - 2\beta F_n^2\right)\left\{\frac{\left(nH_n^2 - 2\beta F_n^2 - 2\beta F_n T_n\right)\left[n\delta H_n^2 - 2\beta F_n^2 + 2(n-2)\beta F_n T_n\right] - 4(n-1)\beta^2 F_n T_n^2\left(F_n + T_n\right)}{nH_n^2\left[n\delta H_n^2 - 2\beta F_n^2 + 2(n-2)\beta F_n T_n\right]^2 - 2\beta F_n^2\left[n\delta H_n^2 - 2\beta F_n^2 + 2(n-2)\beta F_n T_n + 2(n-1)\beta T_n^2\right]^2}\right\}^2$$

证毕。

命题 6.3 说明的是中介 $E_i\left(i=1,\cdots,n\right)$ 为追求利润最大化，通过技术投资提供的最优平台质量水平及最优单位用户价格给中介带来的利润。由命题 6.2 中给出的信息技术成本下降系数 δ 的范围及模型假设中给出的 $\beta>0$，可判断中介通过技术投资获得的利润为正，即 $\Pi_1^*>0$，$\Pi_j^*>0$。

6.4　信息技术成本下降和竞争强度对投资策略的影响

在模型均衡解已得的基础上，采用数值算例方法分析信息技术成本下降和竞争强度对投资策略的影响，其中竞争强度由竞争者的数量来反映。具体假设其他参数给定的情况下，即 $\beta=1$，$\gamma=0.8$，$\lambda=0.6$，$\mu=0.5$，$\alpha=100$，信息技术成本下降系数 $\delta\in[0.4,1]$ 及竞争者的数量 $t\in[1,6]$（即等价于 $n\in[2,7]$）变化时对先入者中介 E_1、后入者各中介 $E_j\left(j=2,\cdots,n\right)$ 通过技术投资达到的平台质量水平和利润的影响，见表 6-1～表 6-4。当市场中 B2B 中介的数量，即 n 的取值确定时，后入者各中介 $E_j\left(j=2,\cdots,n\right)$ 由于同时进行 B2B 平台质量的信息技术投资，且投资成本相同，后入者各中介投资达到的平台质量水平会相等，利润会相等，所以在表 6-3、表 6-4 中仅给出了中介数量 n 取不同值，也即竞争强度 t 取不同值时，其中任意一个后入者中介的平台质量水平和利润的变化趋势。

表 6-1　中介 E_1 平台质量水平随信息技术成本下降和竞争强度的变化趋势

K_1^* δ \ t	1	2	3	4	5	6
1.0	20.97	15.05	11.65	9.47	7.97	6.88
0.9	20.76	15.02	11.62	9.45	7.96	6.87
0.8	20.72	14.97	11.58	9.42	7.94	6.86
0.7	20.66	14.91	11.54	9.39	7.91	6.84
0.6	20.58	14.82	11.48	9.35	7.88	6.81
0.5	20.46	14.70	11.39	9.29	7.84	6.78
0.4	20.26	14.51	11.26	9.19	7.77	6.72

表 6-2　中介 E_1 利润随信息技术成本下降和竞争强度的变化趋势

Π_1^* δ \ t	1	2	3	4	5	6
1.0	3409	2274	1710	1371	1144	982
0.9	3378	2256	1699	1364	1139	978
0.8	3338	2234	1686	1355	1133	974
0.7	3286	2206	1669	1343	1125	968
0.6	3216	2168	1646	1328	1114	960
0.5	3115	2115	1614	1307	1099	948
0.4	2959	2034	1565	1275	1076	931

表 6-3　中介 $E_j\,(j=2,\cdots,n)$ 平台质量水平随信息技术成本下降和竞争强度的变化趋势

K_j^* δ \ t	1	2	3	4	5	6
1.0	22.02	14.88	11.57	9.43	7.95	6.87
0.9	22.62	16.59	12.88	10.50	8.85	7.64
0.8	25.67	18.74	14.54	11.83	9.97	8.60
0.7	29.66	21.55	16.68	13.56	11.42	9.85
0.6	35.12	25.33	19.55	15.88	13.36	11.52
0.5	43.06	30.73	23.63	19.15	16.09	13.87
0.4	55.62	39.06	29.86	24.13	20.24	17.42

表 6-4　中介 $E_j\,(j=2,\cdots,n)$ 利润随信息技术成本下降和竞争强度的变化趋势

Π_j^* δ \ t	1	2	3	4	5	6
1.0	3402	2273	1709	1371	1144	982

续表

δ \ Π_j^* \ t	1	2	3	4	5	6
0.9	3425	2276	1710	1370	1144	982
0.8	3455	2281	1710	1370	1143	981
0.7	3494	2287	1711	1369	1142	980
0.6	3547	2295	1712	1369	1141	979
0.5	3624	2307	1713	1367	1140	977
0.4	3747	2324	1714	1366	1137	975

6.4.1 信息技术成本下降对投资策略的影响

表 6-1 是信息技术成本下降系数 δ 和竞争者的数量 t 处于不同水平下，先入者中介 E_1 通过技术投资达到的平台质量水平的取值。由表 6-1 中数据的变化可以看出，当竞争者的数量 t 取 [1,6] 的任意一个值时，即 B2B 电子中介市场中存在一个先入者和一个以上的后入者时，随着信息技术成本下降即 δ 的减小，先入者中介 E_1 的最优平台质量水平 K_1^* 都会下降，这就要求先入者中介 E_1 减少信息技术投资额，采取防守性的投资策略。

表 6-2 是信息技术成本下降系数 δ 和竞争者的数量 t 处于不同水平下，先入者中介 E_1 利润的取值。通过观察表 6-2 可知，当竞争者的数量 t 取 [1,6] 的任意一个值时，随着信息技术成本的下降即 δ 的减小，先入者中介 E_1 的利润 Π_1^* 都会下降，这说明先入者中介 E_1 采取防守性投资策略所获利润会下降。

通过上述对表 6-1、表 6-2 进行的分析，可得到如下结论。

结论 6.1 随着信息技术成本下降，先入者中介 E_1 采取防守性的、减少投资的策略，所获利润下降。

这是因为，信息技术成本下降使后入者中介 $E_j\ (j=2,\cdots,n)$ 通过较少的技术投资即可提供相对于先入者中介 E_1 更高的平台质量，而用户都偏好平台质量高的中介，因而会有大量的用户转移到后入者中介 $E_j\ (j=2,\cdots,n)$，随着用户的流失，先入者中介 E_1 为了减少损失只能采取防守性的投资策略，市场份额的减少最终导致利润下降。

表 6-3 是信息技术成本下降系数 δ 和竞争者的数量 t 处于不同水平下，后入者中介 $E_j\ (j=2,\cdots,n)$ 通过技术投资达到的平台质量水平的取值。通过表 6-3 可看出，当竞争者的数量 t 取 [1,6] 的任意一个值时，随着信息技术成本的下降即 δ 的减少，后入者中介 $E_j\ (j=2,\cdots,n)$ 的最优平台质量水平 K_j^* 都会提高，这就要求后

入者中介 $E_j\ (j=2,\cdots,n)$ 增加技术投资额，采取进攻性的投资策略。

表 6-4 是信息技术成本下降系数 δ 和竞争者的数量 t 处于不同水平时，后入者中介 $E_j\ (j=2,\cdots,n)$ 利润的取值。通过表 6-4 可看出，当竞争者的数量 t 取[1,6]的任意一个值时，随着信息技术成本的下降即 δ 的减少，后入者中介 $E_j\ (j=2,\cdots,n)$ 的利润 Π_j^* 都会提高，这说明后入者中介 $E_j\ (j=2,\cdots,n)$ 采取进攻性的投资策略所获利润会提高。

通过上述对表 6-3、表 6-4 进行的分析，可得到如下结论。

结论 6.2　随着信息技术成本下降，后入者中介 $E_j\ (j=2,\cdots,n)$ 采取进攻性的、增加投资的策略，所获利润提高。

正如结论 6.1 的解释说明，用户易于转移到平台质量更高的平台，而信息技术成本下降使后入者中介 $E_j\ (j=2,\cdots,n)$ 可以以较低的投资成本提供较高质量的平台，从而激励后入者中介 $E_j\ (j=2,\cdots,n)$ 增加技术投资提升平台质量以吸引更多的用户，市场份额的增加及较低的成本最终带来利润的提高。

结论 6.1 和结论 6.2 充分说明在在无其他因素影响的情况下，信息技术成本下降会对先入者中介 E_1 的投资策略起消极作用，而对后入者中介 $E_j\ (j=2,\cdots,n)$ 的投资策略起积极作用。

6.4.2　竞争强度对投资策略的影响

从表 6-1～表 6-4 可以看出，当信息技术成本下降系数 δ 取[0.4,1]的任意一个值时，随着竞争者的数量 t 的增加，先入者中介 E_1、后入者中介 $E_j\ (j=2,\cdots,n)$ 的最优平台质量水平 K_1^*、K_j^* 会下降，这就要求先入者中介 E_1、后入者中介 E_j 减少技术投资额，采取防守性的投资策略，相应地利润 Π_1^*、Π_j^* 也都下降，由此可得到以下结论。

结论 6.3　随着竞争强度的增加，先入者中介 E_1 和后入者中介 $E_j\ (j=2,\cdots,n)$ 都采取防守性的、减少投资的策略，所获利润下降。

随着竞争强度的增加，对于有限的用户而言，B2B 电子中介对于用户的竞争会越来越激烈，无论是先入者中介 E_1，还是后入者中介 $E_j\ (j=2,\cdots,n)$，都会担忧各自的市场份额会受到竞争的不利影响，因而为降低风险大多都采取防守性的投资策略，减少技术投资，在技术开发方面采取观望、跟随、模仿的策略。这一结论与当前的电子商务实践观察相符。不难发现，大量的后入者中介会通过跟随、模仿的方式提供类似于先入者中介的产品或服务，而实际上，先入者中介也会追随后入者中介，例如，随着以敦煌网、易唐网等为代表的小额外贸批发类 B2B 平台的崛起，作为市场领先者的阿里巴巴随后也推出了“全球速卖通”小额外贸批发平台，将传统的 B2B 平台逐步过渡到小额批发类的 B2B 平台；随着网盛生意宝推出“生意人脉圈”为用户提供商家推荐服务，阿里巴巴也紧随其后推出“人脉通”，提供类似的服务。因此，在 B2B 电子中介这一主要依赖于信息技术投资的市场中，由于受信息技术投资成本随时间递延下降这一特殊因素的作用，该市场的先入者和后入者在竞争者数量增多、竞争强度增加的市场环境中，都会采用观望、跟随的防守性投资策略，这一结论显著地区别于投资成本相对稳定的市场中常见的“智猪博弈”的分析结论，即市场的领导者采用进攻性的增加投资策略，跟随者采用防守性的跟随模仿策略。

通过比较表 6-1～表 6-4 中先入者中介 E_1 和后入者中介 $E_j\ (j=2,\cdots,n)$ 通过技术投资提供的平台质量水平 K_1^*、K_j^* 及所获利润 Π_1^*、Π_j^*，可以发现，当信息技术成本下降系数 $\delta=1$ 时，随着竞争者的数量 t 的增加，有 $K_1^*>K_j^*$，$\Pi_1^*>\Pi_j^*$ 成立；当信息技术成本下降系数 δ 取 $[0.4, 0.9]$ 的任意一个值时，随着竞争者的数量 t 的增加，有 $K_1^*<K_j^*$，$\Pi_1^*<\Pi_j^*$ 成立，由此可得到以下结论。

结论 6.4 随着竞争强度的增加，当信息技术成本不下降时，先入者中介 E_1 采取防守性投资策略提供的平台质量水平、所获利润高于后入者中介 $E_j\ (j=2,\cdots,n)$；当信息技术成本下降时，后入者中介 $E_j\ (j=2,\cdots,n)$ 采取防守性投资策略提供的平台质量水平、所获利润高于先入者中介 E_1。

信息技术成本不下降时，后入者中介 $E_j\ (j=2,\cdots,n)$ 进行技术投资无投资成本优势。在这样的市场环境下，先入者中介 E_1 在后入者中介 $E_j\ (j=2,\cdots,n)$ 未进行技术投资前，通过技术投资提高平台质量水平可以吸引大量用户。尽管面临着后入者中介 $E_j\ (j=2,\cdots,n)$ 投资后的竞争威胁，但后入者中介 $E_j\ (j=2,\cdots,n)$ 由于无投资成本优势，通过技术投资所提供的平台质量水平与先入者中介 E_1 相比不具有明显差异，大量用户会选择继续使用先入者中介 E_1。因而先入者中介 E_1 的市场份额受竞争强度的影响会较小，而后入者中介 $E_j\ (j=2,\cdots,n)$ 由于无任何竞争优势，受影响会较大，从而激励了先入者中介 E_1 在采取防守性的投资策略时，减少投资的幅度较小，所以提供的平台质量水平及利润要高于后入者中介 $E_j\ (j=2,\cdots,n)$。

信息技术成本下降时，后入者中介 $E_j\ (j=2,\cdots,n)$ 进行技术投资有投资成本优势。在这样的市场环境下，即使先入者中介 E_1 在后入者中介 $E_j\ (j=2,\cdots,n)$ 未进行技术投资前通过技术投资提供高质量的平台会有一定的市场份额，但由于用户偏好高质量的平台，会有大量用户转向使用平台质量更高的后入者中介 E_j

$(j=2,\cdots,n)$，随着竞争强度的增加，先入者中介 E_1 的市场份额会越来越小，而后入者中介 E_j $(j=2,\cdots,n)$ 由于有投资成本优势，其市场份额受竞争强度的影响较小，从而激励了后入者中介 E_j $(j=2,\cdots,n)$ 在采取防守性的投资策略时，减少投资的幅度较小，因而提供的平台质量水平及利润要高于先入者中介 E_1。

6.5　本 章 小 结

本章在用户忠诚影响因素实证研究的基础上，首先结合文献研究和管理实践分析多寡头序贯进入的市场结构下，信息技术成本下降和竞争强度可能对市场先入者和后入者带来的影响；然后以 Cournot 模型为基础，考虑信息技术成本下降和竞争强度等因素，构建一个先入者、多个后入者的 B2B 电子中介用户忠诚投资决策模型；随后通过逆向递推法求解模型的均衡解，包括均衡价格、均衡质量水平及均衡利润；最后分析信息技术成本下降和竞争强度对市场先入者、后入者投资策略的影响。本章获得的主要结论如下。

(1) 随着信息技术成本的下降，先入者中介采取防守性的、减少投资的策略，所获利润下降；后入者中介采取进攻性的、增加投资的策略，所获利润提高。

(2) 随着竞争强度的增加，先入者中介和后入者中介都采取防守性的、减少投资的策略，所获利润下降。当信息技术成本不下降时，先入者中介采取防守性投资策略提供的平台质量水平、所获利润高于后入者中介；当信息技术成本下降时，后入者中介采取防守性投资策略提供的平台质量水平、所获利润高于先入者中介。

第 7 章　考虑可变成本的 B2B 电子中介技术投资决策建模

在经济学中，产品成本指的是企业为了达到生产或销售一定种类和数量产品的目的所支出的所有生产销售费用的总和。成本反映了企业再生产过程中所需的投入，同时它影响生产量的变化。在管理实践中，为了分析和掌握成本与产量变化的关系，故将成本分为固定成本、可变成本、半固定成本和半可变成本。固定成本(fixed cost)是指成本总额在一定时期和一定业务量范围内，不随业务量发生任何变动的那部分成本，即随着业务量的变化，成本总额不随业务量变化而变化。可变成本(又可称为“变动成本”，variable cost)指的是成本总额在一定业务量的范围内，随业务量变化成正比例变化的那部分成本。由于可变成本总额随着业务量的增加而增加，单位变动成本将保持不变。半固定成本和半可变成本可理解为“固定”和“可变”两个部分成本的组合。所以，成本最终可表示为固定成本和可变成本[133]。

在本章研究的 B2B 电子中介针对平台质量的投资中，其成本结构包含用于仅提升平台质量水平的投资成本及由平台质量提高和用户规模扩大所引起的运营和维护成本。根据 B2B 电子商务平台的成本特征，可将前者界定为信息技术投资的固定成本，而将后者界定为信息技术投资的可变成本。与传统生产制造行业不同的是，在 B2B 电子中介的技术投资中，“产量”为平台的用户规模。所产生的可变成本与平台的质量紧密相关，平台的质量越高，随之产生的可变成本会越高[134]。

关于用户提升平台质量的固定成本函数的结构表示，一般会将成本表示为平台质量的线性函数关系。但在实际的管理实践和生产过程中，边际成本会随着平台质量的提升而增加，即边际投资效用递减的情况[134]。因为根据经典线性成本函数的常见表示方法，当平台质量超过一定的范围后，单位固定成本会逐渐增加，这使得成本呈非线性变化。因此，在实际管理实践中，常用二次成本函数来描述固定成本的这一特征[135]。在现有文献中，有诸多学者将企业提高产品质量产生的固定成本表示为目标质量的二次函数。例如，Motta[136]在研究不同企业产品差异化竞争中的产品定位问题时，构建企业提高其产品质量的固定成本函数为 $F_i=(u_i)^2/2$，其中 u_i 为不同企业的产品质量。因此，本章构建 B2B 电子中介提升平台质量产生的固定成本时，将其表示为目标质量的二次函数，即 $k_i^2/2$。

由于可变成本是随着业务量变化呈正相关变化的成本，在针对可变成本的构建中，常将可变成本表示为产量或市场份额的正相关函数关系。Chambers 等[137]指出基于质量竞争中的可变成本与市场份额 q 之间有严格的正相关关系。Luedtke 和 Nemhauser[138]在构建新技术引进决策模型中将可变成本定义成在新技术被成功地应用之后运营或者维护成本。在本章的研究中，考虑到 B2B 电子中介在提高平台质量之后引起的用户规模的变化，在构建平台技术投资成本时，创新性地将引入投资的可变成本，并将其表示为平台用户规模与平台目标质量的乘积，即 $q_i k_i$。最终，本章将 B2B 中介进行基于平台质量的技术投资的成本函数表示为 $C_i = k_i^2/2 + q_i k_i$。

在 B2B 电子中介的竞争市场中，用户转移成本为市场的先入者提供了先动优势，信息技术投资成本随时间下降为市场的后入者提供了后动优势。因此，在这一同时存在着先动优势和后动优势的市场中，B2B 平台如何根据市场特征和自身定位进行技术投资决策对于其获得竞争优势是至关重要的。在构建网站平台的信息技术投资成本时，第 5 章和第 6 章的研究只将技术成本表示为用于提高平台服务质量水平所必需的固定成本，忽视了电子商务平台因质量水平提高引起用户规模变化后所引起的可变投资成本，这部分可变投资成本包括随着平台质量的提高与用户规模扩大后所产生的平台运营和维护成本。在构建用户选择不同平台服务的效用函数时，未考虑到用户购买偏好异质对用户转移意向的影响。实证研究表明网站的使用价格正向影响用户的转移意向，网站的质量水平逆向影响用户转移意向[49]，所以，用户对平台的价格和质量的敏感程度影响用户的选择。

基于此，本章在综合考虑了 B2B 电子中介竞争市场中先入者的用户转移成本优势和市场后入者的技术投资成本下降优势的情况下，根据 B2B 电子商务平台的投资成本的特征引入可变成本，根据用户偏好特征引入用户的质量和价格敏感程度，构建了一个两寡头序贯进入的技术投资决策的博弈模型。通过对模型均衡的求解及其最优性分析，探讨用户转移成本、信息技术成本下降、用户质量敏感和价格敏感程度等因素影响下 B2B 电子商务平台最优投资策略的选择。

7.1　模 型 假 设

在模型中，假设市场中存在序贯进入的两个 B2B 电子中介提供的电子商务平台，分别记为平台 1 和平台 2，平台 1 先于平台 2 进入市场。两个平台进行信息技术投资后，使各自的平台达到一定的质量水平，在无其他因素的影响时，平台的质量水平是影响用户选择偏好的主要因素。用户更偏向较高的平台质量，即使用户对不同平台质量的感知并不相同[130]。

模型具体的构建有如下四个假设。

假设 1：在垄断时期，先入者平台 1 率先通过信息技术投资使自己的平台质量水平达到 k_1，假设平台 1 向单位用户收取的费用为 p_0。在质量竞争时期，后入者平台 2 在观察先入者平台 1 在信息技术投资后的质量水平后，再进行信息技术投资，使自身的平台质量水平达到 k_2。在双寡头时期，平台 1 和平台 2 在相互观察了对方平台质量水平后，同时确定各自的单位用户价格为 p_1 和 p_2。

假设 2：在市场先入者平台 1 和后入者平台 2 都进行信息技术投资之后，用户使用平台服务依据支付价格损失的效用为 φp_i $(i=1,2)$，$\varphi(\varphi>0)$ 为价格敏感系数，表示价格每提高一个单位时用户损失的效用[139]；用户使用平台所获得的效用为 $r+\theta k_i+\varepsilon$ $(i=1,2)$，其中，r 是平台质量的保留效用，即满足用户基本需求时的效用，$\theta(\theta>0)$ 为质量敏感系数，表示平台质量水平每提高一个单位时用户所获得的效用，ε 是个随机变量且服从正态分布 $N\left(0,\sigma^2\right)$。在 B2B 电子商务市场中，对于企业用户而言，其效用通常更多地受平台质量的影响，所以模型中设 $\theta>\varphi$。此外，原先平台 1 的用户在平台 2 进入市场后，转向使用平台 2 所产生的转移成本为 s，$s\in[0,+\infty)$。

假设 3：平台 1 和平台 2 都进入市场后，两平台质量差异可抽象为 Hotelling 线性城市模型，平台 1 设于 0 处，平台 2 设于 1 处，用户则均匀地分布在 $[0,1]$ 的线性城市当中。设用户对平台质量的感知偏好为 x，$x\in[0,1]$，用户偏好质量与平台之间单位差异所产生的心理成本为 t，则位于 x 的用户在使用平台 1 时会面临 tx 的损失效用，在使用平台 2 时会面临 $t(1-x)$ 的效用损失。

假设 4：先入者平台 1 和后入者平台 2 提升平台质量水平的信息技术投资成本 C_1 和 C_2 分别表示为 $C_1=k_1^2/2+q_1k_1$，$C_2=\delta k_2^2/2+\delta q_2k_2$。在成本函数中，第一部分为固定投资成本，即提高平台质量水平所必需的研发成本，表示为目标质量水平的二次函数；第二部分为可变投资成本，即由于平台质量的提高和用户规模的扩大所需的运营和维护成本[140]。其中，q_1、q_2 表示平台 1 和平台 2 所拥有的用户规模，即市场份额，$\delta(0\leqslant\delta\leqslant1)$ 为信息技术成本下降系数。

基于以上模型假设，在竞争双方完成信息技术投资提升平台质量水平后，位于位置 x 的用户使用平台 1 的效用 U_1 和使用平台 2 的效用 U_2 分别为

$$U_1=r+\theta k_1+\varepsilon-\varphi p_1-tx\text{，}\quad U_2=r+\theta k_2+\varepsilon-\varphi p_2-t(1-x)-s$$

令 $U_1=U_2$ 可得到效益无差异的边际用户偏好位置 $\hat{x}$ 为

$$\hat{x}=\frac{\theta(k_1-k_2)-\varphi(p_1-p_2)+t+s}{2t}$$

由此可以求出,先入者平台 1 和后入者平台 2 通过信息技术投资后各自市场份额 q_1、q_2 分别为

$$q_1=\hat{x}=\frac{\theta(k_1-k_2)-\varphi(p_1-p_2)+t+s}{2t}\text{，}\quad q_2=1-\hat{x}=\frac{-\theta(k_1-k_2)-\varphi(p_1-p_2)+t-s}{2t}$$

假设平台 1 和平台 2 在各自运作中无边际成本，则两平台通过信息技术投资所获得的利润函数 π_1、π_2 分别为

$$\pi_1=p_1q_1-C_1=(p_1-k_1)\left[\frac{\theta(k_1-k_2)-\varphi(p_1-p_2)+t+s}{2t}\right]-\frac{k_1^2}{2} \tag{7-1}$$

$$\pi_2=p_2q_2-C_2=(p_2-\delta k_2)\left[\frac{-\theta(k_1-k_2)+\varphi(p_1-p_2)+t-s}{2t}\right]-\frac{\delta k_2^2}{2} \tag{7-2}$$

7.2　模型均衡求解

在这一寡头博弈模型中，第一阶段，先入者平台 1 和后入者平台 2 先后进行信息技术投资提升自身平台质量，确定各自平台质量水平 k_1 和 k_2。第二阶段，平台 1 和平台 2 在观察到对方的质量水平后同时确定各自的价格 p_1 和 p_2。这是一个典型的两阶段完全信息动态博弈模型，故采用动态博弈均衡求解方法——逆向归纳法进行求解。

7.2.1　均衡价格

根据逆向归纳法，在第二阶段的定价子博弈中，可以通过竞争双方的利润函数一阶导数得到平台 1 和平台 2 的均衡价格。在式(7-1)和式(7-2)中，令 $\partial\pi_1/\partial p_1=0$，$\partial\pi_2/\partial p_2=0$ 可得到双方的最优定价 p_1^*、p_2^* 为

$$p_1^*=\frac{(2\varphi+\theta)k_1+(\varphi\delta-\theta)k_2+3t+s}{3\varphi} \tag{7-3}$$

$$p_2^*=\frac{(\varphi-\theta)k_1+(2\varphi\delta+\theta)k_2+3t-s}{3\varphi} \tag{7-4}$$

根据均衡价格，得出与均衡价格相对应的平台 1 和平台 2 的市场份额 q_1^*、q_2^* 为

$$q_1^*=\frac{(\theta-\varphi)k_1+(\varphi\delta-\theta)k_2+3t+s}{6t} \tag{7-5}$$

$$q_2^* = \frac{(\varphi-\theta)k_1 + (\theta-\varphi\delta)k_2 + 3t - s}{6t} \tag{7-6}$$

在该完全信息动态博弈第一阶段双方确定各自通过信息技术投资所达到的平台质量水平后，第二阶段中双方通过设定合适的价格来吸引更多的用户，占据更多的市场份额，最终使自己的利润最大化。从最优价格 p_1^* 和 p_2^* 的结果中易得出 $\partial p_1^*/\partial s > 0$ 和 $\partial p_2^*/\partial s < 0$ 成立，即转移成本的存在有利于先入者平台 1 通过提高价格获得更高利润，迫使后入者平台 2 不得不通过降低价格来吸引用户。

7.2.2 均衡质量

在该两阶段完全信息动态博弈模型的第一阶段质量博弈中，后入者平台 2 是在得知先入者平台 1 的质量水平之后，再进行信息技术投资。所以，首先应计算在给定平台 1 的质量水平 k_1 时，平台 2 应达到的最优平台质量水平 k_2^*。

将均衡价格函数式(7-3)、式(7-4)和均衡时的市场份额函数式(7-5)、式(7-6)代入后入者平台 2 的利润函数式(7-2)中，得出平台 2 的利润函数为

$$\pi_2 = \frac{\left[(\varphi-\theta)k_1 + (\theta-\varphi\delta)k_2 + 3t - s\right]^2}{18\varphi t} - \frac{\delta k_2^2}{2} \tag{7-7}$$

在式(7-7)中令 $\partial\pi_2/\partial k_2 = 0$，可以得出后入者平台 2 的均衡质量水平 k_2^* 关于先入者平台 1 质量水平的反应函数 $k_2(k_1)$ 为

$$k_2(k_1) = \arg\max \pi_2 = \frac{(\theta-\varphi\delta)\left[(\varphi-\theta)k_1 + 3t - s\right]}{9\varphi\delta t - (\theta-\varphi\delta)^2} \tag{7-8}$$

在该完全信息动态博弈模型中，先入者平台 1 能够得知后入者平台 2 将根据式(7-8)确定自身平台质量水平 k_2，将式(7-8)代入式(7-1)得出平台 1 的利润函数新的函数表达式为

$$\pi_1 = \frac{t\left[3\varphi\delta(\theta-\varphi)k_1 - 2(\theta-\varphi\delta)^2 + 3\varphi\delta(3t+s)\right]^2}{2\varphi\left[9\varphi\delta t - (\theta-\varphi\delta)^2\right]^2} - \frac{k_1^2}{2} \tag{7-9}$$

由于竞争者的目标是实现利润的最大化，在式(7-9)中令导数 $\partial\pi_1/\partial k_1 = 0$，可得出先入者平台 1 最优平台质量水平 k_1^* 为

$$k_1^* = \frac{3\delta t(\theta-\varphi)\left[3\varphi\delta(3t+s)-2(\theta-\varphi\delta)^2\right]}{\left[9\varphi\delta t-(\theta-\varphi\delta)^2\right]^2-9\varphi\delta^2 t(\theta-\varphi)^2} \tag{7-10}$$

将式(7-10)的结果代入反应函数式(7-8)中，可得到后入者平台 2 的最优平台质量水平 k_2^*为

$$k_2^* = \frac{(\theta-\varphi\delta)\left\{\left[9\varphi\delta t-(\theta-\varphi\delta)^2\right](3t-s)-6\delta t(\theta-\varphi)^2\right\}}{\left[9\varphi\delta t-(\theta-\varphi\delta)^2\right]^2-9\varphi\delta^2 t(\theta-\varphi)^2} \tag{7-11}$$

上述结果表明，在完全信息动态博弈的第一阶段中，平台 1、平台 2 先后对其网站平台进行信息技术投资提高平台质量水平的基于质量的竞争博弈的过程。在该过程中，后入者平台 2 在观察到先入者平台 1 的质量水平后进行自身的决策，所以存在 k_2 关于 k_1 的反应函数。

7.2.3　均衡利润

将式(7-10)代入式(7-9)中，即可得到先入者平台 1 在均衡点的利润 π_1^*：

$$\pi_1^* = \frac{t\left[3\varphi\delta(3t+s)-2(\theta-\varphi\delta)^2\right]^2}{2\varphi\left\{\left[9\varphi\delta t-(\theta-\varphi\delta)^2\right]^2-9\varphi\delta^2 t(\theta-\varphi)^2\right\}} \tag{7-12}$$

同理，将式(7-11)代入式(7-7)中，即可得到后入者平台 2 在均衡点的利润 π_2^*：

$$\pi_1^* = \frac{\delta\left(9\varphi\delta t-(\theta-\varphi\delta)^2\right)\left\{\left[9\varphi\delta t-(\theta-\varphi\delta)^2\right](3t-s)-6\delta t(\theta-\varphi)^2\right\}^2}{2\varphi\left\{\left[9\varphi\delta t-(\theta-\varphi\delta)^2\right]^2-9\varphi\delta^2 t(\theta-\varphi)^2\right\}} \tag{7-13}$$

从均衡结果来看，平台 1 和平台 2 所获得利润在均衡点处达到最大。π_1^*、π_2^*分别表示通过信息技术投资达到的最优平台质量水平，以及确定自由的用户使用价格后，竞争双方可获得的最优利润。从式(7-12)和式(7-13)可看出最优利润主要同转移成本 s、信息技术成本下降系数 δ、价格敏感系数 φ 及质量敏感系数 θ 有关。

7.3　均衡分析

在得到模型均衡解的基础上，下面分析用户转移成本和信息技术成本下降两

个因素对均衡解中最优平台质量和利润的影响。并探讨在这两个因素的影响下，竞争双方该采取的最佳投资策略。

7.3.1 用户转移成本对投资决策的影响

通过对均衡结果的验证，即验证最优平台质量水平 k_1^* 、k_2^* 和均衡点利润 π_1^* 、π_2^* 关于转移成本 s 的偏导数，分析转移成本的改变对平台最优质量水平和最优利润的影响，确定对应的投资策略。

结论 7.1 对于先入者平台 1，有 $\partial k_1^*/\partial s > 0$ ，$\partial \pi_1^*/\partial s > 0$ 成立，即随着转移成本的增加，先入者平台 1 应采取进攻性的投资策略，增加投资额，所获利润提高。

对于后入者平台 2，有 $\partial k_2^*/\partial s < 0$，$\partial \pi_1^*/\partial s < 0$ 成立，即随着转移成本的增加，后入者平台 2 应采取防守性的投资策略，减少投资额，所获利润降低。

结论 7.1 给出了用户转移成本对市场竞争者的最优平台质量水平和最优利润的影响。用户转移成本的存在给市场先入者带来相对竞争优势，先入者平台 1 的均衡质量水平与转移成本正相关，即转移成本越高越有利于先入者平台 1 增加投资额，提高平台质量并获得更高的利润。对于后入者平台 2 而言，随着转移成本 s 的增加，它的最优平台质量水平 k_2^* 和最优利润 π_2^* 均会下降，即用户转移成本的存在对于市场后入者是竞争劣势。出现结论 7.1 所述的结果的原因是，转移成本的增加表明市场原有用户对先入者平台 1 的黏性较强。这刺激平台 1 增加其信息技术投资额，试图提高平台服务的质量水平来维持原有用户并吸引更多的新用户，通过增加市场份额提高利润。而此时后入者平台 2 难以通过提高平台服务质量吸引用户，所以只能采取防守性的投资策略，规避风险减少对平台质量的投资。

7.3.2 信息技术成本下降对投资决策的影响

1. 信息技术成本下降对平台质量水平的影响

一般情况下，信息技术成本的下降会给市场的后入者带来竞争优势，有利于其提高平台质量以吸引更多的用户。但是转移成本的存在使后入者的成本优势受到了一定的限制。通过对均衡结果中的最优平台质量水平 k_1^* 、k_2^* 关于信息技术成本下降系数 δ 的偏导数的验证，发现当用户的转移成本处于不同水平时，信息技术成本下降对竞争双方的最优投资策略具有不同的影响。以下根据转移成本的临界值，将转移成本 s 的取值划分为 $[0,s_1)$ 、$[s_1,s_2)$ 和 $[s_2,+\infty)$ 三个区间，进一步讨论在不同区间的转移成本下，信息技术成本下降对先入者平台 1 和后入者平台 2 投资策略的影响，所得结论如下。

结论 7.2　在分析信息技术成本下降对平台的最优质量水平的影响时，存在两个转移成本的临界值：

$$s_1=\frac{(\theta-\varphi\delta)^2\left[9\varphi\delta t-(\theta-\varphi\delta)^2\right]-9\varphi\delta^2 t(\theta-\varphi)}{3\varphi\delta\left[9\varphi\delta t-(\theta-\varphi\delta)^2\right]}$$

和

$$s_2=\frac{3\varphi t\left[9\theta t+(\theta-\varphi\delta)^2\right]\left[9\varphi\delta t-(\theta-\varphi\delta)^2\right]^2}{\varphi\left[9\theta t+(\theta-\varphi\delta)^2\right]\left[9\varphi\delta t-(\theta-\varphi\delta)^2\right]^2-9\varphi\delta t(\theta-\varphi)^2\left[9\varphi\delta\theta t-(2\theta+\varphi\delta)(\theta-\varphi\delta)^2\right]}$$
$$+\frac{3t(\theta-\varphi)^2\left[18\varphi^2\delta^3\theta t(\theta-\varphi)^2-243\varphi^2\delta^2\theta t^2-27\varphi^2\delta^2 t(\theta-\varphi\delta)^2+18\varphi\delta\theta t(\theta-\varphi\delta)^2+2(\theta-\varphi\delta)^4(\theta+2\varphi\delta)\right]}{\varphi\left[9\theta t+(\theta-\varphi\delta)^2\right]\left[9\varphi\delta t-(\theta-\varphi\delta)^2\right]^2-9\varphi\delta t(\theta-\varphi)^2\left[9\varphi\delta\theta t-(2\theta+\varphi\delta)(\theta-\varphi\delta)^2\right]}$$

①当 $s\in[0,s_1)$ 时，有 $\partial k_1^*/\partial\delta>0$ ，$\partial k_2^*/\partial s<0$ 成立，即随着技术成本的下降，平台 1 应减少投资额采取防守性投资策略，平台 2 应增加投资额采取进攻性投资策略；②当 $s\in[s_1,s_2)$ 时，有 $\partial k_1^*/\partial\delta<0$ ，$\partial k_2^*/\partial\delta<0$ 成立，即随着技术成本下降，平台 1 应增加投资额采取进攻性投资策略，平台 2 应增加投资额采取进攻性投资策略；③当 $s\in[s_2,+\infty)$ 时，有 $\partial k_1^*/\partial\delta<0$ ，$\partial k_2^*/\partial\delta>0$ 成立，即随着技术成本下降，平台 1 应增加投资额采取进攻性投资策略，平台 2 应减少投资额采取防守性投资策略。

该结论中①表明，低水平的用户转移成本无法抵消信息技术成本下降给后入者带来的优势，后入者平台 2 依然可以凭借信息技术成本下降的优势增加投资额提高平台质量。这是因为，当用户转移成本较低时，用户的选择更多地受到平台质量的影响。此时，后入者平台 2 凭借成本优势，提供高质量的平台服务则可以吸引更多的用户。而先入者平台 1 由于成本上的劣势，只能采取防守性的投资策略减少投资额。

该结论中②表明，当市场先入者的转移成本优势与市场后入者的信息技术成本下降优势相当时，随着信息技术成本的下降，先入者平台 1 和后入者平台 2 都应采取进攻性的投资策略。这是因为，当用户的转移成本处于中等水平时，用户选择受到转移成本和平台质量水平的影响相当，所以可能继续使用先入者平台 1，也可能转向后入者平台 2。此时，先入者平台 1 和后入者平台 2 都应积极增加投资额提高平台的质量争夺用户资源。

该结论中③表明，当转移成本处于较高水平时，先入者的转移成本优势足以超过后入者的信息技术成本下降的优势。此时，市场先入者应积极提高平台质量，采取进攻性投资策略；市场后入者则处于劣势，应采取防守性投资策略。较高的转移成本表明用户对先入者平台 1 具有较强的黏性，用户对平台的持续使用激励先入者平台 1 积极提升其服务质量。而后入者平台 2 为了避免投资成本的流失，只能采取防守性的投资策略。

2. 信息技术成本下降对平台利润的影响

通过对均衡利润结果关于信息技术成本下降系数 δ 的偏导数的验证，分析信息技术成本下降对利润的影响，所得结论如下。

结论 7.3　对于先入者平台 1，对 $\forall s\in[0,+\infty)$，都有 $\partial\pi_1^*/\partial\delta>0$ 成立，即随着信息技术成本的下降，先入者平台 1 进行技术投资所获利润总是下降。

该结论表明，信息技术成本下降始终会给先入者平台 1 的利润带来劣势，信息技术成本下降得越多，先入者平台 1 的利润越低。这是因为，用户的选择同时受到转移成本和平台服务质量的影响，由于信息技术成本下降使市场先入者具有成本劣势，当先入者积极提升平台质量时会因为高额成本降低利润，当其采取防守性投资策略时则会因为用户的流失而降低利润。

结论 7.4　对于后入者平台 2，存在转移成本临界值

$$s_3=3t-\frac{18\delta t(\theta-\varphi)^2\left\{\left[9\varphi\delta t-(\theta-\varphi\delta)^2\right]^2+3\varphi\delta^2 t(\theta-\varphi)^2\right\}}{27\varphi\delta^2 t(\theta-\varphi)^2\left[9\varphi\delta t-(\theta-\varphi\delta)^2\right]+\left[9\varphi\delta t-(\theta-\varphi\delta)^2\right]^3}$$

①当 $s\in[0,s_3)$ 时，有 $\partial\pi_2^*/\partial\delta<0$ 成立，即随着技术成本的下降后入者平台 2 进行技术投资所获利润提高；②当 $s\in[s_3,+\infty)$ 时，有 $\partial\pi_2^*/\partial\delta>0$ 成立，即随着技术成本的下降，后入者平台 2 进行技术投资所获利润下降。

结论 7.4 表明，信息技术成本下降对后入者平台 2 利润的影响与用户转移成本的高低有关。但当用户的转移成本较低时，平台 2 的利润会随着信息技术成本的下降而提高，反之则会降低。由结论 7.2 可知，当用户转移成本较高时，后入者平台 2 会优先采取防守性投资策略，此时平台质量水平较低，不足以吸引更多用户使用；而此时先入者平台 1 优先采取进攻性的投资策略，其平台的质量水平相对较高，足以获得更多的市场份额。这使得平台 2 的用户规模进一步减少，所以其利润会下降。

7.4　数值分析

在对模型均衡的静态分析中，得到在转移成本和技术投资成本下降的影响下，竞争双方平台质量和利润的变化，以及平台应采取的最优投资策略。下面，为了

分析出价格敏感系数φ和质量敏感系数θ两个参数对市场先入者平台 1 和市场后入者平台 2 的投资策略的影响，采用数值算例方法，在其他因素固定的情况下，对其中单个影响因素进行比较分析。

7.4.1 价格敏感系数对投资策略的影响

为了分离出价格敏感系数对投资策略的影响，假定用户偏好心理成本t、质量敏感系数θ、信息技术成本下降系数δ、转移成本s为固定值，即设$t=1$，$\theta=1$，$\delta=1$，$s=0$，$\varphi\in[0.5,0.9]$。通过数值计算，分析平台质量水平和利润随价格敏感系数的变化趋势，见图 7-1。

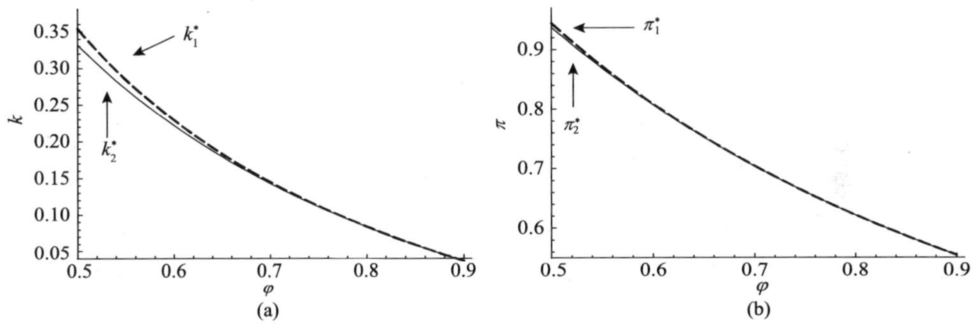

图 7-1 价格敏感系数φ对平台的最优质量水平和利润的影响

结论 7.5 随着用户的价格敏感系数φ的增加，先入者平台 1 和后入者平台 2 都应该减少投资额，采取防守性的投资策略，双方所获得利润均下降。

从图 7-1 可以看出，随着价格敏感系数φ值的增加，平台 1 和平台 2 的最优平台质量水平k_1^*和k_2^*均会下降，相应地要求平台 1 和平台 2 采取防守性的投资策略。此时，双方所获得的利润π_1^*和π_2^*会降低。

结论 7.5 主要适用于 B2B 电子商务平台针对扩大卖方用户规模的投资策略。这是因为，B2B 卖方用户属于价格敏感型用户，卖方用户只有在缴纳一定的会员费或广告费之后才能在平台上展示产品信息和宣传产品，所以价格是影响其使用平台的关键因素。在注册和缴纳相关费用之后，卖方用户则会对平台产生较强的黏性，对于平台的质量水平的重视程度则相对薄弱。在价格较敏感的卖方市场中，B2B 电子商务平台针对卖方用户服务项目的投资积极性会下降，而侧重于降低价格吸引更多的用户来使用，价格竞争的激烈最终导致利润下降。

7.4.2 质量敏感系数对投资策略的影响

为了分离出价格敏感系数对投资策略的影响，假定用户偏好心理成本t、价

格敏感系数 φ、信息技术成本下降系数 δ、转移成本 s 为定值，即设 $t=1$，$\varphi=0.5$，$\delta=1$，$s=0$，$\theta\in[0.6,1.0]$。通过数值计算，分析出平台质量水平和利润随质量敏感系数的变化趋势，见图 7-2 和图 7-3。

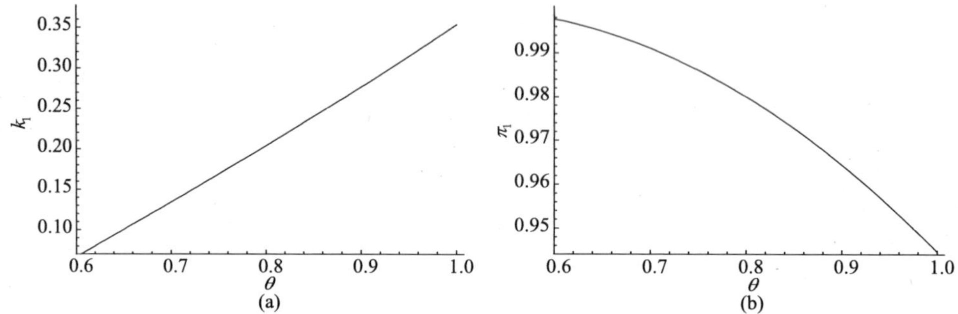

图 7-2　质量敏感系数 θ 对平台 1 的最优质量水平和最优利润的影响

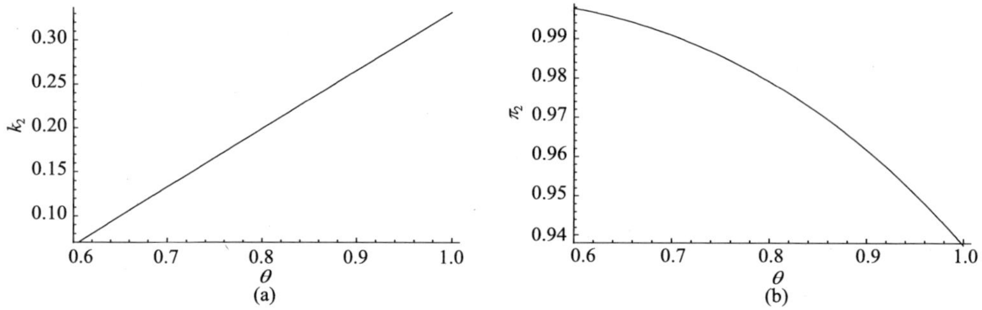

图 7-3　质量敏感系数 θ 对平台 2 的最优质量水平和最优利润的影响

结论 7.6　随着用户的质量敏感系数 θ 的增加，先入者平台 1 和后入者平台 2 都应该积极增加投资额，采取进攻性的投资策略。此时，双方所获利润均下降。

从图 7-2 可以看出，随着质量敏感系数 θ 值的增加，平台 1 和平台 2 的最优平台质量水平 k_1^* 和 k_2^* 均会提高，相应地要求平台 1 和平台 2 采取进攻性的投资策略。此时，双方所获利润 π_1^* 和 π_2^* 均会降低。

结论 7.6 主要适用于 B2B 电子商务平台针对扩大买方用户规模的投资策略。因为，B2B 平台的买方用户属于质量敏感型用户。买方用户则更加重视平台的质量，能否通过平台提供的服务便捷地找到与自身需求相匹配的信息，是影响其使用平台的关键因素。在质量较敏感的买方市场中，B2B 电子商务平台会提高针对买方用户服务项目的投资以吸引大量的用户来使用，但平台之间的质量竞争最终会导致双方利润的减少。

7.5　本章小结

本章针对 B2B 电子商务市场竞争中存在先入平台具有转移成本优势、后入平台具有信息技术成本下降优势的市场特征，结合平台质量投资中存在可变成本和用户选择偏好异质，构建了一个两寡头序贯进入市场的 B2B 电子中介平台的信息技术投资决策模型。通过对博弈模型均衡的求解及分析，讨论了在用户转移成本、信息技术成本下降等因素的影响下，市场竞争双方应优先采取的投资策略。研究结果表明，随着转移成本的增加，先入者平台应增加投资额，采取进攻性的投资策略，平台所获利润提高；而后入者平台应减少投资额，采取防守性的投资策略，平台所获利润下降。市场后入者信息技术成本下降的优势会受到转移成本的影响，即只有当用户转移成本处于较低水平时，后入者平台才应该增加投资额，采取进攻性的投资策略所获利润提高。在用户质量敏感系数和价格敏感系数的共同影响下，随着用户质量敏感系数的增加，先入者和后入者都应优先增加投资额，采取进攻性的投资策略；随着用户的价格敏感系数的增加，先入者和后入者平台都应减少投资额，采取防守性的投资策略。

第8章 不完全信息下的B2B电子中介技术投资期权博弈研究

B2B电子中介作为提供交易支持服务的第三方,用户的使用是其利润的源泉,忠诚的用户是B2B电子中介持续经营的基础。从现有的研究结论来看,网站感知质量、用户转移成本对用户忠诚存在正向的影响。因此,为培养和保持忠诚的用户,进而影响和扩大市场需求,B2B电子中介有必要进行技术创新投资。B2B电子中介的技术创新投资指的是,为吸引和培养忠诚用户,对平台的核心服务或者研发创新性增值服务进行的将货币转化为资本的活动和过程。本章关注的B2B电子中介技术创新投资项目主要是为提升电子平台质量的信息技术投资,如提供新的互联网产品和服务,实现平台升级和平台版本差异化等。这些投资项目都需要B2B电子中介进行一定的资本投入,因此企业必然面临着培养用户忠诚与投资成本增加之间的决策问题。在B2B电子中介的管理实践中,我们观察到多例由管理者的经验性决策导致的用户流失率不降反升的现象。因此,如何在理解网络外部性作用下市场用户的行为形成机理的基础上提高 B2B 电子中介决策的科学性?如何通过信息技术投资、提供差异化服务等措施,来赢得用户忠诚、保持和扩大用户规模?这些已经成为影响B2B电子中介生存和发展的重要问题。

8.1 文献综述

无论是平台升级还是平台版本差异化,B2B电子中介的信息技术投资问题应该都属于技术创新投资范畴。一般地,技术创新投资决策具有三个基本特征:投资成本的不可逆性;未来收益的不确定性;投资决策的灵活性。传统的投资评价方法,如净现值法(net present value,NPV)、决策树分析(decision tree analysis,DTA)等多是基于投资具有可逆性且投资是刚性的假设之上,忽略了投资中不确定因素的影响,因而不适用于技术创新投资的研究。1977 年麻省理工学院Myers[141]首次提出实物期权的概念,经过Brennan和Schwartz[142]、McDonald和Siegel[143]等学者的发展,实物期权方法逐渐成为不确定条件下投资决策的重要方法,实物期权理论考虑机会成本和投资成本的不可逆性,承认管理柔性和信息的价值,相较之前的分析方法更加符合技术创新投资决策的实际情况。在现实的市场投资环境中，企业的投资决策除受项目本身不确定性及决策合理性影响之外，同时也经常受到来自其他企业投资行为的影响，考虑到市场中竞争性行为，学者们又逐渐将博弈论思想融入实物期权理论中，形成了更加符合现实市场竞争环境的期权博弈理论，为竞争企业投资决策分析提供更为科学的理论指导。

本节基于期权博弈理论方法，以不完全竞争市场上企业的技术创新投资为研究对象，针对技术创新项目的不确定性、不可逆性及竞争性等特征，梳理不同研究方向的相关文献，从技术创新投资项目的不确定因素和信息分布结构两个方面进行综述，阐述当前相关理论的研究成果和进展情况，以期对 B2B 电子中介企业的投资决策与后续研究提供指导和借鉴。

8.1.1　项目投资不确定性因素研究

在进行技术创新投资决策时，企业主要需要考虑两方面的不确定性，即市场不确定性和技术创新过程不确定性。

1. 市场不确定性

市场不确定性通常是指市场需求的不确定性，相关学者运用期权博弈方法揭示了市场不确定性对投资的促进作用。Nalin 和 Perotti[144]研究不完全竞争和不确定条件下的成长期权问题，提出与传统看法不一致的观点，认为在有战略竞争的市场中投资使企业拥有利用未来成长机会的能力，战略优势给企业带来更大的市场份额，当这种战略优势很强时，增加不确定性对投资有正向的刺激作用，而战略优势弱时有相反的结论，这说明较高的不确定性同时意味着更多机会而不仅仅是较大的风险。Sarkar[145]的研究也得到了较为一致的结论，他采用标准实物期权的投资模型 $\mathrm{d}x_t = \mu x_t \mathrm{d}t + \sigma x_t \mathrm{d}z_t$，其中收入为状态变量，在考虑系统风险的情况下，得出较高的风险会增加投资的概率。Chang 和 Chen[146]进一步检验了实物期权模型中投资与不确定的关系问题，他采用一种更为一般性的动态过程，得到投资临界值和投资概率的准解析形式解，并从数值仿真解析中得出结论，认为不确定性的增加必然会增大投资的概率。上述研究显示，市场不确定性会对投资产生积极的促进作用。

对于市场不确定性的描述，期权博弈模型中通常假定市场需求服从几何布朗运动，以此来模拟市场的不确定性。其中，众多的研究者也考虑了诸如突发事件、网络外部性和经营成本等因素对市场需求的影响，以期更为接近现实的市场状况。黄学军和吴冲锋[147]认为突发事件的出现会对市场需求带来很大的冲击作用，他在几何布朗运动模型中引入突发事件带来的不确定性(如经济环境的变化、政策因素、更新技术的出现等)，假定突发事件服从向下的泊松跳跃过程，建立带跳跃的几何布朗运动来表示研发项目中突发事件和市场的不确定性特点，拓展了用几何布朗运动模拟市场不确定性的双寡头期权博弈模型。网络外部性表现在消费者使用某种产品的价值会随着使用该产品及其兼容性产品用户总量的增加而增加，Moretto[148]将网络外部性引入投资回报模型，研究由于投资收益不确定而产生的投资时机的选择问题。研究发现，市场规模大小的不同会使企业的投资行动产生方向相反的网络外部性作用，进而影响其他企业对投资时机的选择。经营成本伴随项目的始终，并随着项目进展的变化而变化，具有很大的不确定性，特别是对高新技术项目的投资决策会产生重大的影响，余东平[149]综合考虑了产品市场需求和经营成本两个随机不确定性因素，在二者具有相关性的条件下，建立了一个对称双头垄断期权博弈分析框架。安实等[150]更进一步指出经营成本受到技术溢出和吸收能力的影响，企业有效成本的降低幅度既取决于自身的投入，也取决于竞争对手的技术溢出，获取这种溢出的能力就是企业的吸收能力。

上述研究引入市场中多种不确定因素扩展市场不确定的基础模型，更加符合市场实际情形，具有一定的现实意义。现阶段学者们多从某一单一因素研究不确定性对投资策略的影响，未来的研究可以考虑多因素及其相互作用对投资策略的影响。

2. 技术创新过程不确定性

技术创新过程可以分为研发、采纳和扩散三个阶段，对单个企业的投资决策而言主要涉及研发和采纳两个阶段的不确定性。

技术创新的研发阶段中，企业技术创新投资决策主要体现在投资时机选择方面，众多研究者分别考虑了研发成功到达时间的不确定、投资回报不确定、投资成本不确定和投资成功的不确定等多个因素对投资时机选择的影响。Kamien 和 Schwartz[151]、Dasgupta 和 Stiglitz[152]、Weeds[153]等从研发成功到达时间的不确定性出发，假设研发成功到达时间服从泊松分布，其中，Weeds 在赢者通吃的专利竞赛模型中，研究竞争研发项目的不可逆投资时机选择问题，结果显示，在研发成功到达时间不确定时，竞争模式下的投资会比单个企业时推迟。曹国华和彭仲达[154]分析投资回报和投资成本的双重不确定性对投资时机选择的影响，分析表明成本不确定性与回报不确定性同时存在时，最优投资时点比仅仅只有回报不确定性时向后延迟。曹国华等[155]在考虑技术成功不确定性的条件下，分析序贯进入的两个企业技术研发成功之间的相关度对投资时点的影响。结果表明，技术的不确定性使领先企业和追随企业的投资时点更加延迟；并且在领先企业投资成功的情况下，增大技术不确定的相关度将使追随企业的投资行为提前，而在领先企业投资失败的情况下，追随企业进行投资的时点将延后。

技术创新的采纳阶段中，对单个企业而言技术创新投资已演变为是否及何时投资采纳新技术的决策，通常这一投资决策行为会受到未来创新的速度、价值和效率等技术不确定程度的影响。Farzin 等[156]在动态规划框架下引入多阶段技术采纳模型，考察竞争企业采纳新技术的最佳时机，技术投资面临创新过程中包括技术开发成功速度和新技术价值两方面的不确定性，相比较不考虑不确定性因素的传统净现值方法，这种实物期权方法得出的技术采纳的时间更长一些。Doraszelski[157]进一步完善 Farzin 的结论，论证了企业有多次投资机会时，实物期权方法下的投资门槛总是高于在净现值方法下的投资门槛。Hoppe[158]将技术价值的不确定性引入新技术采纳的时机选择博弈中，结果显示，先进入者的信息溢出效应会使后进入者拥有后发优势。Huisman 和 Kort[159]在技术效率的不确定情形下考虑两个可供选择的技术，一个是现在可以立即获得的技术，另一个是在一个确定时间后可以获得使用并且更加高效的技术，研究的问题不仅是企业该选择什么时机进行投资，同时还要考虑应该投资哪一项技术才是最优决策。

上述学者分别从技术创新过程的两个阶段研究不确定性对投资决策的影响，研发阶段主要考虑投资成本、技术成功等不确定性，而采纳阶段重点考虑技术的价值和效率等不确定，结果表明，考虑技术过程中的不确定性会延迟企业的技术研发阶段和采纳阶段的投资时机。

8.1.2　基于信息结构的期权博弈研究

在竞争性市场中，企业的创新投资决策不仅受到项目本身的不确定性及决策合理性的影响，同时也会受到其他企业投资行为的影响，这时，企业的投资决策事实上是竞争企业之间的博弈，对企业间这种博弈行为的相关研究分别在完全信息、不完全信息及非对称信息假设下展开，其中，完全信息是指每个企业对所有其他竞争对手的特征、战略空间及支付函数有准确的知识；否则，就是不完全信息；而非对称信息强调竞争主体之间获得的信息不对等，竞争中的一方拥有比其竞争对手更多的信息。

1. 完全信息下技术创新投资

在完全信息假设下，企业拥有自己和竞争对手的所有信息，完全信息下技术创新投资研究包括对称企业投资决策模型和不对称企业投资决策模型两个方面。这里，对称企业指的是在市场份额、企业规模、成本结构等方面相等或相近的企业。早期学者多数研究了对称企业的技术创新投资决策问题，近年来针对技术创新投资研发成本下降的特点，研究者探讨了投资成本不对称对企业的技术创新投资决策影响。

在对称双寡头博弈模型中，学者们考察了市场需求、投资成本和成功时间不确定性对竞争企业技术创新投资时机选择的影响。Huisman 和 Kort[160]认为在市场需求不确定下，先动者优势足够大时，两个投资企业的博弈均衡是抢占均衡，企业有抢先竞争对手进行技术创新投资的倾向，因而会加速投资。Kulatilaka 和 Perotti[161]将投资看作增长期权，在战略竞争模式下研究市场中相同企业的投资行动，指出在此情形下增大市场不确定程度，会使企业加速投资创新项目。Song 等[162]研究了投资成本和成功时间不确定情况下两个完全一样的企业技术创新投资决策问题。研究指出：当投资项目对两个企业都有利可图时，它们将同时投资并均分市场份额，但不确定性和竞争会使先动者获得更多的市场份额，若生产成本足够高，先动者甚至可以将潜在竞争者赶出市场。上述研究结果均表明在完全信息下对称双寡头模型中较高的不确定性会加速企业投资，这一结论与单个企业的决策模型下认为不确定性会使投资延迟的结论相反，原因可以归结为企业间竞争对战略决策的影响。

在不对称双寡头模型中，当前学者们着重考虑了成本不对称对企业技术创新投资策略的影响，其中，部分研究者还考虑了成本不对称与转移成本和网络外部性等因素的交互作用对投资的影响。技术创新项目区别于传统投资项目的一个重要特征是其技术研发效率会随着时间提高，因而企业的投资成本随时间是下降的，这使序贯进入的企业间成本不对称。Pawlina 和 Kort[163]分析了两寡头企业投资成本不对称时的投资策略选择，结果显示当成本不对称水平在一定范围内时，具有成本劣势的企业会通过增加投资来提高自己的收益并降低竞争对手的收益。Demirhan 等[54]考察成本不对称和转移成本对技术创新投资策略的共同影响，研究发现成本不对称会减少先进入企业的利润，先进入企业有进攻型和防御型两种应对策略，具体选择哪一种策略取决于转移成本相对于成本不对称程度的大小。杨勇和达庆利[164-166]研究同时存在成本不对称与网络外部性时两寡头企业技术创新投资和产品升级投资决策问题，用期权博弈方法探讨了正网络外部性条件下成本不对称对企业技术创新投资决策的影响，分析序列均衡和同时投资均衡，得出均衡结果依赖于成本不对称程度和网络外部性的共同作用的结论。

综上所述，在完全信息假设下，对称企业技术创新投资的研究主要是在对称双寡头博弈模型中讨论不确定性对企业技术创新投资时机的影响，发现竞争模式下增加不确定性会加速投资；对不对称企业的研究主要是探讨成本不对称与转移成本、网络外部性等其他影响因素的交互作用对企业投资决策的影响。

2. 不完全信息下技术创新投资

在实际的技术投资环境中，大多数企业会对自己的投资成本、市场估计、预期利润等关键信息进行保密,企业的投资决策常常是在不完全信息条件下做出的，部分学者也从不完全信息视角探讨了企业技术投资决策问题。

学者们重点从竞争企业的投资成本结构、技术研发成功时间等信息不完全角度探讨了寡头企业技术创新投资的均衡策略选择，并研究不完全信息下信号到达速度、后发优势和竞争等因素对投资决策的影响。Tyagi[53]建模研究了先进入者对后进入者的成本结构信息不完全下的两寡头企业投资决策，结果显示，随着信息不完全程度增加，先进入者将远离最有吸引力的市场定位。除非先进入者确定后进入者不具有明显的成本优势，否则将不会选择最有吸引力的市场定位。Lambrecht 和 Perraudin[167]在投资成本信息不完全情形下研究了赢者通吃的抢先投资策略，给出了唯一的贝叶斯均衡，得出战略的投资临界值介于马歇尔投资临界值和非战略投资临界值之间的结论。蒲勇健和许光超[168]将竞争对手技术研发成功时间视为不完全信息研究两寡头企业的创新投资决策，给出放弃投资的临界值、同时投资与序列投资博弈均衡和投资时机，得出技术研发成功时间越长项目的期权价值越低。蔡强等[169]探讨了信息不完全下信号随机到达速度对两个企业的专利竞赛影响，得到信号达到的速度与质量对追随企业的投资信念产生影响。此后，蔡强等[170]分析了后发者优势对信息不完全条件下对称两寡头企业专利竞赛的影响，得出一定条件下可能发生占先博弈和消耗战的研究结论。Zhu 和 Weyant[171]研究了竞争内生在非对称且不完全信息条件下对期权策略执行的影响，并提出了一种多时期博弈理论模型，展示了竞争如何导致更早执行投资和侵略性的投资行为，以及竞争如何侵蚀期权价值。

上述研究者均将信息不完全视为外生条件，认为企业只能被动地接受信息不完全，由于存在信息溢出效应，企业可以通过努力获得更多的竞争对手的信息。Martzoukos 和 Zacharias[172]将投资看作期权，从博弈论的角度构建了针对企业价值提升中存在的不完全信息和溢出效应的两寡头投资模型，认为企业可以主动地选择信息结构并通过获取更多的投资信息来增加投资的期权价值。

综上所述，多数研究者将竞争对手的投资成本、技术研发成功时间等视为不完全信息，研究特定情形下企业投资策略的选择，这些研究均假设信息不完全是外生条件，企业只能够被动接受；少数研究者将信息结构视为可以通过投资控制的内生变量，研究不完全信息的增加对期权价值的影响。大数据时代下，企业拥有进行信息搜集、分析的能力，可以主动地减少信息不完全程度，因此不完全信息结构的变化及其花费成本对技术创新投资项目价值和企业投资策略的影响值得被研究。

3. 非对称信息下技术创新投资

大量研究从非对称信息角度来思考技术创新投资主体间策略互动行为，包括投资人与代理人之间的信息不对称及竞争企业之间的信息不对称。

对代理人和投资人之间信息不对称下的技术创新的研究，主要是在委托代理理论框架下探讨投资者和经营者的均衡策略选择，以及均衡策略选择结果对投资时机和投资临界值等的影响。Maeland[173]、黄小原和庄新田[174]分别在项目投资额和项目价值为非对称信息的假设下研究最优投资时机问题，发现由经理人对于投资项目相关信息的隐匿产生的信息不对称会使实物期权的最优投资点推迟。Grenadier 和 Wang[175]进一步考察隐藏行为的委托代理问题，发现对所有者的期权价值产生两种负向影响：一是信息不对称引起的期权执行过晚；二是为了激励经理人付出努力并真实地反映他们的私人信息而付出的补偿。周嘉南和黄登仕[176]针对蕴涵扩张期权的投资项目的特征，对股东与经理在项目期权价值的信息不对称假设下设计投资决策行为和激励方案，发现经理夸大扩张期权价值的倾向会使股东降低投资决策临界点，但该临界点仍高于信息完全对称时的情况，从而引起投资不足。梁铄等[177]将信息不对称扩展到更为复杂的二维情形，模型设定在项目投资的价值和经营成本信息不对称下，委托人依据观测到的投资临界值来推测项目的价值和经营成本，分析双重不对称信息对投资临界值的影响及两种信息不对称因素之间相关性对均衡的影响。上述研究得出较为一致的结论，都认为相比完全对称信息假设情形，在非对称信息条件下的最优投资时机会推迟。现代公司制度下所有权和控制权的分离使企业投资决策中另一种代理冲突广泛存在于债权人与股东之间，尤其是小股东的利益很容易受到损害。Albuquerue 和 Wang[178]指出两权分离制度下控制股东有追求私人利益的倾向，此时弱产权保护会导致过度投资、低托宾 Q 值和更大的风险溢价等一系列不利结果。

除委托代理问题外，部分学者也考虑参与竞争企业之间的信息不对称问题，研究信息不对称对企业投资时机的影响，理论基础是信息经济学对于信息不对称、信息爆炸和羊群行为等问题的研究。比如，Zhang[179]假定投资成本和收益是私人信息且执行期权将泄露各自的信息，结果指出信息不对称条件下投资者的行动存在一个初始的延迟，信息最准确的人会先投资，随后将出现羊群行为，导致后面的投资者的私人信息无法为其他人所知（即信息爆炸），引起效率损失。Grenadier[180]将当前的资产价值分为共同知识部分和私人信息部分，每个投资者拥有关于资产价值的私人信息，且任何行动都会暴露私人信息，使竞争对手的信息结构发生突变，博弈均衡分析结果显示信息环境将影响期权执行的速度，拥有信息多的投资者比在完全信息条件下提前执行期权，信息少的投资者则会推迟执行，当有连续的正向信号释放出后，后面的投资者将忽略自己的私人信息而跟随投资，出现羊群行为。

综上所述，对于不对称条件下的投资期权博弈研究，早期学者主要关注参与竞争企业之间的信息不对称对投资决策的影响，研究表明信息不对称下具有信息优势企业会比完全信息条件下提前投资，而信息劣势企业则会推迟投资；近年来，研究的关注点更多地放在由信息不对称导致的委托代理问题上，研究结论均表明投资人和代理人之间的信息不对称会使企业推迟投资并降低投资临界值。

通过对技术创新投资相关文献的研究，从投资决策中的不确定因素和信息分布结构两个方面进行综述。其中，市场不确定性会增加企业技术创新投资的概率从而促进投资；考虑技术创新过程中的不确定性会使单个企业延迟投资；然而，在完全信息下对称企业期权博弈模型中却得到了相反的结论，当企业感受到来自其他企业的竞争威胁时，不确定性会加速企业的技术创新投资；序贯进入企业之间的成本不对称对竞争企业均衡策略也会产生重要影响，且其影响常常在与先动优势的共同作用下被讨论；部分学者也从信息不完全或非对称视角探讨了企业技术投资决策问题，模型更加接近于现实的市场情况。

从现有的技术创新投资研究来看，未来这一领域的研究可以从以下四个方面展开。第一，针对不确定性对投资决策的影响，学者们多从某一单一因素出发开展研究,未来的研究可以考虑多因素及其各因素间的相互作用对投资决策的影响。第二，不对称企业投资策略的研究主要是从成本不对称角度进行分析的，未来的研究可以考虑其他方面的不对称，如市场份额、企业规模、成本结构等；不完全信息下技术创新投资的研究可以关注信息结构为内生变量时，即企业可以通过投资来优化信息的数量和质量时的均衡策略选择。第三，在技术创新投资模型的构建方面，大多数模型均假设竞争企业是风险中性，可以进一步拓展为考虑企业具有风险偏好下的均衡策略选择。第四，在研究差异化市场中需求时，通常假定消费者产品偏好均匀分布在双寡头企业为两端点的 0～1 线段,应更多关注消费过程中的个体异质、互动性及突发性等，可以结合消费者行为学、模糊理论和人工神经网络等进行研究，或是在传统的博弈模型基础上结合一些更加灵活的建模方法来模拟现实的市场，使模型更接近于现实。

8.2　不完全信息下的 B2B 电子中介技术投资期权博弈模型基本描述

在博弈理论中，信息(information)是博弈参与人有关博弈的知识，特别是有关“自然”的选择、其他参与人的特征和行动的知识。博弈过程中的信息分布情况将决定博弈参与者的均衡结果及其策略选择。最早的纳什均衡就是基于完全信息(complete information)的假设，市场参与者拥有某种经济环境状态的全部知识。反之，不完全信息(incomplete information)就是指市场参与者不拥有某种经济环境状态的全部知识。新凯恩斯学派认为，不完全信息经济比完全信息经济更加具有现实性。

在投资决策期权博弈研究中，早期大多是基于完全信息的假设，投资项目评估者非常清楚竞争对手的技术水平和投资成本等信息，对投资项目的风险和收益也能很好地预测。然而，在现实的投资环境中，企业不可能获得决策所需的所有信息，而且信息不可能在竞争企业之间对称分布。投资企业对自身资金、技术、成本、管理等情况了解得非常清楚，但是对竞争对手企业的情况却不能了如指掌，尤其在高新技术产业，技术水平更为模糊。此外，投资企业也不能很好地预测风险，消费者偏好、金融环境等情况并不能为投资决策者完全掌握。

由文献综述可知，现有的研究从信息不完全视角探讨投资决策的期权博弈研究都是假设了投资成本和生产成本的信息不完全。对电子商务这样的高新技术企业而言，其技术水平的高低是其核心竞争力之一，如卓越亚马逊平台，基于大数据的推荐服务使其立于不败之地。然而对苏宁易购、京东、当当网而言，它们并不能完全知道亚马逊的技术水平及相应的开发成本和运营成本。因此，成本信息的不完全同样是电子商务技术投资决策中需要重要关注的问题。

假设市场中存在两个竞争的 B2B 电子中介 A 和 B，它们同时面对一个新技术的投资机会，该项新技术为不可分技术，但是投资机会可以延续 n 期，中介 A 和 B 在每一期都需决定投资还是延迟，直至决定投资或项目结束。投资机会可以被延迟，意味着一种延迟期权存在于该投资项目中。特别地，模型描述具体如下。

8.2.1 投资主体

中介 A 和中介 B 风险中性，且都希望投资收益最大化。一般而言，电子中介的平台运营成本可以描述为 $C_i(q_i)=C_F+c_iq_i$，其中，C_F 是固定成本，c_i 是边际成本，表示每增加一个用户 B2B 电子中介平台运营成本的增加，q_i 是 B2B 平台的用户数量。为简便起见，令 $C_F=0$，那么 B2B 电子中介的运营成本表示为 $C_i(q_i)=c_iq_i$，其中 $i=A，B$。

假设这两个投资主体非对称。技术水平、管理水平、用户规模等因素使中介 A 和中介 B 的 B2B 平台运营成本不相同。进一步地，可以假设中介 A 和中介 B 的边际运营成本不同，即 $c_A\neq c_B$。

在实际的投资环境中，竞争对手、用户需求等信息往往是不完全且不对称的。本模型假设 B2B 电子中介的平台运营成本信息不完全，且在两个中介企业间不对称分布。假设中介 A 知道自己的平台运营成本函数为 $C_A(q_A)=c_Aq_A$，但对中介 B 的平台运营成本函数只有不完全信息。式(8-1)表示中介 A 在不同信念水平下对于中介 B 成本的估计函数。

$$C_B(q_B)=\begin{cases}c_Hq_B, & 0.5<\theta\leqslant 1\\ c_Lq_B, & 0\leqslant 1-\theta\leqslant 0.5\end{cases} \tag{8-1}$$

其中，θ 为中介 A 对中介 B 边际运营成本的估计信念，$\theta\in[0,1]$，若 $0.5<\theta\leqslant 1$，则表示中介 A 估计中介 B 边际运营成本较高，若 $0\leqslant\theta\leqslant 0.5$，则表示中介 A 估计中介 B 边际运营成本较低；c_H 为中介 A 所估计的中介 B 的高边际运营成本；c_L 为中介 A 估计的中介 B 的低边际运营成本；q_B 为中介 B 的平台用户数量。这里，假定 $c_L<c_A<c_H$。

假设中介 B 知道自己与对手 A 的平台运营成本函数，从而具有信息优势，即 $C_i(q_i)=c_iq_i$，$i=A,B$。中介 A 知道中介 B 有信息优势，中介 B 知道中介 A 了解这点。

在这样的不完全信息假设中，中介 A 的边际运营成本固定为 c_A，而中介 B 的边际运营成本 $c_B=\{c_L,c_H\}$。此时，中介 B 知道自己的和中介 A 的边际运营成本，而中介 A 对于中介 B 的成本类型并不能确定。

8.2.2　投资成本

一般而言，B2B 电子中介的技术投资成本和信息技术成本、投资时间、新平台所要达到的服务质量水平等因素有关。对于相同服务水平的电子中介平台，选择的投资时间越后，所需要的投资成本越小。有实证研究指出，信息技术的发展使信息技术成本随时间快速下降[73]。对于同一时期的技术投资项目，新平台的服务质量越高，所需要的投资成本往往越大。

假定电子中介的平台服务水平用 λ 表示，λ 越大，平台的服务质量越高。若中介企业决定投资新建一个服务质量达到 λ 的新平台，则相应的投资成本可以描述为 $I=\lambda^2/2$，投资的边际效用递减。

对于同一技术水平的投资项目，若 $t=0$ 时期的投资成本为 I_0，那么 t 时期的投资成本可以描述为 $I_t=(\upsilon t+1)^{-1}\cdot I_0$，其中，$\upsilon$ 表示信息技术成本随时间下降的速率。

若电子中介 A 作为领先者，决定在 t_1 时期投资一项信息技术用以提高平台的服务质量，希望平台达到的服务水平记为 λ_A，电子中介 B 决定在 $t_2(t_2>t_1)$ 时期跟随投资这项技术，其平台的服务水平达到 λ_B，那么，中介 A 和 B 的投资成本分别为

$$I_A(t,\lambda) = \frac{\lambda_A^2}{2(\upsilon t_1 + 1)} \tag{8-2}$$

$$I_B(t,\lambda) = \frac{\lambda_B^2}{2(\upsilon t_2 + 1)} \tag{8-3}$$

8.2.3 投资策略与预期收益

前面假设两个 B2B 电子中介所面临的投资机会可以延续 n 期，在每个时期，每个电子中介都需决定投资（I）或延迟（D）该项不可分技术，直到决定投资或项目结束。如果一个电子中介在某一时期决定投资该项技术，它也需要决定新产品的用户数量，即选择 $q_i \in [0,+\infty)$（其中，$i = A$，B），以最大化其预期收益。因此，每个电子中介企业有策略空间 $S_{i,t} = (I,D;q_i|I)$，其中，$i = A$，B。图 8-1 给出了中介 A 和中介 B 的投资博弈与预期收益，其中，$\Pi_{i,t}$ 是 i 中介决定在 t 时期投资所获得的预期收益，依赖于这个电子中介及其竞争对手所选择的投资时机和投资策略。

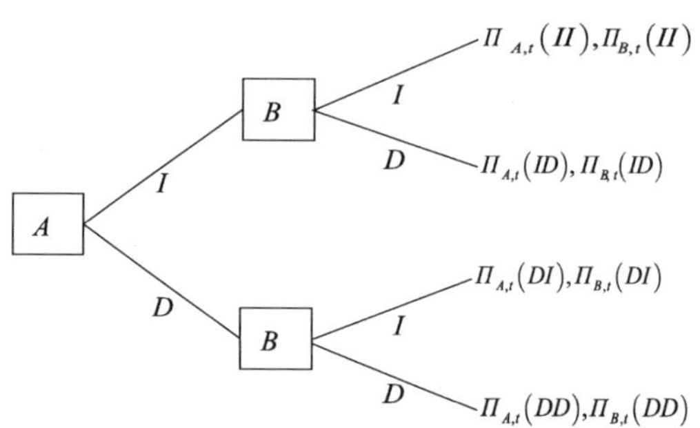

图 8-1 中介 A 和中介 B 的投资博弈和预期收益

为了更为清楚地描述模型，本章使用多时期博弈树作为一种期权执行的扩展式表达，如图 8-1 所示。在 t 时期，中介 A 和中介 B 基于 $t-1$ 时期的行动观察和市场需求的变化，决定在 t 时期投资还是延迟，博弈如此进行 n 期。如果中介 A 和中介 B 同时决定投资，那么，它们将按照古诺纳什均衡来平分市场；如果一个中介抢先投资，而另外一个中介之后跟随投资，那么，它们的预期收益将由 Stackelberg 均衡来决定；如果一个中介先投资，而另一个中介绝不投资，那么，这个先行的中介将获得垄断收益。图 8-2 中 N 表示纳什均衡，S 表示 Stackelberg 均衡，M 表示垄断收益，Z 表示都不投资收益为零。

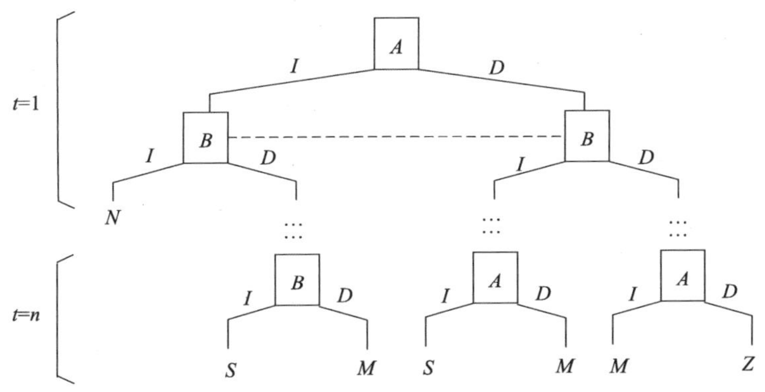

图 8-2　多时期博弈过程

假设$P(\Theta_t,Q)=\Theta_t-b(q_A+q_B)$为反需求函数，其中$\Theta_t$是随机需求漂移参数，代表市场需求的不确定性，被假定为遵循一种连续时间的对数正态分布过程。参数b测量需求弹性，其反向联系用户数量。C_i代表中介i的平台运营成本函数，则可以进一步得到中介i每一期的预期支付为

$$\pi_i(q_A,q_B)=P(\Theta_t,(q_A+q_B))q_i-C_i,\ \ i=A,B \tag{8-4}$$

如果新的中介平台持续经营$n-t+1$年，那么 B2B 电子中介关于该项技术投资的预期收益为

$$\Pi_i=\sum_t^n\frac{\pi_i}{(1+k)^t}-I_i,\ \ i=A,B \tag{8-5}$$

其中，k为折现率。

8.3　单时期投资策略均衡及敏感性分析

基于 8.2 节构建的 B2B 电子中介技术投资决策模型，本章将分别求解、分析完全信息和不完全信息两种信息结构下中介企业的单时期投资策略均衡，以便为进一步的多时期项目投资策略选择与投资时机选择及预期收益分析提供支持。

8.3.1　完全信息下的两种投资策略均衡

完全信息下，B2B 电子中介A和B对自身与竞争对手的平台边际运营成本有确切消息，即$C_i(q_i)=c_iq_i\,(i=A,\ B)$是中介$A$和中介$B$的共同知识。本节给出中介$A$与中介$B$同时投资和序列投资的均衡结果，并以此分析平台的边际运营成

本、不完全信息对最优用户数量与均衡支付的影响。

1. 同时投资策略均衡

当两个 B2B 电子中介有完全信息时，中介 A 和中介 B 能够互相观察到对方行动。先考虑中介 A 和中介 B 同时投资的情况。

根据完全信息下的静态博弈理论，中介 A 和中介 B 的决策分别为

$$\begin{cases} \max\limits_{q_A} \pi_A(q_A, q_B) = \max\limits_{q_A} \left[P\left(\Theta_t, (q_A + q_B)\right) - c_A \right] q_A \\ \max\limits_{q_B} \pi_B(q_A, q_B) = \max\limits_{q_B} \left[P\left(\Theta_t, (q_A + q_B)\right) - c_B \right] q_B \end{cases}$$

其中，反需求函数 $P\left(\Theta_t, (q_A + q_B)\right) = \Theta_t - b(q_A + q_B)$。求解的两个电子中介平台的最优用户数量分别为

$$\begin{cases} q_A^{*1} = \dfrac{1}{3b}(\Theta_t - 2c_A + c_B) \\ q_B^{*1} = \dfrac{1}{3b}(\Theta_t + c_A - 2c_B) \end{cases} \tag{8-6}$$

进一步地，每个电子中介的均衡支付分别是

$$\begin{cases} \pi_A^{*1} = \dfrac{1}{9b}(\Theta_t - 2c_A + c_B)^2 \\ \pi_B^{*1} = \dfrac{1}{9b}(\Theta_t - 2c_B + c_A)^2 \end{cases} \tag{8-7}$$

定理 8.1 完全信息下，若两寡头电子中介同时投资一项信息技术以提高平台服务质量，则两个电子中介所选择的新平台最优用户数量与均衡支付分别如式(8-6)、式(8-7)所示。

由定理 8.1 可知，完全信息下，若中介 A 和中介 B 在同一时期决定投资一项信息技术，那么中介企业 A 和 B 选择的最优用户数量是关于边际运营成本 c_A 和 c_B 的一次函数，均衡支付是关于边际运营成本 c_A 和 c_B 的二次函数。具体有如下结论：$\dfrac{\partial q_i^{*1}}{\partial c_i} = -\dfrac{2}{3b} < 0$ 且 $\dfrac{\partial q_i^{*1}}{\partial c_j} = \dfrac{1}{3b} > 0$ $(i, j = A, B)$，说明 B2B 电子中介平台的最优用户数量随着自身边际运营成本的增大而减少，随着对手平台的边际运营成本增大而增多。这一点与现实相符合，低运营成本的 B2B 电子中介由于成本优势，以便降低价格，拥有较多的用户数量。

2. 序列投资策略均衡

此处考虑两个 B2B 电子中介序列投资的情况。假设中介 A 决定在 t_1 时期投资该项信息技术，而中介 B 在观察到中介 A 的行动后，在 t_2（$t_2 \geqslant t_1$）时期决定跟随投资这项技术。

根据完全信息下的动态博弈理论，使用逆推法求解序列投资的均衡结果。中介 A 是先行者，中介 B 是跟随者，先考虑中介 B 选择最优用户数量，决策依据是最大化每期的预期支付，即

$$\max_{q_B} \pi_B(q_A, q_B) = \max_{q_B}\left[P\left(\Theta_{t_2}, (q_A + q_B)\right) - c_B\right] q_B$$

中介 A 作为投资先行者，完全信息下能够预见中介 B 在观察到自己行动后的反应，那么其决策是

$$\max_{q_A} \pi_A\left(q_A, q_B(q_A)\right) = \max_{q_A}\left[P\left(\Theta_{t_2}, \left(q_A + q_B(q_A)\right)\right) - c_A\right] q_A$$

将反需求函数 $P\left(\Theta_t, (q_A + q_B)\right) = \Theta_t - b(q_A + q_B)$ 代入以上两式，得到均衡结果为

$$\begin{cases} q_A^{*2} = \dfrac{1}{2b}\left(\Theta_{t_2} - 2c_A + c_B\right) \\ q_B^{*2} = \dfrac{1}{4b}\left(\Theta_{t_2} + 2c_A - 3c_B\right) \end{cases} \tag{8-8}$$

进一步地，每个中介企业的均衡利润分别是

$$\begin{cases} \pi_A^{*2} = \dfrac{1}{8b}\left(\Theta_{t_2} - 2c_A + c_B\right)^2 \\ \pi_B^{*2} = \dfrac{1}{16b}\left(\Theta_{t_2} + 2c_A - 3c_B\right)^2 \end{cases} \tag{8-9}$$

定理 8.2　完全信息下，若两寡头 B2B 电子中介序列投资一项信息技术以提高平台服务质量，则两个电子中介为新平台所选择的最优用户数量与均衡支付分别如式(8-8)和式(8-9)所示。

由定理 8.2 可知，完全信息下，若中介 B 决定跟随中介 A 投资该项信息技术，那么中介企业 A 和 B 选择的最优用户数量是关于边际运营成本 c_A 和 c_B 的一次函数，且均衡支付都是关于边际运营成本 c_A 和 c_B 的二次函数。具体如下。

由式(8-8)可得 $\frac{\partial q_i^{*2}}{\partial c_i}=<0$ 且 $\frac{\partial q_i^{*2}}{\partial c_j}>0$ $(i,j=A,\ B)$，说明完全信息下两个中介企业序列投资所选择的最优用户数量是关于自身边际运营成本的减函数，且是关于对手企业边际运营成本的增函数。

比较 q_A^{*1} 与 q_A^{*2} 、π_A^{*1} 与 π_A^{*2} 发现，$q_A^{*1}<q_A^{*2}$ 且 $\pi_A^{*1}<\pi_A^{*2}$ ，说明先投资的电子中介的最优用户数量与均衡支付比同时投资时的最优用户数量与均衡支付大，因此 B2B 电子中介存在抢先投资的动机。

8.3.2 不完全信息下的两种投资策略均衡

不完全信息下，假设 B2B 电子中介 A 的运营成本 $C_A\left(q_A\right)=c_A q_A$ 为共有知识，中介 A 对中介 B 的运营成本信念为 $C_B\left(q_B\right)=\begin{cases}c_H q_B, & 0.5<\theta\leqslant 1\\ c_L q_B, & 0\leqslant 1-\theta\leqslant 0.5\end{cases}$，其中 $c_L<c_A<c_H$ 。成本信息在两个 B2B 电子中介间不对称分布。与 8.3.1 小节类似，分别给出同时投资与序列投资的策略均衡。

1. 同时投资策略均衡

在没有观察到对手行动的情况下，若中介 A 和中介 B 在 t 时期同时决定投资该项目，那么，与 8.3.1 小节的第一部分类似，用静态博弈求解两个中介同时行动的均衡结果。

由于中介 B 知道自己的成本函数，所以将基于真实成本选择其最优用户数量。如此一来，中介 B 将在边际成本高的情况下选择更少的用户数量，在边际成本低的情况下选择更多的用户数量。令 $q_B^{*3}\left(c_H\right)$ 和 $q_B^{*3}\left(c_L\right)$ 分别代表中介 B 在高成本与低成本两种情况下的最优用户数量选择，那么，若中介 B 的边际运营成本是 c_H ，它将选择 $q_B^{*3}\left(c_H\right)$ 以最大化预期支付：

$$\max_{q_B}\pi_B\left(q_A,q_B;c_H\right)=\max_{q_B}\left[P\left(\Theta_t,\left(q_A+q_B\right)\right)-c_H\right]q_B$$

类似地，若中介 B 的边际运营成本是 c_L ，选择 $q_B^{*3}\left(c_L\right)$ 以最大化预期支付：

$$\max_{q_B}\pi_B\left(q_A,q_B;c_L\right)=\max_{q_B}\left[P\left(\Theta_t,\left(q_A+q_B\right)\right)-c_L\right]q_B$$

中介 A 对于中介 B 的成本只知道一种概率分布。在这样的不完全信息下，中介 A 可以预测中介 B 的决策行为，以此来最大化自身利润。基于中介 A 的当前信息集合，中介 A 知道中介 B 是高运营成本的概率为 θ ，是低运营成本的概率为

$1-\theta$。因此，可以概率θ预见到中介B的最有用户数量选择为$q_B^{*3}(c_H)$，而以$1-\theta$的概率预见到中介B的最优用户数量选择为$q_B^{*3}(c_L)$。令q_A^{*3}代表中介A的用户数量选择，中介A的决策是选择q_A^{*3}以最大化其预期利润：

$$\max_{q_A}\pi_A(q_A,q_B)=\max_{q_A}\left\{\theta\left[P\left(\Theta_t,\left(q_A+q_B(c_H)\right)\right)-c_A\right]q_A-(1-\theta)\left[P\left(\Theta_t,\left(q_A+q_B(c_H)\right)\right)-c_A\right]q_A\right\}$$

将反需求函数$P\left(\Theta_t,(q_A+q_B)\right)=\Theta_t-b(q_A+q_B)$代入求解，得到最优用户数量：

$$\begin{cases} q_A^{*3}=\dfrac{1}{3b}(\Theta_t-2c_A+\theta c_H)+(1-\theta)c_L \\ q_B^{*3}(c_H)=\dfrac{1}{3b}(\Theta_t+c_A-2c_H)+\dfrac{1-\theta}{6b}(c_H-c_L) \\ q_B^{*3}(c_L)=\dfrac{1}{3b}(\Theta_t+c_A-2c_L)-\dfrac{\theta}{6b}(c_H-c_L) \end{cases} \tag{8-10}$$

相应的均衡支付为

$$\begin{cases} \pi_A^{*3}=\dfrac{1}{9b}\left[(\Theta_t-2c_A+\theta c_H)+(1-\theta)c_L\right]^2 \\ \pi_B^{*3}(c_H)=\dfrac{1}{9b}\left[(\Theta_t+c_A-2c_H)+\dfrac{1-\theta}{2}(c_H-c_L)\right]^2 \\ \pi_B^{*3}(c_L)=\dfrac{1}{9b}\left[(\Theta_t+c_A-2c_L)-\dfrac{\theta}{2}(c_H-c_L)\right]^2 \end{cases} \tag{8-11}$$

定理 8.3　在平台运营成本信息不完全的情况下，如果两个 B2B 电子中介同时决定投资一项信息技术以提高市场竞争力，那么这两个电子中介为新平台所选择的最优用户数量与均衡支付分别如式(8-10)和式(8-11)所示。

由此可见，在平台边际运营成本信息不完全的情形下，若中介A和B同时决定投资一项信息技术，那么中介A和B选择的最优用户数量是关于边际运营成本c_A、c_B与中介A认为中介B的运营成本较高的信念θ的一次函数，且均衡支付是关于边际运营成本c_A、c_B和中介A认为中介B的运营成本较高的信念θ的二次函数。因此，除了平台的边际运营成本，中介A认为中介B的运营成本较高的信念同时影响了两个中介企业的最优用户数量选择及预期收益。具体结论如下。

与定理 8.1 相同，$\dfrac{\partial q_i^{*3}}{\partial c_i}<0$且$\dfrac{\partial q_i^{*3}}{\partial c_j}>0\ (i,j=A,B)$，说明在平台运营成本信息不完全的情形下，中介企业的最优用户数量随着自身边际运营成本的增大而减少，随着对手企业边际运营成本的增大而增多。

2. 序列投资策略均衡

序列投资有以下两种情形。情形一，有较少信息的中介企业先投资，有较多信息的中介企业跟随投资；情形二与情形一相反，有较多信息的中介企业先行动，有较少信息的中介跟随行动。

情形一，中介 A 在 t_1 时期先进行投资，而中介企业 B 在观察到 A 的行动后在 t_2 时期决定是否跟随投资。如果中介 B 决定跟随投资，那么均衡求解过程如下。

按照逆推归纳思想，首先求解追随者的最优决策，即

$$\begin{cases} \max\limits_{q_{B(c_H)}} \pi_B\left(q_A, q_B, c_H\right) = \max\limits_{q_{B(c_H)}} \left[P\left(\Theta_{t_2}, (q_A(q_B) + q_B(c_H))\right) - c_H \right] q_B\left(c_H\right) \\ \max\limits_{q_{B(c_L)}} \pi_B\left(q_A, q_B, c_L\right) = \max\limits_{q_{B(c_L)}} \left[P\left(\Theta_{t_2}, (q_A(q_B) + q_B(c_L))\right) - c_H \right] q_B\left(c_L\right) \end{cases}$$

进一步地，先行者决策为

$$\max_{q_A} \pi_A(q_A, q_B) = \max_{q_A} \{\theta\left[P(\Theta_{t2}, (q_A + q_B^*(c_H))) - c_A\right] q_A + (1-\theta)\left[P(\Theta_{t2}, (q_A + q_B^*(c_H))) - c_A\right] q_A\}$$

上述问题的最优解为

$$\begin{cases} q_A^{*4} = \dfrac{1}{2b}\left[(\Theta_{t2} - 2c_A + \theta c_H) + (1-\theta)c_L\right] \\ q_B^{*4}(c_H) = \dfrac{1}{4b}(\Theta_{t2} + 2c_A - 3c_H) + \dfrac{1-\theta}{4b}(c_H - c_L) \\ q_B^{*4}(c_L) = \dfrac{1}{4b}(\Theta_{t2} + 2c_A - 3c_L) - \dfrac{\theta}{4b}(c_H - c_L) \end{cases} \tag{8-12}$$

那么，相应的均衡支付为

$$\begin{cases} \pi_A^{*4} = \dfrac{1}{8b}\left[(\Theta_{t2} - 2c_A + \theta c_H) + (1-\theta)c_L\right]^2 \\ \pi_B^{*4}(c_H) = \dfrac{1}{16b}\left[(\Theta_{t2} + 2c_A - 3c_H) + (1-\theta)(c_H - c_L)\right]^2 \\ \pi_B^{*4}(c_L) = \dfrac{1}{16b}\left[(\Theta_{t2} + 2c_A - 3c_L) - \theta(c_H - c_L)\right]^2 \end{cases} \tag{8-13}$$

定理 8.4 在平台运营成本信息不完全的情况下，针对同一项投资项目，如果有信息劣势的电子中介先投资，且有信息优势的电子中介后投资，那么这两个电子中介在该策略下为新平台所选择的最优用户数量与均衡支付分别如式(8-12)和式(8-13)所示。

由定理 8.4 可知，在平台边际运营成本信息不完全的情形下，若中介 A 和 B 同时序列投资一项信息技术，则中介 A 和 B 选择的最优用户数量与均衡支付受边际运营成本 c_A、c_B 及中介 A 认为中介 B 的运营成本较高的信念 θ 的影响。具体情况如下。

与定理 8.2 相同，$\dfrac{\partial q_i^{*4}}{\partial c_i}<0$ 且 $\dfrac{\partial q_i^{*4}}{\partial c_j}>0\ (i,\ j=A,\ B)$，说明在平台运营成本信息不完全的情形下，中介企业的最优用户数量随着自身边际运营成本的增大而减少，随着对手企业边际运营成本的增大而增多。

情形二，中介 B 在 t_1 时期先进行投资，而中介企业 A 在观察到 B 的行动后在 t_2 时期决定是否跟随投资。由于中介 B 先行动，那么中介企业 A 作为跟随者将有机会从中介企业 B 的行动中获取其有关运营成本的信息，此情况与完全信息下序列投资相似。

中介 B 是先行者，中介 A 是跟随者，按照逆推归纳思想，先考虑中介 A 选择最优用户数量，决策依据是最大化每期的投资收益，即

$$\begin{cases}\max\limits_{q_A}\pi_A(q_A,q_B^*(c_H))=\max\limits_{q_A}\left[P(\Theta_{t_2},(q_A+q_B^*(c_H)))-c_A\right]q_A\\ \max\limits_{q_A}\pi_A(q_A,q_B^*(c_L))=\max\limits_{q_A}\left[P(\Theta_{t_2},(q_A+q_B^*(c_L)))-c_A\right]q_A\end{cases}$$

那么，先行者中介 B 的决策为

$$\begin{cases}\max\limits_{q_B(c_H)}\pi_B(q_A,q_B(c_H))=\max\limits_{q_B(c_H)}\left[P(\Theta_{t_2},(q_A^*(q_B)+q_B(c_H)))-c_H\right]q_B(c_H)\\ \max\limits_{q_B(c_L)}\pi_B(q_A,q_B(c_L))=\max\limits_{q_B(c_L)}\left[P(\Theta_{t_2},(q_A^*(q_B)+q_B(c_L)))-c_H\right]q_B(c_L)\end{cases}$$

上述的最优解为：在 $c_B=c_H$ 的情况下，

$$\begin{cases}q_A^{*5}(c_H)=\dfrac{1}{4b}(\Theta_{t_2}-3c_A+2c_H)\\ q_B^{*5}(c_H)=\dfrac{1}{2b}(\Theta_{t_2}+c_A-2c_H)\end{cases}\tag{8-14}$$

在 $c_B=c_L$ 的情况下，

$$\begin{cases}q_A^{*5}(c_L)=\dfrac{1}{4b}(\Theta_{t_2}-3c_A+2c_L)\\ q_B^{*5}(c_L)=\dfrac{1}{2b}(\Theta_{t_2}+c_A-2c_L)\end{cases}\tag{8-15}$$

那么，相应的均衡支付为：在 $c_B = c_H$ 的情况下，

$$\begin{cases} \pi_A^{*5}(c_H) = \dfrac{1}{16b}(\Theta_{t_2} - 3c_A + 2c_H)^2 \\ \pi_B^{*5}(c_H) = \dfrac{1}{8b}(\Theta_{t_2} + c_A - 2c_H)^2 \end{cases} \tag{8-16}$$

在 $c_B = c_L$ 的情况下，

$$\begin{cases} \pi_A^{*5}(c_L) = \dfrac{1}{16b}(\Theta_{t_2} - 3c_A + 2c_L)^2 \\ \pi_B^{*5}(c_L) = \dfrac{1}{8b}(\Theta_{t_2} + c_A - 2c_L)^2 \end{cases} \tag{8-17}$$

定理 8.5 在平台运营成本信息不完全的情况下，针对同一项投资项目，如果有完全信息的电子中介抢先投资，且有不完全信息的电子中介跟随投资，那么这两个电子中介在该策略下为新平台所选择的最优用户数量与均衡支付分别如式(8-14)、式(8-15)和式(8-16)、式(8-17)所示。

由定理 8.5 可知，中介企业 B 和 A 序列投资选择的最优用户数量与均衡支付分别是关于平台边际运营成本 c_i 的一次函数和二次函数，有 $\dfrac{\partial q_i^{*5}}{\partial c_i}<0$ 且 $\dfrac{\partial q_i^{*5}}{\partial c_j}>0$ $(i，j = A，B)$ 成立，说明中介企业的最优用户数量是关于自身边际运营成本的减函数、关于对手企业边际运营成本的增函数。

8.3.3 策略均衡的敏感性分析

8.3.1 小节和 8.3.2 小节给出了两个 B2B 电子中介在两种信息结构、不同投资策略下的博弈均衡，我们以此进一步分析平台运营成本、不完全信息对均衡结果的影响。

1. 边际运营成本对最优用户选择的影响

命题 8.1 若两个 B2B 电子中介决定投资同一项信息技术，则两个中介对新平台所选择的最优用户数量都随着自身边际运营成本的增大而减少，随着竞争对手边际运营成本的增大而增多。

证明

(1)完全信息下同时投资策略：由式(8-6)可得 $\dfrac{\partial q_A^{*1}}{\partial c_A} = -\dfrac{2}{3b}<0$，$\dfrac{\partial q_A^{*1}}{\partial c_B} = \dfrac{1}{3b}>0$，

$\frac{\partial q_B^{*1}}{\partial c_B}=-\frac{2}{3b}<0$，$\frac{\partial q_B^{*1}}{\partial c_A}=\frac{1}{3b}>0$ 成立。

(2) 完全信息下序列投资策略：由式(8-8)可得 $\frac{\partial q_A^{*2}}{\partial c_A}=-\frac{1}{b}<0$，$\frac{\partial q_A^{*2}}{\partial c_B}=\frac{1}{2b}>0$，$\frac{\partial q_B^{*2}}{\partial c_B}=-\frac{3}{4b}<0$，$\frac{\partial q_B^{*2}}{\partial c_A}=\frac{1}{2b}>0$ 成立。

(3) 不完全信息下同时投资策略：由式(8-10)可得，①若中介 B 的平台边际运营成本较高，则有 $\frac{\partial q_A^{*3}}{\partial c_A}=-\frac{2}{3b}<0$，$\frac{\partial q_A^{*3}}{\partial c_H}=\frac{\theta}{3b}>0$，$\frac{\partial q_B^{*3}(c_H)}{\partial c_H}=-\frac{2}{3b}+\frac{1-\theta}{6b}=-\frac{3+\theta}{6b}<0$，$\frac{\partial q_B^{*3}(c_H)}{\partial c_A}=\frac{1}{3b}>0$ 成立。②若中介 B 的平台边际运营成本较低，则有 $\frac{\partial q_A^{*3}}{\partial c_A}=-\frac{2}{3b}<0$，$\frac{\partial q_A^{*3}}{\partial c_L}=\frac{1-\theta}{3b}>0$，$\frac{\partial q_B^{*3}(c_L)}{\partial c_L}=-\frac{2}{3b}+\frac{\theta}{6b}=-\frac{4-\theta}{6b}<0$，$\frac{\partial q_B^{*3}(c_L)}{\partial c_A}=\frac{1}{3b}>0$ 成立。

(4) 不完全信息下，中介 A 抢先投资、中介 B 跟随投资策略：由式(8-12)可得，①若中介 B 的平台边际运营成本较高，则有 $\frac{\partial q_A^{*4}}{\partial c_A}=-\frac{1}{b}<0$，$\frac{\partial q_A^{*4}}{\partial c_H}=\frac{\theta}{2b}>0$，$\frac{\partial q_B^{*4}(c_H)}{\partial c_H}=-\frac{3}{4b}+\frac{1-\theta}{4b}=-\frac{2+\theta}{4b}<0$，$\frac{\partial q_B^{*4}(c_H)}{\partial c_A}=\frac{1}{2b}>0$ 成立。②若中介 B 的平台边际运营成本较低，则有 $\frac{\partial q_A^{*4}}{\partial c_A}=-\frac{1}{2b}<0$，$\frac{\partial q_A^{*4}}{\partial c_L}=\frac{1-\theta}{2b}>0$，$\frac{\partial q_B^{*4}(c_L)}{\partial c_L}=-\frac{3}{4b}+\frac{\theta}{4b}=-\frac{3-\theta}{4b}<0$，$\frac{\partial q_B^{*4}(c_L)}{\partial c_A}=\frac{1}{2b}>0$ 成立。

(5) 不完全信息下，中介 B 抢先投资、中介 A 跟随投资策略：①若中介 B 的平台边际运营成本较高，由式(8-14)得 $\frac{\partial q_A^{*5}(c_H)}{\partial c_A}=-\frac{3}{4b}<0$，$\frac{\partial q_A^{*5}(c_H)}{\partial c_H}=\frac{1}{2b}>0$，$\frac{\partial q_B^{*5}(c_H)}{\partial c_H}=-\frac{1}{b}<0$，$\frac{\partial q_B^{*5}(c_H)}{\partial c_A}=\frac{1}{2b}>0$ 成立。②若中介 B 的平台边际运营成本较低，由式(8-15)得 $\frac{\partial q_A^{*5}(c_L)}{\partial c_A}=-\frac{3}{4b}<0$，$\frac{\partial q_A^{*5}(c_L)}{\partial c_L}=\frac{1}{2b}>0$，$\frac{\partial q_B^{*5}(c_L)}{\partial c_L}=-\frac{1}{b}<0$，$\frac{\partial q_B^{*5}(c_L)}{\partial c_A}=\frac{1}{2b}>0$ 成立。

证毕。

命题 8.1 说明，若两个 B2B 电子中介决定投资同一项信息技术，无论是在完全信息还是不完全信息的情况下，两个 B2B 电子中介同时投资策略与序列投资策略下为新平台所选择的最优用户数量受自身及对手的边际运营成本的影响。两个中介的最优用户数量都随着自身边际运营成本的增大而减少，随着竞争对手边际运营成本的增大而增多。这与实践观察相符，B2B 电子中介若想要扩大用户规模则需采取措施降低运营成本，如提高广告精准度、进行有效的人力资源管理等。

2. 不完全信息对最优用户选择的影响

命题 8.2 当在中介 A 的信念中，中介 B 的高运营成本 c_H 与低运营成本 c_L 的比值高于一定值时，中介 A 为新平台选择的最优用户数量是关于其信念 θ 的单调递增函数，即中介 A 认为中介 B 的运营成本很高的信念越大，中介 A 所选择的最优用户数量越多，反之越少。

证明

(1)不完全信息下，中介 A 和中介 B 采取同时投资策略，由式(8-10)可得：若 $\frac{c_H}{c_L} \geqslant 3b$，则 $\frac{\partial q_A^{*3}}{\partial \theta} = \frac{c_H}{3b} - c_L \geqslant 0$。

(2)不完全信息下，中介 A 抢先投资、中介 B 采取跟随投资策略，由式(8-12)可得：若 $\frac{c_H}{c_L} \geqslant 2b$，则 $\frac{\partial q_A^{*4}}{\partial \theta} = \frac{c_H}{2b} - c_L \geqslant 0$。

证毕。

在实际的 B2B 电子中介技术投资过程中，投资的决策者一般不知道竞争对手平台运营成本的确切信息，但是可以在一定概率上估计出对手平台的运营成本范围。命题 8.2 说明，当进行技术投资的 B2B 电子中介企业预测竞争对手的运营成本空间范围超过一定值时，估计对手的平台运营成本较高的信念越大，该电子中介最佳的新平台用户数量就越多。

命题 8.3 对于运营成本较高的 B2B 电子中介，随着竞争对手估计出其真实成本信息的可能性增大，其进行技术投资的新平台最佳用户数量减少。反之增多。

证明

(1)不完全信息下，中介 A 和中介 B 采取同时投资策略，由式(8-10)可得：$\frac{\partial q_B^{*3}(c_H)}{\partial \theta} = -\frac{c_H}{6b} < 0$。

(2)不完全信息下，中介 A 抢先投资、中介 B 采取跟随投资策略，由式(8-12)可得：$\frac{\partial q_B^{*4}(c_H)}{\partial \theta} = -\frac{c_H}{4b} < 0$。

证毕。

命题 8.3 说明，对有成本劣势的 B2B 电子中介而言，不管是与竞争对手同时投资一项新技术，还是跟随竞争对手投资一项新技术，竞争对手知道其真实成本信息的可能性越低，它的新平台最佳用户数量越多。电子中介企业可以利用这一点，不断放出有成本优势的虚假信息，用以迷惑对手，争取更多的市场份额。

命题 8.4　对于有低运营成本的 B2B 电子中介，随着竞争对手估计出其真实成本信息的可能性减小，它进行技术投资的新平台最佳用户数量增多。反之减少。

证明

(1)不完全信息下，中介 A 和中介 B 采取同时投资策略，由式(8-10)可得：$\dfrac{\partial q_B^{*3}(c_L)}{\partial\theta}=\dfrac{c_L}{6b}>0$。

(2)不完全信息下，中介 A 抢先投资、中介 B 采取跟随投资策略，由式(8-12)可得：$\dfrac{\partial q_B^{*4}(c_L)}{\partial\theta}=\dfrac{c_L}{4b}>0$。

证毕。

命题 8.4 说明，对有成本优势的 B2B 电子中介而言，不管是与竞争对手同时投资一项新技术，还是跟随竞争对手投资一项新技术，竞争对手知道其真实成本信息的可能性越低，它的新平台最佳用户数量越多。电子中介企业可以利用这一点，不断放出运营成本很高的虚假信息，以此来获得更多的市场份额。

本节给出了平台运营成本信息完全和不完全两种结构下，两寡头电子中介同时投资和序列投资一项信息技术时的博弈均衡，并以此分析了边际运营成本和不完全信息对新平台最佳用户数量选择的影响。分析发现，平台的最佳用户数量随着自身边际运营成本的减少而增加，随着对手运营成本的减少而减少。因此，B2B 电子中介应采取诸如提高管理水平等措施，争取运营成本优势，进一步争夺更多的市场份额。此外，分析还发现，运营成本信息不完全对新平台的最佳用户数量产生影响。对具有信息优势的 B2B 电子中介而言，如果其运营成本比竞争对手高，那么，平台的最佳用户数量随着竞争对手估计出其真实成本的可能性的降低而增多；如果具有信息优势的电子中介运营成本比竞争对手低，那么，平台的最佳用户数量随着竞争对手估计出其真实成本的可能性的降低而增多。因此，有信息优势的 B2B 电子中介可以充分利用这一点，不断放出关于其运营成本的虚假信息，以此干扰对手的判断，进一步获取更多的市场份额。

8.4　多时期投资项目收益

8.3 节给出两种信息结构下的电子中介不同投资策略均衡，并分析了决策参数对均衡结果的影响。以 8.3 节的均衡支付为基础，进一步分析多时期项目的投资总收益。

考虑两个电子中介面临的投资项目可持续 n（$n=[1,\infty)$）年，即在 n 年期限内，两个中介企业在每一年都可以决定投资与否，直到投资或项目结束。若电子中介决定在第 t 年投资该项目，那么项目可运营 $(n-t+1)$ 年。中介企业需根据投资项目的总收益来选择投资时机 t，换言之，在该投资项目能够经营的 n 年间，中介企业每年都需决定执行期权还是延迟期权，直到决定投资。

若两个中介企业都决定在 t 时期投资该项目，为简化研究，假设在现有的技术水平上，两个中介网站的服务质量水平差异不大，记为 λ，那么两个中介企业的投资成本为

$$I_A^1 = I_B^1 = \frac{\lambda^2}{2(\upsilon t+1)} \tag{8-18}$$

若中介企业 A 在 t_1 时期先投资，网站服务质量水平为 λ_A，而中介企业 B 在观察到 A 的行动后在 t_2 时期决定跟随投资，由于用户转移成本的存在，中介 B 的网站服务质量水平需达到 $\lambda_B(\lambda_B > \lambda_A)$。那么，中介企业 A 和 B 的投资成本分别为

$$\begin{cases} I_A^2 = \dfrac{\lambda_A^2}{2(\upsilon t_1+1)} \\ I_B^2 = \dfrac{\lambda_B^2}{2(\upsilon t_2+1)} \end{cases} \tag{8-19}$$

同样地，若中介企业 B 在 t_1 时期先投资，网站服务质量水平为 λ_B，而中介企业 A 在观察到 B 的行动后在 t_2 时期决定跟随投资，其网站服务质量水平为 $\lambda_A(\lambda_A > \lambda_B)$。那么，中介企业 A 和 B 的投资成本分别为

$$\begin{cases} I_A^2 = \dfrac{\lambda_A^2}{2(\upsilon t_1+1)} \\ I_B^2 = \dfrac{\lambda_B^2}{2(\upsilon t_2+1)} \end{cases} \tag{8-20}$$

8.4.1 完全信息下的多时期投资项目收益

先考虑完全信息的情况。8.3.1 小节的第一部分与第二部分中给出了中介企业 A 和 B 在完全信息下进行一项信息技术投资时同时投资与序列投资的均衡支付。

若中介企业 A 在 t_1 时期决定投资该项目，使其网站的服务质量水平达到 λ_A，中介企业 B 决定同时投资还是延迟期权，取决于两种策略下的总收益大小。

$$\max\left(\sum_{t=t_1}^{n}\frac{(\pi_B^{*1})^2}{(1+k)^t}-I_{t_1,\lambda_B},\sum_{t=t_2}^{n}\frac{(\pi_B^{*2})^2}{(1+k)^t}-I_{t_2,\lambda_B}\right)$$

即

$$\max\left(\sum_{t=t_1}^{n}\frac{(\Theta_{t_1}-2c_B+c_A)^2}{9b\cdot(1+k)^t}-\frac{\lambda_B^2}{2(\upsilon t_1+1)},\sum_{t=t_2}^{n}\frac{(\Theta_{t_2}+2c_A-3c_B)^2}{16b\cdot(1+k)^t}-\frac{\lambda_B^2}{2(\upsilon t_2+1)}\right)$$

若最终中介企业 B 决定与中介企业 A 同时投资该项可持续 n（$n=[1,\infty)$）年的技术，则中介企业 A 和 B 的预期收益分别为

$$\begin{cases}\Pi_A^1=\sum_{t=t_1}^{n}\frac{\pi_A^{*1}}{(1+k)^t}-I_A^1=\sum_{t=t_1}^{n}\frac{\left(\Theta_t-2c_A+c_B\right)^2}{9b\cdot(1+k)^t}-\frac{\lambda^2}{2(\upsilon t_1+1)}\\ \Pi_B^1=\sum_{t=t_1}^{n}\frac{\pi_B^{*1}}{(1+k)^t}-I_B^1=\sum_{t=t_1}^{n}\frac{\left(\Theta_t-2c_B+c_A\right)^2}{9b\cdot(1+k)^t}-\frac{\lambda^2}{2(\upsilon t_1+1)}\end{cases} \tag{8-21}$$

若最终中介企业 B 决定延期投资该项经营 n（$n=[1,\infty)$）年的技术，并在 $t_2\left(t_2>t_1\right)$ 时期执行期权，则中介企业 A 和 B 的预期收益分别为

$$\begin{cases}\Pi_A^2=\sum_{t=t_1}^{n}\frac{\pi_A^{*2}}{(1+k)^t}-I_A^2=\sum_{t=t_1}^{n}\frac{\left(\Theta_{t_2}-2c_A+c_B\right)^2}{8b\cdot(1+k)^t}-\frac{\lambda_A^2}{2(\upsilon t_1+1)}\\ \Pi_B^2=\sum_{t=t_2}^{n}\frac{\pi_B^{*2}}{(1+k)^t}-I_B^2=\sum_{t=t_2}^{n}\frac{\left(\Theta_{t_2}+2c_A-3c_B\right)^2}{16b\cdot(1+k)^t}-\frac{\lambda_B^2}{2(\upsilon t_2+1)}\end{cases} \tag{8-22}$$

由式(8-21)和式(8-22)可知，完全信息下中介企业信息技术投资项目的预期收益与边际运营成本 c_i、平台服务水平 λ_i、信息技术成本随时间下降速率 υ、投资时机 t_i 及项目运营年限 n 有关。由于函数形式复杂，将在 8.5 节进一步采用数值算例来分析各参数对投资时机和投资策略选择及总收益的影响。

8.4.2　不完全信息下的多时期投资项目收益

8.3.2 小节的第一部分与第二部分中给出了 B2B 电子中介企业 A 和 B 在不完全且非对称信息下进行一项信息技术投资的当期支付，若该投资项目可持续 n（$n=[1,\infty)$）年，那么中介企业需根据投资项目的总收益来决定何时投资，换言之，在该项目能够投资的 n 年间，每期中介企业都需根据预期收益来决定执行期权还是延迟期权。

若中介企业 A 在 t_1 时期决定投资该项目，使其网站的服务质量水平达到 λ_A，中介企业 B 决定同时投资还是延迟期权，在 $c_B = c_H$ 的情况下取决于

$$\max\left(\sum_{t=t_1}^{n}\frac{(\pi_{B(c_H)}^{*3})^2}{(1+k)^t}-I_{t_1,\lambda_B},\sum_{t=t_2}^{n}\frac{(\pi_{B(c_H)}^{*4})^2}{(1+k)^t}-I_{t_2,\lambda_B}\right)$$

即

$$\max\left(\sum_{t=t_1}^{n}\frac{\left[\left(\Theta_{t_1}+c_A-2c_H\right)+\frac{1-\theta}{2}\left(c_H-c_L\right)\right]^2}{9b\cdot(1+k)^t}-\frac{\lambda_B^2}{2(\upsilon t_1+1)},\sum_{t=t_2}^{n}\frac{\left[\left(\Theta_{t_2}+2c_A-3c_H\right)+(1-\theta)\left(c_H-c_L\right)\right]^2}{16b\cdot(1+k)^t}-\frac{\lambda_B^2}{2(\upsilon t_2+1)}\right)$$

在 $c_B = c_L$ 的情况下取决于

$$\max\left(\sum_{t=t_1}^{n}\frac{(\pi_{B(c_L)}^{*3})^2}{(1+k)^t}-I_{t_1,\lambda_B},\sum_{t=t_2}^{n}\frac{(\pi_{B(c_L)}^{*4})^2}{(1+k)^t}-I_{t_2,\lambda_B}\right)$$

即

$$\max\left(\sum_{t=t_1}^{n}\frac{\left[\left(\Theta_{t_1}+c_A-2c_L\right)-\frac{\theta}{2}\left(c_H-c_L\right)\right]^2}{9b\cdot(1+k)^t}-\frac{\lambda_B^2}{2(\upsilon t_1+1)},\sum_{t=t_2}^{n}\frac{\left[\left(\Theta_{t_2}+2c_A-3c_L\right)-\theta\left(c_H-c_L\right)\right]^2}{16b\cdot(1+k)^t}-\frac{\lambda_B^2}{2(\upsilon t_2+1)}\right)$$

(1) 若最终中介企业 B 决定与中介企业 A 同时投资该项信息技术，则中介企业 A 和 B 的预期收益分别为

$$\begin{cases}\Pi_A^3=\sum_{t=t_1}^{n}\frac{\pi_A^{*3}}{(1+k)^t}-I_A^3=\sum_{t=t_1}^{n}\frac{\left[\left(\Theta_t-2c_A+\theta c_H\right)+(1-\theta)c_L\right]^2}{9b\cdot(1+k)^t}-\frac{\lambda^2}{2(\upsilon t_1+1)}\\ \Pi_{B(c_H)}^3=\sum_{t=t_1}^{n}\frac{\pi_B^{*3}(c_H)}{(1+k)^t}-I_B^3=\sum_{t=t_1}^{n}\frac{\left[\left(\Theta_t+c_A-2c_H\right)+\frac{1-\theta}{2}\left(c_H-c_L\right)\right]^2}{9b\cdot(1+k)^t}-\frac{\lambda^2}{2(\upsilon t_1+1)}\\ \Pi_{B(c_L)}^3=\sum_{t=t_1}^{n}\frac{\pi_B^{*3}(c_L)}{(1+k)^t}-I_B^3=\sum_{t=t_1}^{n}\frac{\left[\left(\Theta_t+c_A-2c_L\right)-\frac{\theta}{2}\left(c_H-c_L\right)\right]^2}{9b\cdot(1+k)^t}-\frac{\lambda^2}{2(\upsilon t_1+1)}\end{cases}\tag{8-23}$$

(2) 若最终中介企业 B 决定与中介企业 A 序列投资该项经营 n（$n=[1,\infty)$）年的技术，则中介企业 A 和 B 的预期收益分别为

$$\begin{cases} \Pi_A^4 = \sum_{t=t_1}^{n} \frac{\pi_A^{*4}}{(1+k)^t} - I_A^4 = \sum_{t=t_1}^{n} \frac{\left[\left(\Theta_{t_2} - 2c_A + \theta c_H\right) + (1-\theta)c_L\right]^2}{8b\cdot(1+k)^t} - \frac{\lambda_A^2}{2(\upsilon t_1 + 1)} \\ \Pi_{B(c_H)}^4 = \sum_{t=t_2}^{n} \frac{\pi_B^{*4}(c_H)}{(1+k)^t} - I_B^4 = \sum_{t=t_1}^{n} \frac{\left[\left(\Theta_{t_2} + 2c_A - 3c_H\right) + (1-\theta)(c_H - c_L)\right]^2}{16b\cdot(1+k)^t} - \frac{\lambda_B^2}{2(\upsilon t_2 + 1)} \\ \Pi_{B(c_L)}^4 = \sum_{t=t_2}^{n} \frac{\pi_B^{*4}(c_L)}{(1+k)^t} - I_B^4 = \sum_{t=t_2}^{n} \frac{\left[\left(\Theta_{t_2} + 2c_A - 3c_L\right) - \theta(c_H - c_L)\right]^2}{16b\cdot(1+k)^t} - \frac{\lambda_B^2}{2(\upsilon t_2 + 1)} \end{cases} \quad (8\text{-}24)$$

若中介企业 B 在 t_1 时期决定投资该项目，使其网站的服务质量水平达到 λ_B，中介企业 A 决定同时投资还是延迟期权，在 $c_B = c_H$ 的情况下取决于

$$\max\left(\sum_{t=t_2}^{n} \frac{\pi_A^{*3}}{(1+k)^t} - I_A^3, \sum_{t=t_2}^{n} \frac{\pi_A^{*5}(c_H)}{(1+k)^t} - I_A^5\right)$$

即

$$\max\left(\sum_{t=t_1}^{n} \frac{\left[\left(\Theta_{t_1} - 2c_A + \theta c_H\right) + (1-\theta)c_L\right]^2}{9b\cdot(1+k)^t} - \frac{\lambda_B^2}{2(\upsilon t_1 + 1)}, \sum_{t=t_2}^{n} \frac{\left(\Theta_{t_2} - 3c_A + 2c_H\right)^2}{16b\cdot(1+k)^t} - \frac{\lambda_B^2}{2(\upsilon t_2 + 1)}\right)$$

在 $c_B = c_L$ 的情况下取决于

$$\max\left(\sum_{t=t_2}^{n} \frac{\pi_A^{*3}}{(1+k)^t} - I_A^3, \sum_{t=t_2}^{n} \frac{\pi_A^{*5}(c_L)}{(1+k)^t} - I_A^5\right)$$

即

$$\max\left(\sum_{t=t_1}^{n} \frac{\left[\left(\Theta_{t} - 2c_A + \theta c_H\right) + (1-\theta)c_L\right]^2}{9b\cdot(1+k)^t} - \frac{\lambda_B^2}{2(\upsilon t_1 + 1)}, \sum_{t=t_2}^{n} \frac{\left(\Theta_{t_2} - 3c_A + 2c_L\right)^2}{16b\cdot(1+k)^t} - \frac{\lambda_B^2}{2(\upsilon t_2 + 1)}\right)$$

(3) 若最终中介企业 A 决定跟随中介企业 B 序列投资该项经营 n（$n=[1,\infty)$）年的技术，则中介企业 A 和 B 的利润净现值分别为：当 $c_B = c_H$ 时，

$$\begin{cases} \Pi_A^5 = \sum_{t=t_2}^{n} \frac{\pi_A^{*5}}{(1+k)^t} - I_A^5 = \sum_{t=t_2}^{n} \frac{\left(\Theta_{t_2} - 3c_A + 2c_H\right)^2}{16b\cdot(1+k)^t} - \frac{\lambda_A^2}{2(\upsilon t_2 + 1)} \\ \Pi_{B(c_H)}^5 = \sum_{t=t_1}^{n} \frac{\pi_B^{*5}(c_H)}{(1+k)^t} - I_B^5 = \sum_{t=t_1}^{n} \frac{\left(\Theta_{t_2} + c_A - 2c_H\right)^2}{8b\cdot(1+k)^t} - \frac{\lambda_B^2}{2(\upsilon t_1 + 1)} \end{cases} \quad (8\text{-}25)$$

当 $c_B = c_L$ 时，

$$\begin{cases} \Pi_A^5 = \sum_{t=t_2}^{n} \frac{\pi_A^{*5}}{(1+k)^t} - I_A^5 = \sum_{t=t_2}^{n} \frac{\left(\Theta_{t_2} - 3c_A + 2c_L\right)^2}{16b \cdot (1+k)^t} - \frac{\lambda_A^2}{2(\upsilon t_2 + 1)} \\ \Pi_{B(c_L)}^5 = \sum_{t=t_1}^{n} \frac{\pi_B^{*5}\left(c_H\right)}{(1+k)^t} - I_B^4 = \sum_{t=t_1}^{n} \frac{\left(\Theta_{t_2} + c_A - 2c_L\right)^2}{8b \cdot (1+k)^t} - \frac{\lambda_B^2}{2(\upsilon t_1 + 1)} \end{cases} \tag{8-26}$$

由式(8-23)～式(8-26)可知，不完全信息下中介企业信息技术投资项目的预期收益与平台边际运营成本 c_i 、服务质量水平 λ_i 、信息技术成本随时间下降速率 υ 、投资时机 t_i 及运营年限 n 有关。明显地，信息技术水平 λ_i 越小、信息技术成本随时间下降速率 υ 越大，中介企业 A 和 B 的预期收益越大。

8.5 数 值 算 例

8.3 节给出了在完全信息与不完全信息两种信息结构下的两个寡头电子中介同时投资与序列投资一项信息技术的博弈均衡，8.4 节给出了对应的多时期投资项目的预期收益。由于上述定量模型中的最优解形式复杂，很难直观地看出投资策略应该如何随市场中的决策参数的变化而进行调整，本章采用数值算例来分析运营成本信息不完全、平台服务质量和运营成本三个因素对投资项目预期收益的影响，并用一个算例来描述两个电子中介如何对一个多时期项目进行投资时机选择和投资策略选择。

8.5.1 单时期投资项目决策影响因素分析

本小节的目的是分析市场因素的变化对 B2B 电子中介技术投资决策的影响。先给出在 B2B 平台运营成本信息不完全的情况下，两个 B2B 电子中介对一个单时期的技术投资项目预期收益函数，再分析其他参数给定情况下，两个中介的投资项目预期收益如何随不完全信息、平台服务质量及运营成本的变化而变化。

假设市场上只有 A 和 B 两个 B2B 电子中介企业，它们同时拥有一项旨在提高平台服务水平的技术创新投资机会，如基于大数据的用户推荐、虚假信息识别服务等，且该机会只有一次。假设中介企业 B 有信息优势，其了解对手企业有关投资的全部信息，而对手企业 A 了解自身的信息，对 B 的运营成本不确定。在这样的情形下，若两个中介企业同时投资，则根据 8.3 节的均衡支付得到两个中介的预期收益分别为

$$\begin{cases} \Pi_A^1 = \dfrac{1}{9b}\left[\left(\Theta_t - 2c_A + \theta c_H\right) + (1-\theta)c_L\right]^2 - \dfrac{\lambda^2}{2} \\ \Pi_{B(c_H)}^1 = \dfrac{1}{9b}\left[\left(\Theta_t + c_A - 2c_H\right) + \dfrac{1-\theta}{2}\left(c_H - c_L\right)\right]^2 - \dfrac{\lambda^2}{2} \\ \Pi_{B(c_L)}^1 = \dfrac{1}{9b}\left[\left(\Theta_t + c_A - 2c_L\right) - \dfrac{\theta}{2}\left(c_H - c_L\right)\right]^2 - \dfrac{\lambda^2}{2} \end{cases} \tag{8-27}$$

若中介企业 A 先投资，中介企业 B 跟随投资，则预期收益表示为

$$\begin{cases} \Pi_A^2 = \dfrac{1}{8b}\left[\left(\Theta_t - 2c_A + \theta c_H\right) + (1-\theta)c_L\right]^2 - \dfrac{\lambda^2}{2} \\ \Pi_{B(c_H)}^2 = \dfrac{1}{16b}\left[\left(\Theta_t + 2c_A - 3c_H\right) + (1-\theta)\left(c_H - c_L\right)\right]^2 - \dfrac{\lambda^2}{2} \\ \Pi_{B(c_L)}^2 = \dfrac{1}{16b}\left[\left(\Theta_t + 2c_A - 3c_L\right) - \theta\left(c_H - c_L\right)\right]^2 - \dfrac{\lambda^2}{2} \end{cases} \tag{8-28}$$

若中介企业 B 先投资，中介企业 A 跟随投资，则预期收益表示为：在 $c_B = c_H$ 的情况下，

$$\begin{cases} \Pi_A^3 = \dfrac{1}{16b}\left(\Theta_{t_2} - 3c_A + 2c_H\right)^2 - \dfrac{\lambda^2}{2} \\ \Pi_{B_{cH}}^3 = \dfrac{1}{8b}\left(\Theta_{t_2} + c_A - 2c_H\right)^2 - \dfrac{\lambda^2}{2} \end{cases} \tag{8-29}$$

在 $c_B = c_L$ 的情况下，

$$\begin{cases} \Pi_A^3 = \dfrac{1}{16b}\left(\Theta_{t_2} - 3c_A + 2c_L\right)^2 - \dfrac{\lambda^2}{2} \\ \Pi_{B_{cL}}^3 = \dfrac{1}{8b}\left(\Theta_{t_2} + c_A - 2c_L\right)^2 - \dfrac{\lambda^2}{2} \end{cases} \tag{8-30}$$

1. 不完全信息对投资预期收益的影响

先分析运营成本信息不完全对两个电子中介投资决策的影响。

给定需求弹性 $b=1$，随机需求漂移参数 $\Theta_t = 5000$，平台服务质量 $\lambda = 500$，中介 A 和 B 的边际运营成本分别为 $c_A = 1000$、$c_B = 1200$，中介 A 估计中介 B 的运营成本可能是 $c_H = 1200$、$c_L = 800$ ①。我们以此分析中介 A 对中介 B 边际运营成本较高(即 $c_H = 1200$)的信念 θ 对投资项目预期收益的影响。将上述参数值分别代入

① 这里的数值算例方法是管理学中经典的灵敏度分析，又称为敏感性分析。数值的大小仅表示相对值的大小，不是确定的实值，故没有单位。本章余同。

式(8-27)和式(8-28)，图 8-3 和图 8-4 分别给出了 θ 不同时中介 A 和 B 同时投资与中介 A 抢先投资、中介 B 跟随投资两种策略下中介 A 和 B 的预期收益。

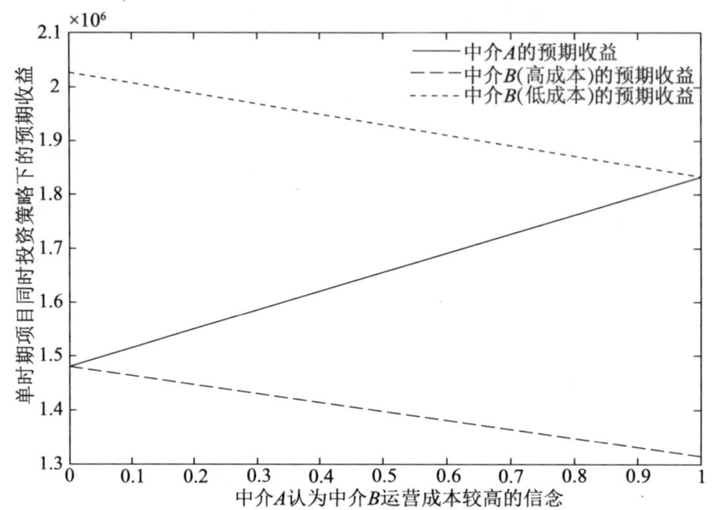

图 8-3　中介 A 和 B 同时投资时运营成本信息不完全对预期收益的影响

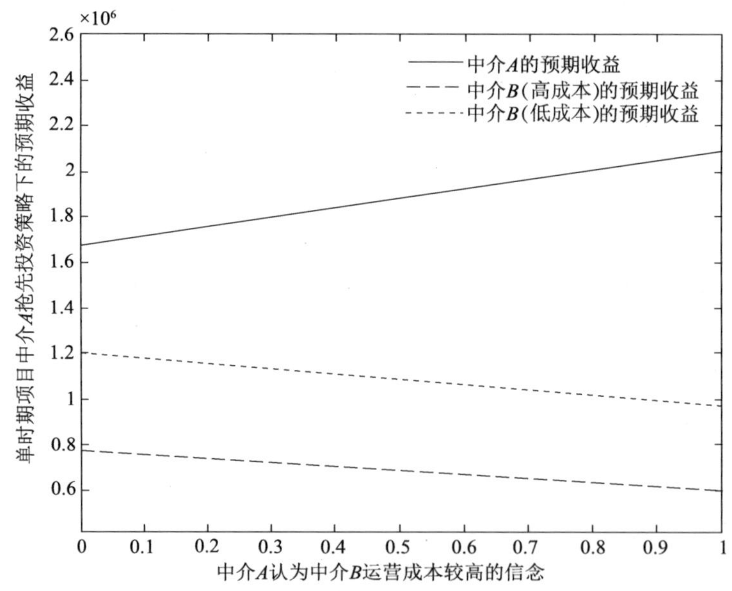

图 8-4　中介 A 抢先投资时运营成本信息不完全对预期收益的影响

由 8.3.2 小节可知，不完全信息下，中介 A、中介 B 同时投资与中介 A 抢先投资、中介 B 跟随投资两个策略中，均衡支付都受到中介 A 认为中介 B 的边际运营成本较高的信念 θ 的影响。因此，由均衡支付决定的单时期投资项目的预期收益也受到中介 A 认为中介 B 的边际运营成本较高的信念 θ 的影响。

从图 8-3 可以看出，在平台运营成本信息不完全的情况下，如果中介 A 和中介 B 同时决定投资同一项信息技术，那么中介 A 的预期收益随着其认为对手运营成本较高的信念的增大而增大；对于具有高运营成本的中介 B，其预期收益随着中介 A 认为中介 B 运营成本较高的信念的增大而减小；同样，对于具有低运营成本的中介 B，其预期收益随着中介 A 认为中介 B 运营成本较高的信念的增大而减小。

由图 8-4 可以看出，在平台运营成本信息不完全的情况下，对于一个单时期的投资项目，如果中介 A 抢先投资、中介 B 跟随投资，那么随着中介 A 认为中介 B 运营成本较高的信念的增大，中介 A 的预期收益增大，具有高运营成本的中介 B 的预期收益减小，且具有低运营成本的中介 B 的预期收益也减小。

所以，对电子中介 A 而言，无论是同时投资还是抢先投资，其预期收益都随其认为中介 B 的边际运营成本较高的信念 θ 的增大而增大；相反地，对中介 B 而言，无论是同时投资还是抢先投资，其预期收益都随中介 A 对其边际运营成本估计较高信念 θ 的增大而减小。这说明，中介 A 对中介 B 的边际运营成本较高的信念越大，认为自身具有成本优势的信念越坚定，最终所选择的最优用户数量越多，进而预期收益越大。若中介 B 的边际运营成本确实比 A 高，随着 θ 的增大，中介 B 的信息优势越发不明显，选择的最优用户数量越少，进而预期收益越小；若中介 B 的边际运营成本比 A 低，随着 θ 的增大，中介 B 的信息优势越明显，选择的最优用户数量越大，而中介 A 所选择的最优用户数量也随着 θ 的增大而增大，更多的供给将会导致更低的市场价格，进而使中介 B 的预期收益减小。

综上所述，可以得到如下结论。

结论 8.1　对有信息劣势的电子中介而言，其单时期技术投资项目的预期收益随着自身具有运营成本优势的信念的增大而增大；对有信息优势的中介而言，其单时期技术投资收益随着对手的运营成本优势信念的增大而减小。

由此可知，从竞争角度而言，信息优势并不一定能给中介企业带来更多的投资收益。对于有信息优势的电子中介而言，若其边际运营成本比对手企业低，一味地隐瞒信息可能会给对手错误的暗示，认为其不一定具有成本优势，这样可能导致更多的市场供给，降低市场价格，损害其收益。所以，在现实的投资环境中，有信息优势的企业可以不断放出有成本优势的信息，无论真假，都能给对手一定的威胁，进而提高自身的投资收益。

2. 平台服务质量对投资预期收益的影响

此处分析平台服务质量对电子中介技术投资预期收益的影响。

给定需求弹性 $b=1$，随机需求漂移参数 $\Theta_t=5000$，中介 A 和 B 的边际运营成本分别为 $c_A=1000$、$c_B=1200$，中介 A 认为中介 B 边际运营成本较高（即 $c_H=1200$）的信念 $\theta=0.5$，则认为中介 B 边际运营成本较低（即 $c_L=800$）的信念

$1-\theta=0.5$。将上述参数值分别代入式(8-27)～式(8-29)，图 8-5～图 8-7 分别给出了平台服务质量λ不同时中介A和B同时投资、中介A抢先投资和中介B抢先投资三种策略下中介A和B的预期收益。

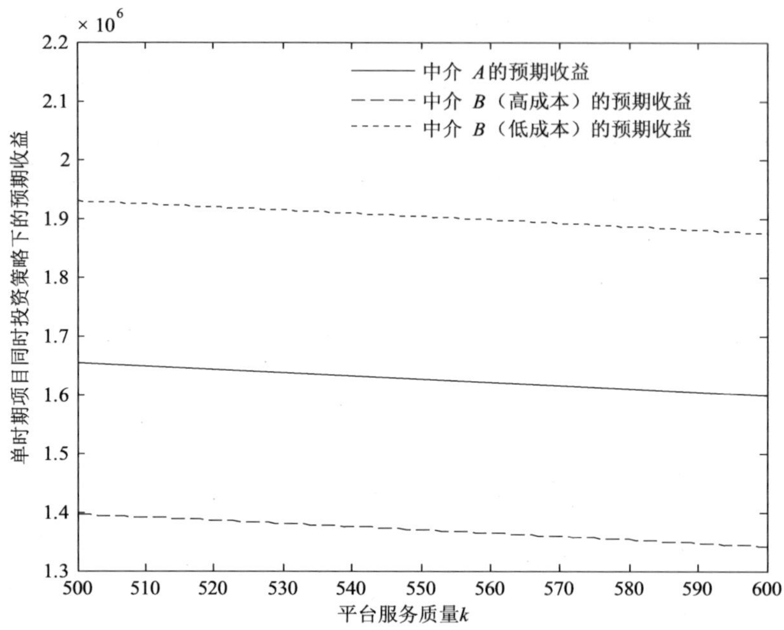

图 8-5　中介 A 和 B 同时投资时平台服务质量对预期收益的影响

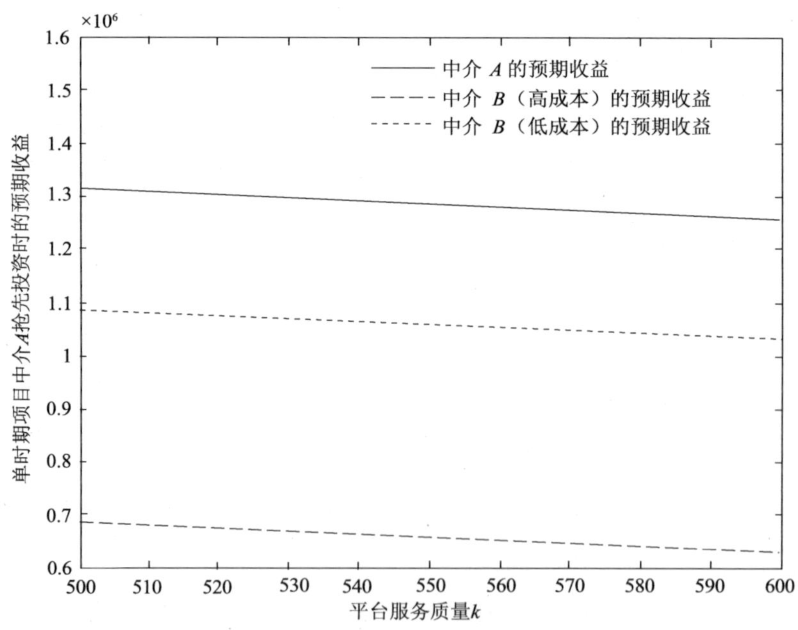

图 8-6　中介 A 抢先投资时平台服务质量对预期收益的影响

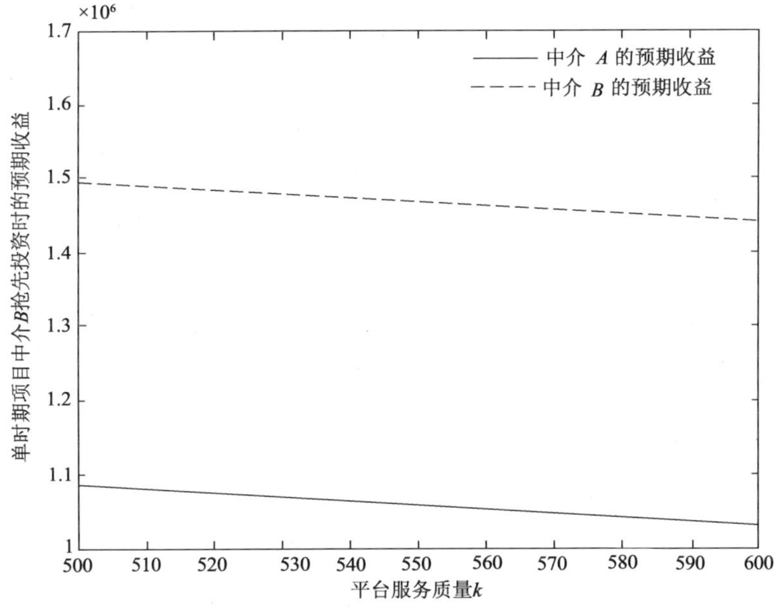

图 8-7　中介 B 抢先投资时平台服务质量对预期收益的影响

从图 8-5～图 8-7 可知，无论采取同时投资策略还是序列投资策略，随着平台服务质量的提高，中介 A 和中介 B 的单时期投资项目的预期收益都将减小。从式(8-27)～式(8-29)可知，投资总成本与平台服务质量有关，无论是同时投资还是序列投资，平台服务质量越高，所需要的投资成本越大。因此，得到以下结论。

结论 8.2　无论采取同时投资策略还是序列投资策略，随着平台服务质量的提高，中介 A 和中介 B 的技术投资成本增加，单时期投资项目的预期收益减小。

这与现实相符合，若电子中介平台想要提供更高水平的服务，如减少用户的响应时间、提高支付安全、个性化推荐等，往往需要投入更多的技术成本。

3. 运营成本对投资预期收益的影响

给定需求弹性 $b=1$，随机需求漂移参数 $\Theta_t=5000$，平台服务质量 $\lambda=500$，$c_L=800$，中介 A 认为中介 B 边际运营成本较高的信念 $\theta=0.5$。将上述参数值分别代入式(8-27)～式(8-29)，分析中介 A 和中介 B 同时投资、中介 A 抢先投资与中介 B 抢先投资三种策略下中介企业 A 和 B 的边际运营成本对单时期投资项目预期收益的影响。

由式(8-27)～式(8-29)可知，中介 A 和 B 的在同时投资、序列投资策略下的预期收益受它们的边际运营成本影响。图 8-8～图 8-10 分别给出了其他参数给定情况下，中介 A 和 B 的边际运营成本变化时，中介 A 和 B 同时投资、中介 A 抢先投资和中介 B 抢先投资三种策略下中介 A 和 B 的预期收益变化。

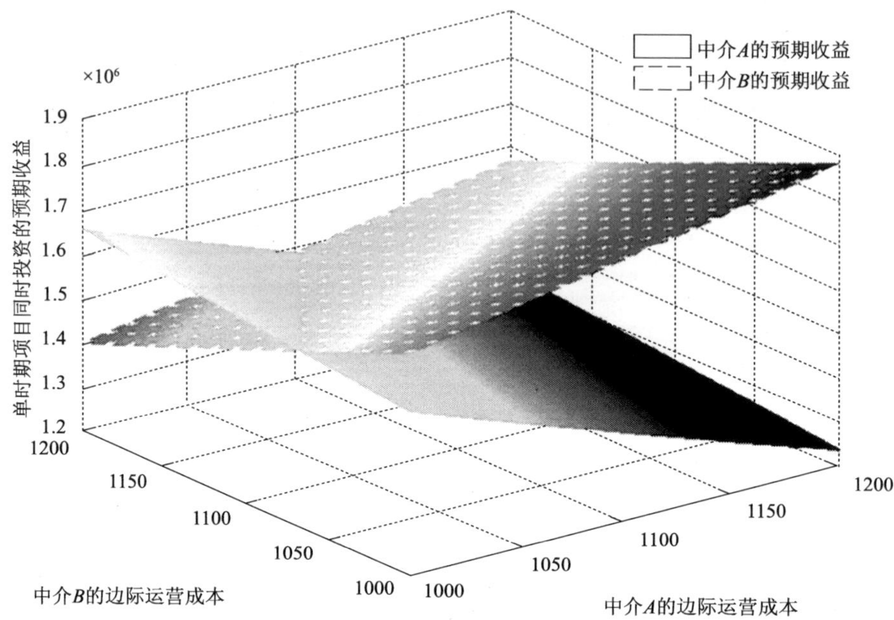

图 8-8　同时投资时中介 A 和 B 的边际运营成本对预期收益的影响

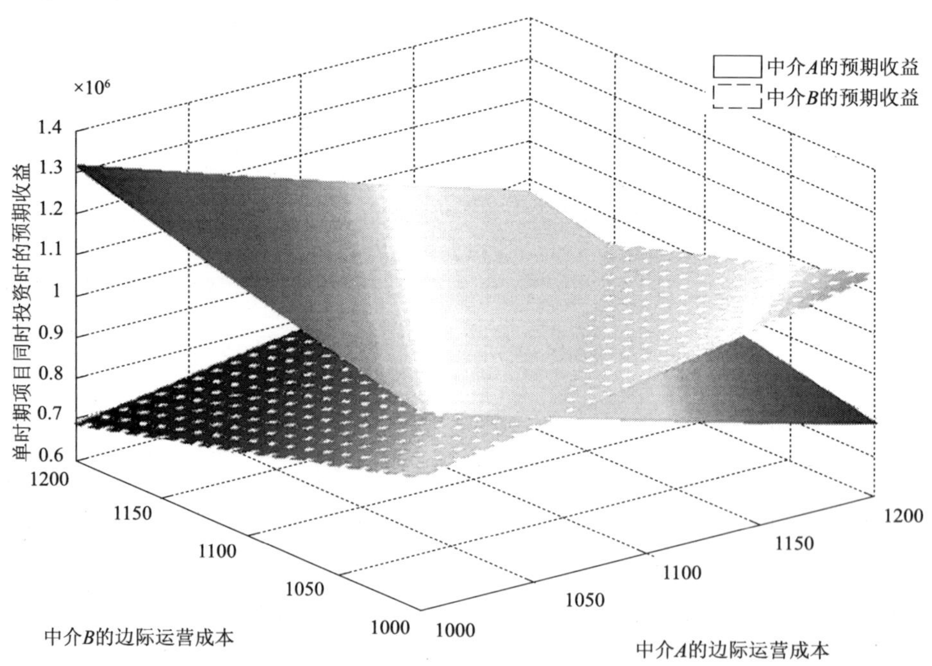

图 8-9　中介 A 抢先投资时中介 A 和 B 的边际运营成本对预期收益的影响

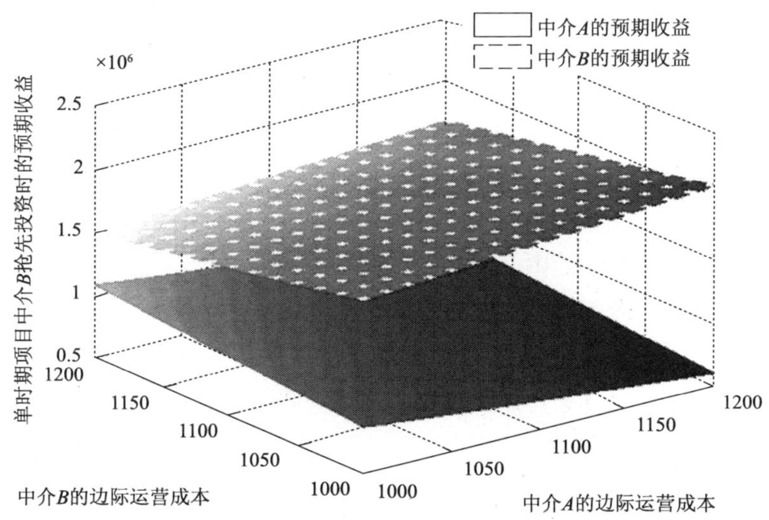

图 8-10　中介 B 抢先投资时中介 A 和 B 的边际运营成本对预期收益的影响

从图 8-8 可知，若中介 A 和 B 同时决定投资一个单时期的技术投资项目，若其他因素不变，中介 A 的预期收益随着自身平台运营成本的增加而减小，随着中介 B 的边际运营成本的增加而增加。同样地，如图 8-9 所示，对于一个单时期的技术投资项目，如果中介 A 决定抢先投资、中介 B 跟随投资，那么随着中介 A 的运营成本增加，中介 A 的预期收益减小，中介 B 的预期收益增加；随着中介 B 的运营成本增加，中介 A 的预期收益增加，中介 B 的预期收益减小；中介 B 抢先投资的变化趋势相同。综上所述，对一个电子中介而言，自身运营成本的增大会减小其技术投资的预期收益，竞争对手的平台运营成本的增加会增加其技术投资预期收益。具体如结论 8.3 所述。

结论 8.3　对 B2B 电子中介而言，自身运营成本的增大会减少其技术投资预期收益、增加竞争对手的技术投资预期收益。

8.5.2　多时期投资项目决策过程分析

本章用一个数值算例来描述两个 B2B 电子中介对一个多时期的技术投资项目决策过程，重点分析它们的投资时机选择和投资策略选择。

假设市场上只有 A 和 B 两个 B2B 电子中介企业，它们同时面对一项旨在提高平台服务质量的技术创新投资机会，该技术的持续年限为 $n=10$，在每一年两个中介都需决定投资还是延迟，直到投资。若在某一年决定投资该项目，还需选择投资策略。假定随着时间的延续，电子中介平台的服务质量将提高。给定信息技术成本随时间下降的速率 $\upsilon=1.5$，初始投资成本 $I_0=125\ 000$。下面给出两个 B2B 电子中介在边际运营成本信息完全和不完全两种信息结构下的投资决策过程。

1. 完全信息下的电子中介信息技术投资决策过程

假设提供新服务的两个 B2B 电子中介平台的用户访问量遵循连续时间的对数正态分布，用 Mablab 的 lognpdf 函数随机生成一组需求漂移参数 Θ_t，如表 8-1 所示。给定需求弹性 $b=1$，中介 A 和 B 的边际运营成本为 $c_A=1000$、$c_B=1200$，且为共有信息。由式(8-4)和式(8-5)可得到中介 A、B 在各时期的投资收益，如表 8-1 所示。

表 8-1　完全信息下多时期项目的投资时机与策略选择

t	1	2	3	4	5	6	7	8	9	10
Θ_t	5400	8490	8860	8260	7390	6510	5690	4970	4350	3810
λ	500	550	600	650	700	750	800	850	900	950
q_A^{*1}	1533	2563	2687	2487	2197	1903	1630	1390	1183	1003
q_B^{*1}	1333	2363	2487	2287	1997	1703	1430	1190	983	803
q_A^{*2}	2300	3845	4030	3730	3295	2855	2445	2085	1775	1505
q_B^{*2}	950	1723	1815	1665	1448	1228	1023	843	688	553
$\pi_A^{*1}\times 10^4$	235.1	657.1	721.8	618.4	482.5	362.3	265.7	193.2	140.0	100.7
$\pi_B^{*1}\times 10^4$	235.1	657.1	721.8	618.4	482.5	362.3	265.7	193.2	140.0	100.7
$\pi_A^{*2}\times 10^4$	264.5	739.2	812.0	695.6	542.9	407.6	298.9	217.4	157.5	113.3
$\pi_B^{*2}\times 10^4$	90.3	296.7	329.4	277.2	209.5	150.7	104.6	71.0	47.3	30.5
$\Pi_A^1\times 10^4$	1803	4442	4227	3087	2011	1226	700	371	173	59
$\Pi_B^1\times 10^4$	1803	4442	4227	3087	2011	1226	700	371	173	59
$\Pi_A^2\times 10^4$	2030	4998	4756	3473	2263	1379	788	418	195	66
$\Pi_B^2\times 10^4$	684	2002	1927	1382	871	508	273	134	56	16

表 8-1 给出了完全信息下电子中介 A 和 B 在不同时期的同时投资与序列投资均衡结果,以及对应的多时期的预期收益。由表 8-1 分析得出,给定需求弹性 $b=1$、中介 A 的边际运营成本 $c_A=1000$、中介 B 的边际运营成本 $c_B=1200$ 的情况下，电子中介 A 和 B 都选择在第 2 年投资该项信息技术能够获得最大预期收益，由于先行者优势，中介 A 和 B 都有抢先投资的动机，最终的均衡策略是同时策略，选择的最优用户数量分别为 2563 万和 2363 万，多时期预期收益都为 4442 万。

在该项技术可以投资的每一期，两个中介企业都需根据预期收益来决定执行期权还是延迟期权。当$t=1$时，即在该项投资的第一期，中介企业A和B都预测到同时投资与序列投资各自所得的收益都小于各自下一期的投资收益，所以都决定延迟期权。当$t=2$时，即在该项投资的第二期，中介企业A预测到无论是和中介企业B同时投资还是序列投资该项目，这一期预期收益高于以后每一期的预期收益，所以中介企业A决定在这一期执行期权；电子中介B预期到在第二期与中介企业A同时投资所获得的预期收益高于以后每一期的预期收益，也决定在这一期执行期权。在中介企业A看来，若在第二期执行期权，抢先投资的预期收益 4998 万高于同时投资的预期收益 4442 万，所以产生了抢先投资动机；在电子中介B看来，若在第二期执行期权，市场的先行者优势与跟随者劣势非常明显，故而也有抢先投资的动机。所以最终的投资决策是电子中介A和B在第二期同时投资该项信息技术，以此达到均衡。

同时可以看到，随着时间t的延续，以及市场随机需求漂移参数Θ_t的变化，用户对新平台的需求也随之变化。博弈的均衡策略是中介A和B在第二期同时投资，此时各平台的最优用户数量并没有达到最大，明显低于第三期。

若按照大多数基于博弈论的寡头竞争技术投资决策研究，不考虑延迟投资的期权价值，即中介企业A和B只在项目开始的第一期有投资机会，那么，由于市场竞争的关系，中介企业A和B都认识到先行者优势与跟随者劣势，同样都有抢先投资的动机，最终的投资决策也是同时投资，预期收益都为 1803 万。然而，不考虑延迟期权的均衡收益 1803 万明显少于考虑了延迟期权的均衡收益 4442 万，所以本节所采用的基于期权博弈理论的多时期投资决策模型在一定程度上改进了传统的单时期投资决策模型，这一点对现实市场中的投资决策有重要意义。

2. 不完全信息下的电子中介信息技术投资决策过程

给定需求弹性$b=1$，中介企业A知道自己的边际运营成本$c_A=1000$，估计中介企业B的边际运营成本$c_H=1200$的信念$\theta=0.7$，$c_L=800$的信念$1-\theta=0.3$；而中介企业B有信息优势，知道$c_A=1000$，且$c_B=1200$。由式(8-6)、式(8-7)和式(8-8)可得到中介A、B在各时期的投资收益。

表 8-2 给出了不完全信息下电子中介A和B在不同时期的同时投资、中介A抢先投资和中介B抢先投资三种策略下的均衡结果与预期收益。由表 8-2 可知，在给定需求弹性$b=1$、中介A和B的边际运营成本分别为$c_A=1000$、$c_B=1200$，且中介A估计中介B的边际运营成本$c_H=1200$的信念$\theta=0.7$，$c_L=800$的信念$1-\theta=0.3$的情况下，中介A和B将决定在第 2 年同时投资该项信息技术，选择的

最优用户数量分别为 2683、2383，预期收益分别为 4304 万、3839 万。

表 8-2 不完全信息下多时期项目的投资时机与策略选择

t	1	2	3	4	5	6	7	8	9	10
Θ_t	5400	8490	8860	8260	7390	6510	5690	4970	4350	3810
λ	500	550	600	650	700	750	800	850	900	950
q_A^{*3}	1653	2683	2807	2607	2317	2023	1750	1510	1303	1123
q_B^{*3}	1353	2383	2507	2307	2017	1723	1450	1210	1003	823
q_A^{*4}	2240	3785	3970	3670	3235	2795	2385	2025	1715	1445
q_B^{*4}	980	1753	1845	1695	1478	1258	1053	873	718	583
q_A^{*5}	1200	1973	2065	1915	1698	1478	1273	1093	938	803
q_B^{*5}	2000	3545	3730	3430	2995	2555	2145	1785	1475	1205
$\pi_A^{*3}\times 10^4$	223.0	636.7	700.5	598.6	465.1	347.2	252.8	182.3	130.7	92.8
$\pi_B^{*3}\times 10^4$	183.2	568.0	628.3	532.1	406.7	267.0	210.3	146.4	100.7	67.8
$\pi_A^{*4}\times 10^4$	250.9	716.3	788.0	673.4	523.3	390.6	284.4	205.0	147.1	104.4
$\pi_B^{*4}\times 10^4$	96.0	307.1	340.4	287.3	218.3	158.1	110.8	76.1	51.5	33.9
$\pi_A^{*5}\times 10^4$	144.0	389.1	426.4	366.7	288.2	218.3	161.9	119.4	87.9	64.4
$\pi_B^{*5}\times 10^4$	200.0	628.4	695.6	588.2	448.5	326.4	230.1	159.3	108.8	72.6
$\Pi_A^3\times 10^4$	1709	4304	4102	2988	1939	1174	666	350	161	54
$\Pi_B^3\times 10^4$	1402	3839	3679	2656	1695	1004	553	280	124	39
$\Pi_A^4\times 10^4$	1925	4843	4615	3362	2182	1322	749	394	182	61
$\Pi_B^4\times 10^4$	746	2127	2051	1483	908	533	290	144	62	18
$\Pi_A^5\times 10^4$	1099	2628	2495	1829	1200	737	425	228	107	36
$\Pi_B^5\times 10^4$	1532	4247	4074	2936	1869	1104	606	305	134	41

在该项技术可以投资的每一期，电子中介 A 和 B 都需根据预期收益来决定执行期权还是延迟期权。当 $t=1$ 时，即在该项投资的第一期，中介 A 和 B 都预测到同时投资、抢先投资与跟随投资三种策略下各自所得的收益都小于各自下一期投资的预期收益，所以都决定延迟期权。当 $t=2$ 时，即在该项投资的第二期，中介 A 和 B 又都预测到无论是同时投资、抢先投资还是跟随投资该项目，这一期投资的预期收益高于以后每一期投资的预期收益，所以两个中介企业都决定在这一期执行期权。对中介 A 而言，抢先投资的预期收益 4843 万高于跟随投资的预期收益

2628 万，同样对中介 B 而言，抢先投资的预期收益 4247 万高于跟随投资的预期收益 2127 万。因此，由于先行者优势两个中介企业都想抢先投资，最终的投资均衡是中介企业 A 和 B 在第二期同时投资该项信息技术。

同时可以看到，随着市场随机需求漂移参数 Θ_t 随时间 t 的变化，用户对新平台的需求也随之变化。博弈的均衡策略是中介 A 和 B 在第二期同时投资，此时各平台的最优用户数量并没有达到最大，明显低于第三期。

综合 8.5.2 小节的第一部分和第二部分，可以得到如下结论。

结论 8.4　对进行技术投资的 B2B 电子中介而言，市场竞争给投资的先行者带来优势，因此各中介都有抢先投资的动机。

由表 8-2 可以知道，若按照以往的基于博弈论的两寡头电子中介技术投资决策研究，不考虑延迟投资的期权价值，即中介 A 和 B 只在项目开始的第一期有投资机会，要么投资要么不投资，那么，由于市场竞争的关系，中介企业 A 和 B 都认识到先行者优势与跟随者劣势，同样都有抢先投资的动机，最终的投资决策也是同时投资，预期收益分别为 1709 万、1402 万。然而，不考虑延迟期权的单时期项目的均衡收益明显少于考虑延迟期权的多时期项目的均衡收益，所以需考虑延迟投资对投资决策的影响。

同样，综合 8.5.2 小节的第一部分和第二部分的数值分析，我们可以得到如下结论。

结论 8.5　对进行技术投资的 B2B 电子中介而言，投资时机的选择影响其投资收益，延迟投资可能获得更多收益。

8.6　本 章 小 结

近年来，随着全面深化改革、继续扩大开放和创新驱动发展战略的实施，我国迎来了世界科技创新格局调整时期。技术、人才、资本等创新要素聚集，创业服务基础设施和市场环境得到很大改善，掀起了“大众创业”“草根创业”的新浪潮，形成“万众创新”“人人创新”的新态势。李克强同志在同世界互联网大会中外代表座谈时指出：“中国接入互联网 20 年来，已发展成为世界互联网大国。互联网是大众创业、万众创新的新工具。政府高度重视，并大力支持互联网发展。”阿里巴巴创始人马云在代表全球企业家发言中提到：“未来互联网只有和传统行业进行完美结合才有持久健康的出路，而结合的结果将会形成真正意义上的数字经济。”在这个“互联网+”时代，B2B 中介企业已经意识到，传统信息服务模式已经不能满足企业用户的需求，正从信息服务向闭合交易转型，又从闭合交易向相关服务延展，以期为更多企业提供更好的服务。比如，在慧聪网物流平台上线之后不久，阿里巴巴中国(1688.com)同样宣布将于 2015 年打造物流平台，通过引入第三方物流帮助构建完整的交易链条。

值此行业转型之际，技术创新问题成为 B2B 电子中介企业关注的焦点。一方面，在互联网环境下，用户需求不断变化，企业需持续创新才能立于不败之地。另一方面，对于电子商务企业而言，动辄数千万元或上亿元的投资成本过于巨大。然而，在管理实践中，B2B 企业的投资决策大多依赖管理者的职业经验，在市场特征与用户特征把握上有很大的不确定性。因此，对 B2B 电子中介技术投资决策的理论研究有重要意义。以往学者们在研究电子商务企业的技术投资时大都基于完全信息的假设，这一点与现实的投资环境并不相符。在很多情况下，技术的不确定、投资的不可逆及竞争对手等因素使 B2B 电子中介的技术投资决策尤为困难。此外，现有研究多数采用博弈论方法，重点研究了竞争性对投资决策的影响，没有考虑到投资时机选择与投资策略选择对投资收益的影响。

本章在现有的理论研究基础上，以 B2B 电子中介为研究对象，构建了不完全信息下两寡头电子中介信息技术投资决策的期权博弈模型，给出了完全信息与不完全信息两种情形下，两寡头中介同时投资与序列投资的博弈均衡及多时期投资项目的预期收益，用数值算例分析了不完全信息、平台服务质量与运营成本对寡头中介投资收益的影响，并描述了两个电子中介企业对多时期投资项目的决策过程。

研究发现，若市场中两个寡头竞争的 B2B 电子中介同时面临一项信息技术创新投资机会，对有信息劣势的电子中介企业而言，无论选择与对手企业同时投资还是跟随对手企业投资，有信息劣势的中介认为自身具有成本优势的信念越坚定，其投资的预期收益越大，而有信息优势的企业预期收益越小。这一点与我们的传统观念有差异，我们常常认为有信息优势的企业往往能够获取更多的投资收益。本章的研究结论指出，对平台运营成本信息有优势的企业不一定能够获得更多投资预期收益，其预期收益还受到对手企业的成本优势信念的影响。有信息优势的电子中介企业应擅用信息优势，可以通过发出自身运营成本很低的信息来减弱对手企业的信心，以此提高自身的技术投资预期收益。另外，对于进行技术创新的 B2B 电子中介企业而言，一方面要积极关注行业动态与竞争对手状况，以防信息闭塞，避免闭门造车；另一方面也需防止自身的信息泄露。由于电子商务行业人员流动既大且快，有的企业由于管理不善、缺乏数据安全意识，员工的流失往往也带走了企业的商业机密。2014 年就出现了微软前雇员私自向外泄露微软公司未来产品的软件代码和其他重要资料的案件。

本章的相关研究指出，新技术给中介平台带来的服务质量的提高，受技术投资成本的影响，进而可以影响投资项目的预期收益。一般而言，平台服务质量越高，所需的投资成本越大，技术投资的预期收益越小。技术投资企业需注意高服务质量与高投资成本之间的平衡。此外，平台运营成本也对 B2B 电子中介的技术投资预期收益产生影响。自身平台运营成本的降低，能够在一定程度上增加自己企业的技术投资预期收益，并减少对手企业的技术投资预期收益。因此，B2B 电子中介企业需采取措施控制运营成本。大体而言，平台的运营成本主要有两个方面：平台推广费用和人力资源成本。对于平台推广，应对准目标用户，提高广告、邮件、电话、短信等的精准度，并擅用免费广告、微博、邮件等免费推广工具。电子商务企业的创新源泉和运营动力来自高素质的员工，人力资源成本是电子中介企业运营成本的重要组成部分，需得到有效控制。各部门应合理设置岗位，并进行科学的雇佣预算。与此同时，要加强部门内部和部门之间的管理，明确岗位职责，保持高效的内部流转，减少内耗。

此外，区别于以往的电子商务技术创新投资决策研究，本章在考虑了投资的竞争性基础上，将投资看成一项可执行或延迟的期权，分析了 B2B 电子中介的多时期技术投资项目决策过程。分析表明，市场竞争将导致中介企业抢先投资，以此获取更多的市场份额和投资预期收益。这一点在互联网行业表现得尤为明显，由于用户在网络上的旅行成本和信息透明度都非常低，一旦出现吸引用户眼球、满足用户需求的产品，用户就会从四面八方蜂拥而至，使平台一举成为行业领先者，而其他同类平台则用户大量流失，很快退出市场。以网盛科技的生意宝为例，其跨平台搜索工具“生意搜”能够为采购用户快速找到目标产品的全网最低价及供应商，极大地提高了网站服务水平，迅速吸引了大量用户，并很快让生意宝的市场占有率超越其他 B2B 平台上升至全国第 5 位。另外，各 B2B 中介企业可采取差异化的发展战略来缓解竞争。比如，阿里巴巴主张做水平层面上的 B2B 生态建设，而慧聪网则强调垂直品类的服务深度，钢联、生意宝则分别聚焦钢铁、化工等细分垂直市场。

对多时期的投资决策过程进行分析发现，投资时机的选择影响其投资收益，由于用户需求的不确定，延迟投资可能使电子中介获得更多收益。企业在抢先创新以抢占市场的过程中需保持理性，选择恰当的投资时机，虽然前期的先行者优势非常明显，但是高成本和不确定的用户需求可能会使投资得不偿失。以阿里巴巴为例，近年来，互联网行业风云变幻，并购、退市等不断上演，阿里巴巴分别在 2005 年和 2010 年投资搜索引擎市场，先后出资 10 亿美元和 1500 万美元收购雅虎中国和搜狗的部分股份。然而时至今日，雅虎中国已经废弃，成为阿里巴巴的公益项目，搜狗的股份也被回购。另外，随着业务转型，阿里巴巴在 2007 年、2010 年、2012 年与 2013 年先后投资百世物流、星晨急便、日日顺物流和新加坡邮政，为阿里巴巴发展国内外电商业务提供了强有力的支持。

第 9 章　网络外部性下 B2B 电子中介技术投资决策系统仿真

本章综合考虑影响 B2B 电子中介技术投资的用户特征和市场特征，设计描述 B2B 电子中介竞争环境中的实体、事件和市场环境的计算机仿真系统，通过仿真计算的实验，揭示网络外部性下 B2B 电子中介的技术投资决策行为的变化机理并分析网络外部性对 B2B 电子中介投资决策的影响，探索网络外部性环境下 B2B 电子中介基于平台质量的技术投资决策。

9.1　基于多主体的决策系统仿真

9.1.1　复杂适应系统与“主体”

复杂适应系统(complex adaptive system, CAS)是在 1994 年由美国计算机科学家约翰•霍兰(John H. Holland)于美国圣塔菲研究所(Santa Fe Institute, SFI)提出[181]。复杂适应系统中，成员都具有自主性，能够与各主体及其所处的环境交流，并从中不断学习、积累经验，完善自身的结构和行动方式。霍兰教授将复杂适应性系统中的系统成员称为适应性主体(adaptive agent)，简称为“主体”。“主体”可以与环境或者其他主体进行交流，并能够在交流过程中不断地学习和积累经验，同时根据所学习、积累的经验改变主体自身的结构和行为方式。正是因为“主体”在环境中的不断学习和改变，整个复杂适应系统不断地演化。此外，在复杂适应系统理论中，“主体”的这种主动性及其与环境、其他主体之间的反复的相互作用，是复杂适应系统发展和进化的最基本的动力。

Agent 的原意为“代理”，在计算机领域，Agent 被认为是在分布式系统或协作系统中可以持续发挥作用的计算实体，所以经常被简称为“智能体”。在 Agent 的具体定义中，最经典的是 Wooldridge 和 Jennings 对 Agent 的弱定义与强定义的阐述[182]，提出 Agent 在系统适应和演化过程中具有四个特征：①自治性(autonomy)，Agent 在系统运行中不需要人工干预和外界因素干扰，它可以控制自己的行为和状态[183]；②社交性(social ability)，系统中的 Agent 可以与其他 Agent 进行交流[184]；③应激性(reactivity)，系统中的 Agent 可以感知其生存环境的变化，并且可以对这些环境的变化做出及时反应来适应新环境；④主动性(pro-activeness)，

Agent 除了为适应环境的变化而被动地改变自身之外，还可以为了自身目标而主动行动。

基于 Agent 建模（agent-based modeling，ABM）方法是上述复杂适应系统理论的应用，是一种“自下而上”的建模方法。该方法通过对 Agent 个体及其相互之间的行为、个体与环境之间的交互进行定义，来描述复杂适应系统中的宏观行为[185]。建模者的任务是提炼出复杂系统中的个体模型，将其表示为 Agent。赋予 Agent 必要的行为规则和合适的参数，使它们在一定的综合环境中演化。整个系统的宏观特征是通过这些 Agent 的属性参数、行为规则和学习过程等基本特征体现出来的。这种建模方法的主要特点有：第一，Agent 是主动的、活的实体，这是基于 Agent 建模和其他建模方法之间的最关键区别；第二，模型系统演变和进化的根本动力是个体之间（或个体与环境）的相互影响，并非个体自身的内部属性；第三，基于 Agent 建模方法不仅把宏观和微观有机地联系起来，还引进了随机因素的作用。因此，基于多 Agent 的建模仿真是研究复杂决策系统的重要手段，这一方法在国内外受到了广泛的关注，尤其在自然现象、经济系统和人工生命等研究领域有较为广泛的应用。

9.1.2　基于多主体的 Swarm 仿真

多主体仿真（multi-agent simulation）是一种常用的基于 Agent 的建模仿真方法，在许多研究领域得到了广泛的应用。多主体仿真是一种微观仿真技术，它是运用分布式人工智能领域最新的科研成果，通过计算机强大的运算能力，自上而下地对复杂适应系统进行建模。系统中，微观个体与其生存环境之间的相互作用，体现出系统的宏观特征，在微观和宏观之间建立了联系。多主体建模仿真自然、灵活，个体的属性及其行为不受限制，适合对微观个体组成的复杂适应系统的研究。因此，多主体建模仿真受到经济学、生物学、管理学和社会学等多学科的重视，成为受欢迎的研究工具。

在系统仿真的研究方法中。基于多智能体的 Swarm 仿真平台在经济学和管理学领域中应用最为广泛，并主要集中在市场交易、经济管理、政策定制和金融监管的领域[186]。Swarm 最初是圣塔菲研究所的一个研究项目，最初它是用来帮助科学家们研究复杂适应系统的一个工具集。其核心是一个面向对象的开发框架，通过该框架开发仿真系统研究相互作用的智能体。在 Swarm 中，模型和模型要素之间的交互方式没有任何的限制，用户不需考虑数据处理、图形界面等软件开发方面的技术细节，只需将精力集中在设计所研究的特定系统中。所以，对于非计算机专业学者而言，Swarm 使用起来也比较方便。同时，由于 Swarm 可以模拟任何物理系统、经济系统或社会系统，受到了国内外物理学、经济学、金融学、社会学、军事和计算机科学等多个领域学者、专家们的广泛关注。

Swarm 的建模思想是独立个体通过独立事件进行交互。Swarm 不需要一个特定的领域，如特定的空间环境、物理现象、个体表现或交互模式等。Swarm 系统模拟的基本单位是主体，一个主体是系统的一个成员，是一个能够产生动作并影响自身和其他主体的实体。在一个经济学模拟中，主体可能是公司、消费者、股票持有者或银行机构。Swarm 仿真建模平台为用户提供一套完整的仿真建模工具集，研究由多主体构成的复杂适应系统。用户可以通过 Swarm 提供的类库构建所设计的仿真系统，使系统中的主体和环境通过离散事件进行交互，并通过相应的类分析、控制和显示复杂自适应系统的仿真过程与结果。

综上所述，本章的仿真研究部分采用基于多 Agent 的 Swarm 仿真平台对 B2B 电子中介市场竞争进行仿真模拟。

9.1.3　Swarm 在博弈模型研究中的应用

近年来，基于 Swarm 仿真平台的博弈论研究较多，这表明在博弈论的研究中引入 Swarm 可以为博弈论的理论研究和实际运用带来更为广阔的前景。将 Swarm 应用到博弈论的研究的主要优势有：①Swarm 仿真平台可以节约科研成本，博弈模型中所需要的元素均可以由 Swarm 系统提供。②运用 Swarm 平台设计博弈环境，可以排除人为干扰因素，使博弈的结果更加精确可靠，并且能够实时地反映出整个博弈的动态变化。③实现系统的动态协调性，在 Swarm 博弈仿真系统中，通过调整博弈参与人的战略选择及其概率或改变博弈结构，可以观察不同仿真条件下的博弈均衡解。④有助于提高对复杂结果的处理能力，Swarm 博弈仿真有利于探索出理论分析较为复杂的博弈均衡解，并计算实现。⑤Swarm 博弈仿真工具将更有利于研究非对称博弈，这为信息经济学问题的求解和机制的设计提供了简单且实用的模型技术。

在将 Swarm 运用在经济学和博弈论的研究中，张守一[187]指出可以用 Swarm 来研究经济对策。邓宏钟等利用 Swarm 仿真平台分析和验证了经济学中的一般均衡理论[188]，并通过对经济系统中经济对象博弈行为的分析，提出基于多智能体的整体建模仿真方法对经济中的多人混合博弈问题进行仿真分析[189]。张保银[190]进行了经济管理复杂系统的演化与仿真研究，并对国际石油市场进行了仿真分析。王文举和杨思磊[191]研究了复杂适应性系统与传统的博弈论之间的关系，发现二者之间具有诸多相似性。孙建和叶民强[192]利用 Swarm 仿真平台验证了 Akerlof 的 LemonsModel 重复博弈模型，探讨了复杂适应系统与 Swarm 技术在重复博弈模型仿真分析中的应用，提出 Swarm 技术将为博弈论的实际应用带来广阔的前景。褚晓琳[193]对伯川德模型（Bertrand duopoly model）及其扩展模型进行了动态仿真分析。刘颖和陈禹[194]在 Swarm 平台上构建了非典型肺炎(SARS)的爆发流行及受到控制趋于稳定过程的模型，并在此基础上根据所掌握的数据资料，比较成功地拟合了北京疫情发展情况。雍丽英等[195]将复杂适应系统理论运用到寡头垄断市场研究中，构建了一个基于多智能体的寡头垄断博弈的市场模型，并用 Swarm 平台进行了仿真。田丰[196]利用基于 Agent 的 Swarm 仿真对商业信贷市场的非对称博弈进行仿真研究。李昊[197]通过基于 Agent 的供应链企业行为与运营优化仿真，研究了制造商和零售商博弈及双方的定价策略。

从已有研究文献的研究方法和研究结论来看，基于多 Agent 的 Swarm 仿真可以成功地用来进行博弈论模型的仿真。在本章的仿真研究中，仿真的基本模型是基于博弈论 Hotelling 的线性城市模型和 Stackelberg 的寡头竞争模型构建的。对于仿真中的主体和环境，竞争主体即双寡头竞争平台，主体的属性即竞争平台的质量、价格用户规模和利润等；环境属性即 B2B 竞争市场的特征，主要包括转移成本和技术成本下降等市场特征参数。主体间和主体与环境的交互则通过具体的博弈流程实现。

9.2　问 题 描 述

在 B2B 电子中介的竞争市场中，电子中介提供的 B2B 电子商务平台服务涉及买方和卖方的双边用户，具有典型网络外部性的特征。B2B 平台的用户群体数量越大，使用该平台的用户获得的效用就越大。网络外部性的强度越高，表明用户的选择越偏重于具有更多用户群体的平台，而不是由 B2B 平台的服务质量水平和价格等带来的效用。这使得拥有较大用户规模的平台能够吸引更多的用户使用。所以，在本章的仿真模型中，构建用户效用函数时考虑到网络外部性强度对用户效用的影响，并在仿真实验中探究网络外部性强度参数对平台最优投资决策的影响。

博弈主体包括 B2B 竞争市场的先入者平台 1 和后入者平台 2，B2B 电子中介企业寻求在市场竞争中的利益最大化目标。其博弈过程描述如下。

(1) 初始时垄断阶段。市场在位者(先入者)电子中介 1 率先进行技术投资提升其平台 1 的质量水平，制定其价格。

(2) 质量博弈阶段。该阶段博弈遵循序贯性行动的原则，市场后入者电子中介 2 在观察到竞争对手平台 1 的质量水平后，进行自身的技术投资，提高平台 2 的质量水平。

(3) 价格制定阶段。质量博弈之后，竞争双方在相互观察到对方的平台质量水平后，同时制定平台使用价格。

上述的行动事件序列是根据本章研究的问题的特征制定的，本章的主要研究问题是技术成本的下降对市场在位者面临后入者的竞争采取的策略的影响，所以市场遵循序贯性进入的特征。模型中将质量决策置于价格制定之前，因为相对于企业的价格制定而言，B2B 平台的质量决策更加具有策略性和长远性。

9.3 问题建模

9.3.1 基础模型假设

为了方便分析电子中介在不同博弈阶段的最优决策，对 B2B 电子中介竞争市场及电子商务平台作如下假设。

假设 1：多阶段博弈遵循以下行动顺序。

(1)初始时垄断阶段中，在位者(先入者)B2B 中介 1 对其电商平台 1 进行信息技术投资，使其平台的质量水平达到 k_1，并制定单位用户使用价格 p_0。

(2)质量博弈阶段中，市场的后入者中介 2 在观察先入者平台的质量水平 k_1 后，对其电商平台 2 进行技术投资，使其平台的质量水平达到 k_2。

(3)价格制定阶段，在竞争双方完成对各自平台的技术投资之后，同时制定各自平台的单位用户使用价格 p_1 和 p_2。

假设 2：由于 B2B 平台服务的网络外部性特征，在构建用户的效用函数时，需考虑网络外部性的影响。网络外部性对用户效用的影响由平台用户规模和网络外部性的强度共同组成，用户规模越大，网络外部性效用就会越高。所以，用户使用市场先入者电子中介 1 提供的平台时因网络外部性所获得的效用为 aq_1^e，用户通过使用后入者电子中介 2 提供的平台时所获得的效用为 aq_2^e，两式中的 a 为网络外部性强度，$a \in [0,1)$。其中，q_1^e 和 q_2^e 分别表示用户对先入者平台 1 和后入者平台 2 市场份额的预期。由于电子中介通过技术投资提供的平台服务为可替代的服务产品，所以在构建用户效用函数时假设整个市场中的网络外部性强度相等。

假设 3：用户依据平台质量水平获得的效用为 $r + \mu k_i + \varepsilon$, $i = 1,2$，r 是平台的保留效用，即使用平台获得的基本效用；$\mu\,(\mu > 0)$ 为平台质量的边际效用，用来表示平台的质量对用户使用平台获得的效用的影响；ε 是个随机变量，服从正态分布 $N(0,\sigma^2)$。由于用户转移成本的存在，原先使用平台 1 的用户在转向使用平台 2 时所产生的转移成本即效用损失为 s，$s \in [0,+\infty)$。

假设 4：在 B2B 电子中介的市场竞争中，将平台服务的差异化抽象成博弈论一经典模型——Hotelling 线性城市模型，平台 1 设于 0 处，平台 2 设于 1 处，用户则均匀地分布在[0,1]的线性城市当中。设用户对平台质量的感知偏好为 x，

$x \in [0,1]$，用户偏好质量与平台之间单位差异所产生的心理成本为 t，位于 x 的用户使用平台 1 时会产生 tx 的效用损失，在使用平台 2 时会产生 $t(1-x)$ 的效用损失。

假设 5：先入者平台 1 和后入者平台 2 提升平台质量水平的技术投资成本 C_1 和 C_2 可分别表示为 $C_1 = k_1^2 / 2$，$C_2 = \delta k_2^2 / 2$。根据边际投资效用递减的原则，投资额表示为平台质量的二次函数。其中，$\delta(0 \leqslant \delta \leqslant 1)$ 为信息技术成本下降的系数，δ 的值越小表示信息技术成本下降的比例越多。

9.3.2　竞争博弈模型

基于模型的假设，在先入者的平台 1 和后入者的平台 2 进行技术投资提升各自平台质量后，质量感知偏好位于位置 x 的用户使用不同平台的效用函数如下。

用户使用平台 1 的效用可表示为

$$U_1 = r + \mu k_1 + \varepsilon + \alpha q_1^e - p_1 - tx$$

用户转向使用平台 2 的效用可表示为

$$U_1 = r + \mu k_2 + \varepsilon + \alpha q_2^e - p_2 - t(1-x) - s$$

则令 $U_1 = U_2$，即可得到用户无差异质量感知偏好位置 $\hat{x}$

$$\hat{x} = \frac{\mu(k_1 - k_2) + \alpha(q_1^e - q_2^e) + (p_2 - p_1) + t + s}{2t} \tag{9-1}$$

该竞争市场为两寡头理性市场，所有用户的需求总和为一个单位，即有 $q_1^e + q_2^e = 1$。假设用户具有理性预期，则竞争双方平台的市场份额存在 $q_1 = q_1^e = \hat{x}$，$q_2 = q_2^e = 1 - \hat{x}$。结合式(9-1)即可得到平台 1 和平台 2 进行技术投资之后的市场份额。

$$q_1 = \frac{1}{2} + \frac{\mu(k_1 - k_2) + (p_2 - p_1) + s}{2(t - \alpha)} \tag{9-2}$$

$$q_2 = \frac{1}{2} - \frac{\mu(k_1 - k_2) + (p_2 - p_1) + s}{2(t - \alpha)} \tag{9-3}$$

结合平台的投资成本函数，可得到市场先入者平台 1 和后入者平台 2 通过信息技术投资提高平台质量后获得的利润 π_1 和 π_2：

$$\pi_1 = p_1 q_1 - C_1 = p_1 \cdot \left[\frac{1}{2} + \frac{\mu(k_1 - k_2) + (p_2 - p_1)}{2(t - a)}\right] - \frac{k_1^2}{2} \tag{9-4}$$

$$\pi_2 = p_2 q_2 - C_2 = p_2 \cdot \left[\frac{1}{2} - \frac{\mu(k_1 - k_2) + (p_2 - p_1)}{2(t - a)}\right] - \frac{\delta k_2^2}{2} \tag{9-5}$$

在博弈模型的假设中，博弈双方即平台 1 和平台 2 现在质量竞争阶段确定各自平台的目标质量水平，然后在定价阶段确定各自平台的用户使用价格，该模型属于两阶段动态博弈。根据逆向归纳法，可以确定在定价阶段竞争双方最优的单位用户使用价格。

在式(9-4)和式(9-5)中，令 $\partial\pi_1 / \partial p_1 = 0$ 和 $\partial\pi_2 / \partial p_2 = 0$ 可以得到先入者平台 1 和后入者平台 2 的价格反应表达式为

$$p_1 = \frac{t - \alpha + \mu(k_1 - k_2) + p_2 + s}{2}, \quad p_2 = \frac{t - \alpha + \mu(k_2 - k_1) + p_1 - s}{2}$$

联立上述两式，可得在先入者平台 1 和后入者平台 2 单位用户的最优定价 p_1^* 和 p_2^*：

$$p_1^* = \frac{3(t - \alpha) + \mu(k_1 - k_2) + s}{3} \tag{9-6}$$

$$p_2^* = \frac{3(t - \alpha) + \mu(k_2 - k_1) - s}{3} \tag{9-7}$$

由此，可得到相应的平台市场份额 q_1^* 和 q_2^* 为

$$q_1^* = \frac{3(t - \alpha) + \mu(k_1 - k_2) + s}{6(t - \alpha)} \tag{9-8}$$

$$q_1^* = \frac{3(t - \alpha) + \mu(k_2 - k_1) - s}{6(t - \alpha)} \tag{9-9}$$

在竞争双方平台的质量博弈阶段，由于市场的序贯性进入，后入者平台 2 在观察到平台 1 的质量水平之后做出自己的投资决策，提升自身平台的质量水平。因此，首先应考虑给定平台 1 的质量 k_1 的情况下后入者平台 2 的最优决策。

根据价格均衡 p_1^* 和 p_2^* 的表达式式(9-6)和式(9-7)及平台 2 的利润函数式(9-5)，后入者平台 2 的利润函数可以表示为

$$\pi_2 = \frac{\left[3(t - \alpha) - \mu(k_1 - k_2) - s\right]^2}{18(t - \alpha)} - \delta\frac{k_2^2}{2}$$

在此式中，令 $\partial\pi_2 / \partial k_2 = 0$ 可以得到后入者平台 2 的质量相对于平台 1 的质

量水平的反应函数：

$$k_2(k_1) = \arg\max \pi_2 = \frac{3\mu(t-\alpha) - \mu s - \mu^2 k_1}{9\delta(t-a) - \mu^2} \tag{9-10}$$

该反应函数体现了后入者平台 2 的最优质量决策相对于先入者平台 1 的质量水平的变化情况。根据质量水平的反应函数，可以确定在市场竞争中市场后入者平台 2 与市场先入者的交互规则。即市场后入者平台 2 根据该反应函数和先入者平台 1 的质量水平来确定自身平台质量的提高。为了通过 Swarm 仿真动态地观察由质量博弈阶段的质量提升所引起的市场规模和最优定价的变化，本章的研究采用均衡结果的动态演化，即将平台质量的提升视为逐渐提高的动态过程。通过仿真观察这一过程所引起的一系列变化，包括竞争双方的市场份额、单位用户使用价格和平台总利润的变化。

9.4　仿真系统设计

9.4.1　Swarm 仿真系统设计流程

Swarm 平台的架构是模块化的，Swarm 对象在整个仿真系统中是一个顶层容器，系统中的各种对象均被封装在 Swarm 对象里面。仿真系统中的 Swarm 对象基本可分为 ModelSwarm 和 ObserverSwarm，用户在 ModelSwarm 模拟所设计真实系统，同时通过 ObserverSwarm 对 ModelSwarm 中的系统进行控制和结果观测。仿真实现的过程中，通常在 ObserverSwarm 创建 ModelSwarm 成员对象。Swarm 系统构成可以用图 9-1 表示。

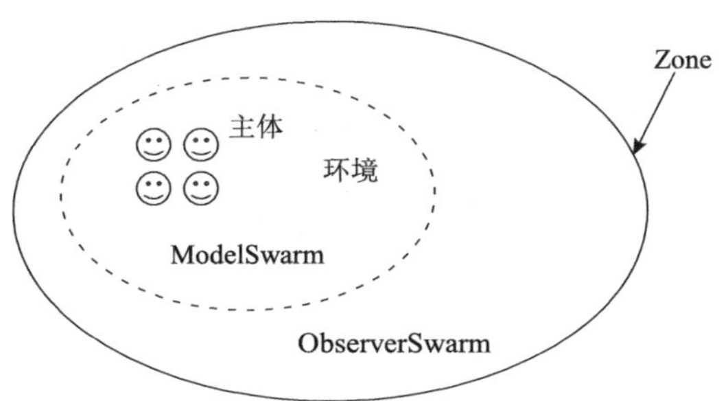

图 9-1　Swarm 系统构成结构

在 Swarm 仿真系统的设计中，设计者需要考虑主体、主体生存环境和主体活动等系统要素。在系统框架中，所有这些要素都被集成到 ModelSwarm 中。同时，Swarm 框架提供了改变、观测仿真结果的功能，即 ObserverSwarm。它主要包括仿真控制面板与系统交互、监测主体运行的变量和方法探测器、描述仿真系统环境的栅格和观测模型运行结果的各种统计图形。所以，在 Swarm 仿真系统中，用户设计的各种仿真模型运行在 ModelSwarm 中，用户则通过 ObserverSwarm 控制系统和对运行结果的观测。

在 Swarm 仿真系统的编程设计与实现时，系统中的各个组件必须严格按照面向对象的编程方法进行封装。在具体的开发实现中，仿真程序开发一般包括模型 ModelSwarm 的封装体、观测界面 ObserverSwarm 的封装体、main 主程序和其他一些辅助性封装体。Swarm 仿真系统的主要程序结构见表 9-1。

表 9-1　Swarm 仿真系统的结构

Swarm 仿真系统	定义系统中的各主体 Agent
	定义仿真模型 ModelSwarm
	定义系统观察者 ObserverSwarm
	定义系统主程序 main ()

1. ModelSwarm 模块

Swarm 仿真系统中的 ModelSwarm 模块将系统中的主体、主体的行为及行为执行序列相结合。主要通过 buildObjects () 方法创建各主体对象，通过 buildActions () 方法创建行为和行为的执行序列，通过 activateIn () 方法激活 ModelSwarm。ModelSwarm 模块的详情如表 9-2 所示。

表 9-2　ModelSwarm 模块详情

主要方法	方法功能说明
buildObjects () 方法	创建 Swarm 仿真系统中的各个主体的对象
buildActions () 方法	创建系统中主体的行为列表
activateIn () 方法	激活模型运行环境

在 buildObjects () 方法中，如有需要可将多个主体用集合对象进行封装，使多个主体对象同时执行同一行为。同时 buildObjects () 方法中需设置探测变量的探测器。

在 buildAction () 方法中，在设计主体与其行为相关联时，使用选择器连接主体和主体行为。若存在多个行为时，可用行为集将指定的多个行为封装起来，使封装在一起的各个行为在一个时间步内各执行一次。同时，将行为集定义在一个时刻表(Schedule)中，使 Swarm 系统在被激活以后，定义在时刻表中的行为按顺序重复执行。

在 activateIn() 方法中，将 ModelSwarm 在其父类 ObserverSwarm 中激活，同时激活它的各个时刻表。

2. ObserverSwarm 模块

在 Swarm 系统中，ObserverSwarm 模块的主要任务是对模型的控制和对结果的观测，并将 ModelSwarm 的仿真模型作为自身的一个对象来进行管理。和 ModelSwarm 相似，该模块中同样包含 buildObjects()、buildActions() 和 activateIn() 三个主要方法。

buildObjects() 方法中建立 ModelSwarm 对象，并调用其 buildObjects() 方法创建各个对象，同时建立用户控制和观测的各种图形显示的对象(如栅格和曲线界面等)。同时，该方法中使用选择器(Selector)连接各个显示曲线及其对应的统计函数。

buildActions() 方法将各个图形需要执行的方法封装在一起，并将行为集指定到时刻表中。

activateIn() 方法将 ObserverSwarm 激活，并激活 ObserverSwarm 中创建的时刻表。

3. Main 模块

main() 函数是整个 Swarm 系统程序的入口，在 main() 中，首先要将 Swarm 初始化，并建立 ObserverSwarm 实例。通过 buildObjects() 方法建立整个仿真系统中的各种对象，通过 buildActions() 方法建立系统中主体的各种行为，最后通过激活 ObserverSwarm 激活整个 Swarm 仿真系统。Main 模块详情见表 9-3。

表 9-3　Main 模块详情

主要方法	方法功能说明
initSwarm() 方法	初始化整个 Swarm 仿真系统
buildObjects() 方法	创建 Swarm 模型各对象和观测图形各对象
buildActions() 方法	建立整个仿真系统的行为列表
activateIn() 方法	建立整个 Swarm 仿真程序的运行环境并激活模型
go() 方法	启动 Swarm 模型
drop() 方法	终止仿真模型并释放所有资源

综上所述，在 Swarm 系统实现中，ObserverSwarm 中创建 ModelSwarm 对象

的一个实例作为自身的 Sub-Swarm，并调用 ModelSwarm 中的主要方法。Swarm 仿真系统完整的开发流程可以用图 9-2 表示。

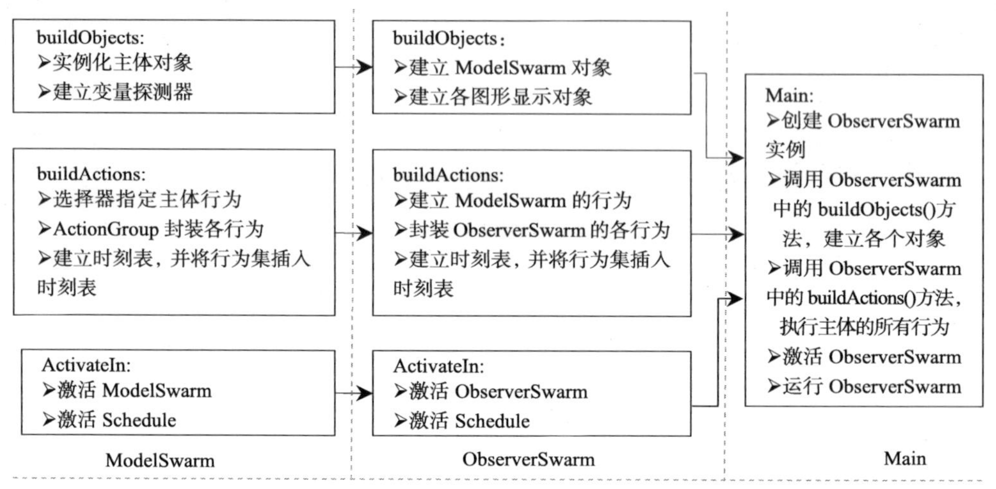

图 9-2　Swarm 仿真系统的开发流程

依照 Swarm 仿真系统的一般开发流程，本章在建立 B2B 电子中介基于平台质量的技术投资决策的仿真系统中，构建了市场双寡头提升其平台质量的博弈竞争仿真场景，观察市场先入者和市场后入者在追求利润最大化竞争中，平台的定价、平台市场份额和平台总利润的变化规律。通过调节不同市场属性参数进行多次仿真，探究网络外部性对 B2B 电子中介的最优投资决策的影响。为此，在本章的仿真系统设计中，将采用时序曲线图(EZGraph)进行仿真结果的观测，以曲线图的形式描述博弈竞争中双方价格、市场份额和利润的变化趋势。

9.4.2　B2B 电子中介技术投资仿真系统设计

本章在仿真部分的主要研究目标是通过观测市场双寡头竞争过程中各自平台的市场份额、用户使用价格和平台总利润的变化趋势，以及在市场环境中网络外部性对平台的投资决策和平台总利润的影响，结合竞争博弈模型中，先入者平台 1 和后入者平台 2 在价格制定阶段的价格均衡及质量决策阶段的均衡质量关系(即质量水平的反应函数)，分析市场先入者即平台 1 的质量水平不断提升直到平台利润达到最优时，竞争双方其他指标的变化情况，以及达到均衡状态时这些指标的取值水平，并进行相应的对比分析。通过改变网络外部性强度参数 α 进行多次仿真实验，分析网络外部性强度对市场竞争者的信息技术投资决策及利润变化的影响。

在仿真系统的设计中，竞争主体为序贯性进入市场的 B2B 电子中介所提供的 B2B 电子商务平台。作为市场的先动者平台 1 率先进行信息技术投资提升平台的质量，后入者平台 2 根据平台 1 的质量水平确定自身的平台质量水平，所参照的依据为式(9-10)所述的质量反应函数。市场竞争中竞争双方的最终目标是实现自身利润的最大化，所以整个竞争博弈达到均衡时的标志是平台 1 的利润达到最大值，在仿真系统中则表示为平台 1 的利润不再增长。在平台 1 的质量水平增长的过程中，可以通过式(9-6)和式(9-7)得出竞争双方对应的平台最优价格，通过式(9-8)和式(9-9)得出对应的平台市场份额，根据平台的用户使用价格和平台的市场份额即可得到 B2B 平台的总利润。具体的系统仿真流程如图 9-3 所示。

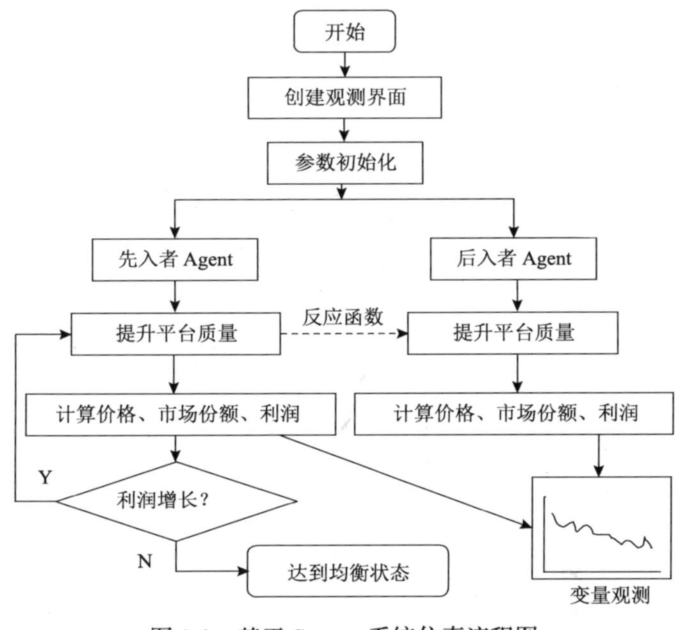

图 9-3　基于 Swarm 系统仿真流程图

在 Swarm 仿真系统中，需要对每个对象、对象行为及变量进行观测。观测界面主要包括控制面板、变量观测面板和图形显示界面等。常用于系统数据观测的图形显示界面有柱状图、二维栅格图、时序曲线图等。数据柱状图可以反映数据集的各类数据在总的数据中所占的比例的变化情况；二维栅格图可观察主体数据的特征状态；时序曲线图可观察不同序列值随时间的变化趋势。

在本章研究的仿真实验中，需要统计显示的是市场竞争中双方平台质量变化引起的市场份额、平台使用价格和平台总利润等的变化规律。在 Swarm 仿真系统的众多图形显示工具包中，时序曲线图最适合针对不同的“序列”进行曲线图的绘制。所以，在图形显示界面的选择上，本章仿真系统采用时序曲线图对竞争双方的市场份额曲线(MarketShare_Curve)、用户使用价格曲线(Prices_Curve)和平台总利润曲线(Profits_Curve)进行观测和显示。

仿真系统控制与观测界面如图 9-4 所示。

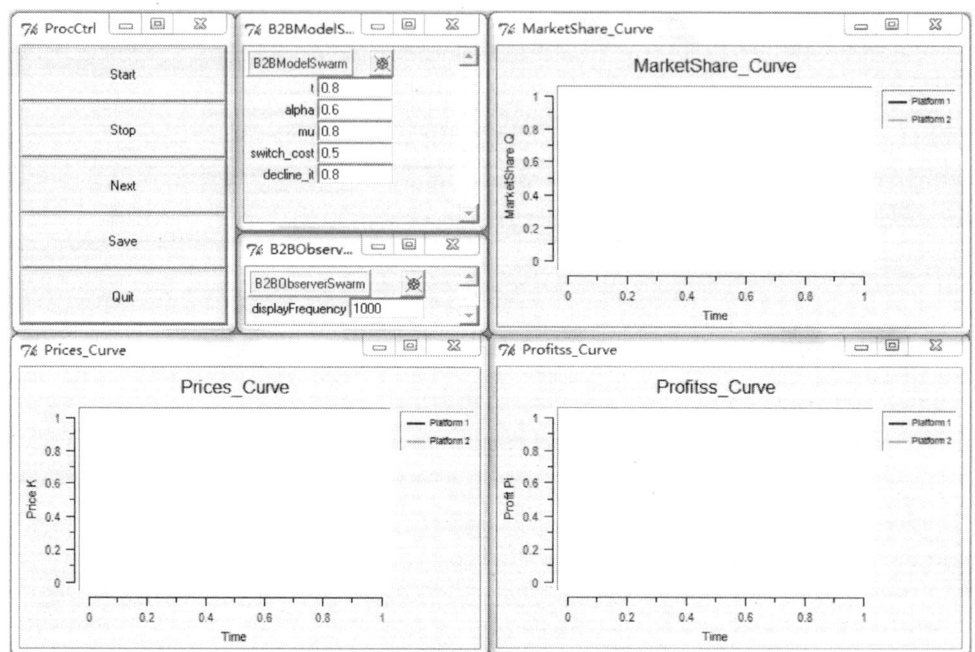

图 9-4　仿真系统控制与观测界面图示

在图 9-4 中，ProcCtrl 面板是整个仿真系统的控制面板，通过控制面板启动 Swarm 仿真程序运行、终止仿真程序运行及退出 Swarm 仿真程序的操作。B2BModelSwarm 面板是对仿真系统中 ModelSwarm 模块变量的监测面板，通过该面板监测 ModelSwarm 模块中各个参数变量的值和状态的信息。这些变量均为仿真系统中模型需要初始化的参数变量。B2BOberserverSwarm 面板是对仿真系统中的 ObserverSwarm 模块变量进行观测，主要的变量为 displayFrequency，即进行变量观测的系统时间间隔。

9.5　仿真实验及结果分析

依据前文所述的仿真模型的框架，本节将通过不同的仿真实验对 B2B 电子中介技术投资决策竞争博弈进行仿真，模拟 B2B 电子中介竞争市场基于平台质量水平的竞争运作演化机制，分析由质量提升所带来的平台的市场份额即用户规模、平台使用价格和平台总利润等的变化趋势与变化规律。为了分析网络外部性对 B2B 电子中介技术投资决策的影响，改变模型网络外部性参数(即网络外部性强度系数)进行多次仿真实验并进行仿真结果的对比分析。

9.5.1　竞争博弈变化规律

为了观察在博弈竞争模型中，随着先入者平台 1 的质量的不断提升直至均衡点，竞争双方的市场份额、用户定价和平台总利润的变化规律。在 B2BModelSwarm 的仿真观测界面中的参数 t 为 Hotelling 模型中的单位距离心理成本，alpha 为网络外部性强度参数 α，mu 为平台质量的边际效用 μ，switch_cost 为转移成本 s，deline_it 为信息技术成本下降参数 δ。

现通过初始化模型参数建立仿真实例，仿真中假设 Hotelling 模型中的单位心理成本 t=0.8，网络外部性强度参数 α=0.2，平台质量的边际效用 μ=0.8，用户转移成本 s=0.5，信息技术成本下降参数 δ=0.8。具体仿真结果如图 9-5 所示。

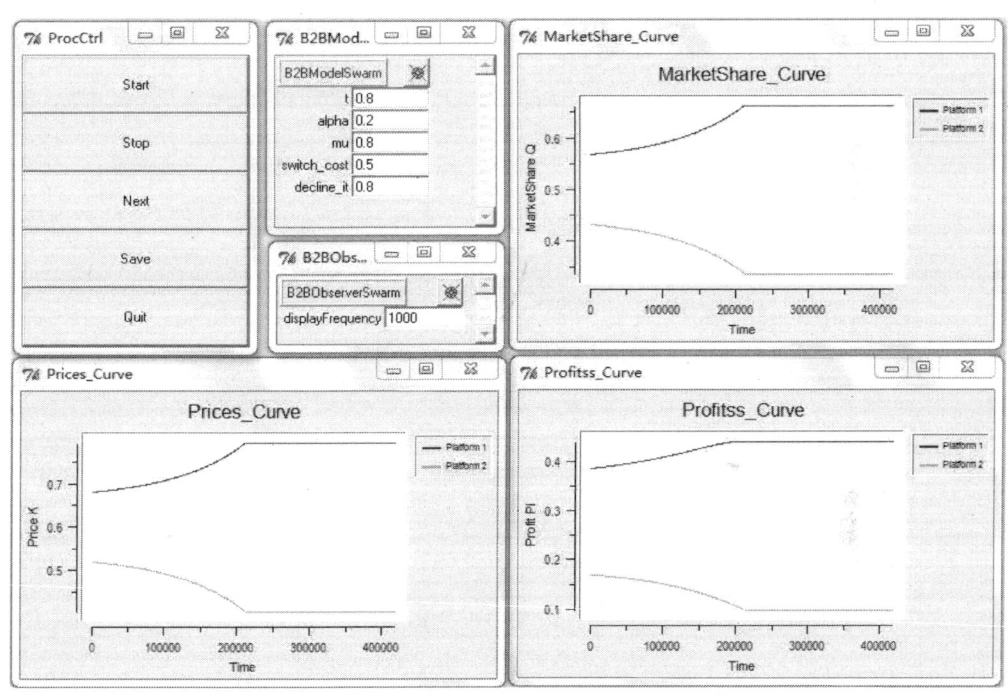

图 9-5　B2B 竞争市场一般变化规律

从图 9-5 中的仿真实例结果可以看出，市场先入者率先进行信息技术投资提高其平台质量，而市场后入者跟随进行平台质量提升过程中，先入者的市场份额呈上升的趋势，而后入者的市场份额呈下降趋势。先入者平台 1 在市场份额上具有优势，所以可以提升使用价格获取更多的利润；而市场后入者平台 2 由于在市场份额上的劣势，只能够通过降低使用价格与先入者平台竞争，所以其利润也呈下降的趋势。相反，先入者平台 1 的市场份额、价格和利润都呈上升趋势。该变化趋势一直持续到博弈竞争达到均衡状态，之后双方的市场份额、使用价格和总利润保持稳定。

9.5.2　网络外部性的影响分析

在 9.5.1 小节中通过对一个具体的仿真实例结果的分析，得到 B2B 电子中介竞争市场中的一般变化规律。本节将通过改变网络外部性强度参数，进行多次仿真实验，对比分析仿真结果，以探究网络外部性对 B2B 电子中介竞争市场中市场先入者和市场后入者信息技术投资决策的影响。

仿真中设单位心理成本 t=0.8，平台质量的边际效用 μ=0.8，用户转移成本 s=0.2，信息技术成本下降参数 δ=0.8，网络外部性强度参数 α 在[0.1, 0.5]中分别取值。下面为具体的仿真结果。

图 9-6 是当网络外部性强度参数 α 取 0.1 时的仿真结果。

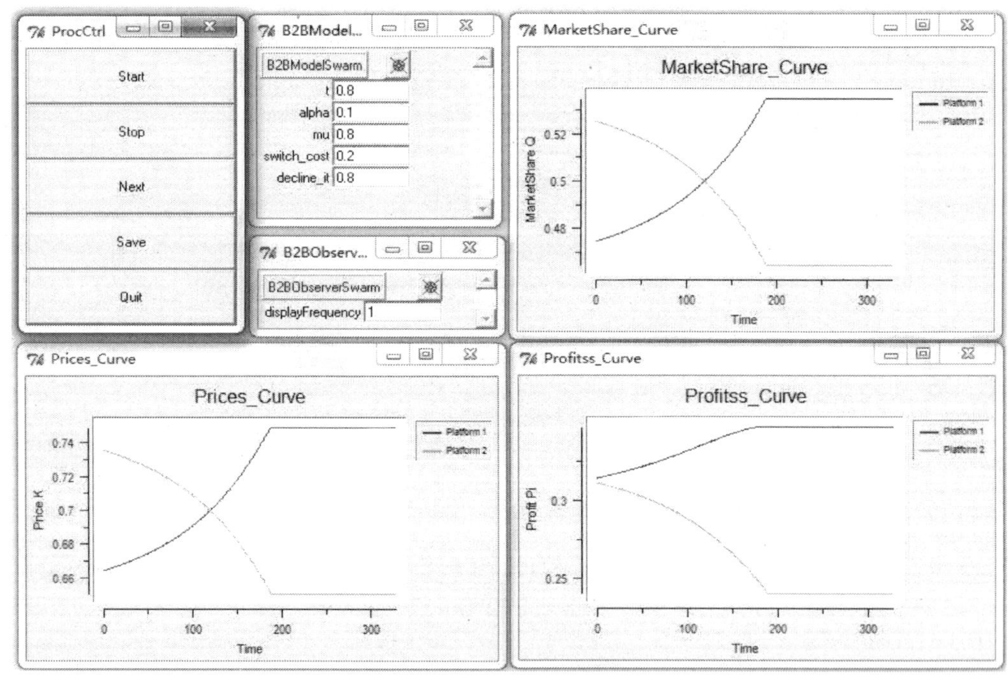

图 9-6　α=0.1 时的仿真结果

同理，网络外部性强度参数 α 分别为 0.2，0.3，0.4，0.5 时得到不同的仿真结果。在各个仿真实验达到均衡时，竞争双方的平台质量、市场份额、使用价格和平台总利润结果如表 9-4 所示。可以看出，在不同网络外部性强度参数下，竞争双方的市场份额、用户使用价格和平台的总利润的变化趋势基本一致。

区别在于，不同的网络外部性参数下的博弈均衡结果不同。通过比较不同参数下的博弈均衡结果，即可得到网络外部性强度对 B2B 电子中介技术投资决策的影响。

表 9-4　网络外部性强度参数影响的仿真结果对比

网络外部性强度	质量水平均衡		市场份额均衡		价格均衡		利润均衡	
a	k_1	k_2	q_1	q_2	p_1	p_2	p_{i1}	p_{i2}
0.1	0.3279	0.3932	0.5352	0.4648	0.7492	0.6508	0.3472	0.2406
0.2	0.3412	0.3863	0.5455	0.4545	0.6546	0.5454	0.2989	0.1881
0.3	0.3658	0.3736	0.5646	0.4354	0.5646	0.4354	0.2519	0.1338
0.4	0.4163	0.3453	0.6070	0.3930	0.4856	0.3144	0.2080	0.0759
0.5	0.5724	0.2459	0.7563	0.2437	0.4538	0.1462	0.1793	0.0115

综合以上的仿真结果可以看出，网络外部性的存在对先入者平台 1 的平台质量水平有着相对的优势。随着网络外部性强度的提高，在市场的竞争博弈达到均衡时，先入者平台 1 的均衡质量水平呈上升趋势。这表明，网络外部性强度越高，市场先入者平台 1 的目标质量水平则越高。反观网络外部性对市场后入者平台 2 的目标质量水平的影响，随着网络外部性强度的提高，后入者平台 2 的均衡质量水平呈下降趋势。结果表明，网络外部性的存在给平台 1 带来竞争优势，随着网络外部性强度的提高，先入者平台 1 应采取积极主动的投资策略，增加投资额提高其平台质量水平；后入者平台 2 则应减少投资额，采取保守的投资策略。从平台所获得的利润的角度来看，随着网络外部性强度的提高，先入者平台 1 和后入者平台 2 所获得的利润均会下降。

出现这一结论的主要原因为，当市场中网络外部性的强度提高时，用户在选择 B2B 平台的时候对其市场份额重视程度会越来越高，然而用户对于平台用户规模的感知源于用户对所使用平台的未来市场份额的预测。而在现实中，用户难以准确地预测平台未来的市场份额，这使得用户的预测更加倚重所选平台当前的市场份额。所以，当前拥有更多市场份额的 B2B 平台则会吸引更多的用户使用。此时，先入者平台 1 在当前市场份额上具有明显优势。因此，网络外部性强度的提升有利于市场先入者平台 1 增加投资提高平台质量水平以获得更多的市场份额。与此同时，为了尽可能争夺更多的市场份额，平台 1 需降低其使用价格。较低的使用价格和较高的投资成本使平台 1 所获得的利润下降。而对于后入者平台 2，因为在当前市场份额上的相对劣势，所以只能通过降低价格尝试市场份额的争夺。但是面对平台 1 积极的平台质量竞争，平台 2 的市场份额则会进一步下降，从而导致利润下降。

9.6 本章小结

本章构建了网络外部性下的 B2B 电子中介技术投资决策竞争的 Swarm 仿真系统，通过具体的仿真实例，分析了在市场的竞争博弈中，市场先入者和市场后入者的市场份额、平台定价及平台总利润的变化趋势。通过改变象征网络外部性强度的参数，进行多次仿真实验。对比仿真结果，分析了网络外部性的存在及其强度对 B2B 电子中介基于平台质量的技术投资决策的影响。

参 考 文 献

[1] Sarkar M, Butler B, Steinfield C. Intermediaries and cybermediaries: a continuing role for mediating players in the electronic marketplace [J]. Journal of Computer-Mediated Communication, 1996, 1(3): 245-258.

[2] 俞晔. 网络社区对 B2C 电子商务平台品牌忠诚影响机理实证研究[D]. 上海交通大学博士学位论文, 2010.

[3] 曹俊浩, 陈宏民, 石彼得. 基于双边市场理论的 B2B 垄断平台自网络外部性分类及其强度研究[J]. 上海交通大学学报, 2010, 12(4): 1661-1664.

[4] 杨颖辉, 薛伟贤. 论网络外部性[J]. 重庆工商大学学报(社会科学版), 2003, 20(4): 5-8.

[5] Balabanis G, Reynolds N, Simintiras A. Bases of e-store loyalty: perceived switching barriers and satisfaction[J]. Journal of Business Research, 2006, 59(2): 214-224.

[6] Zhou T, Lu Y. Examining mobile instant messaging user loyalty from the perspectives of network externalities and flow experience [J]. Computers in Human Behavior, 2011, 27(2): 883-889.

[7] 王海永. SNS 社交网站顾客忠诚度影响因素研究[D]. 浙江大学硕士学位论文, 2011.

[8] Lin K Y, Lu H P. Why people use social networking sites: an empirical study integrating network externalities and motivation theory [J]. Computers in Human Behavior, 2011, 27(3): 1152-1161.

[9] Chiu C M, Cheng H L, Huang H Y, et al. Exploring individuals' subjective well-being and loyalty towards social network sites from the perspective of network externalities: the Facebook case [J]. International Journal of Information Management, 2013, 33(3): 539-552.

[10] Zhao L, Lu Y. Enhancing perceived interactivity through network externalities: an empirical study on micro-blogging service satisfaction and continuance intention [J]. Decision Support Systems, 2012, 53(4): 825-834.

[11] 邓朝华, 鲁耀斌, 张金隆. 基于 TAM 和网络外部性的移动服务使用行为[J]. 管理学报, 2007, 4(2): 216-221.

[12] 于永军. B2B 电子中介采用中双边外部性及其所有权的研究[D]. 厦门大学博士学位论文, 2008.

[13] 岳剑波. 信息管理基础[M]. 北京: 清华大学出版社, 2006.

[14] 中国电子商务研究中心. 2014 年(上)中国电子商务用户体验与投诉监测报告[R]. 2014.

[15] 艾瑞咨询. 2013-2014 年中国中小企业 B2B 电子商务行业年度监测报告[R]. 2014.

[16] 谢兆霞, 李莉. 转移成本对感知质量与满意之间关系的调节作用——对 B2B 电子中介买方用户的实证研究[J]. 管理评论, 2012, 24(1): 82-89.

[17] 谢兆霞, 李莉. B2B 电子中介买方用户忠诚形成机理的实证研究——基于转移成本的调节作用[J]. 管理学报, 2011, 8(4): 595-605.

[18] 谢兆霞, 李莉. B2B 电子中介用户满意实证研究[J]. 图书情报工作, 2009, 53(16): 23-27.

[19] Kim H R, Moonkyu L. Consumer reactions to the Internet service personalization [J]. Yonsei

Business Review (in Korean), 2003, 39(2): 153-180.

[20] Reichheld F F, Sasser Jr W E. Zero defections: quality comes to services [J]. Harvard Business Review, 1996, (3): 57-69.

[21] Gillespie A, Krishan M, Oliver C, et al. Online behavior: stickiness [EB/OL]. http://ecommerce.Vanderbilt.edu/Student.Projects/stickiness.build.maxmize.site.value/stickiness.htm[2014-11-25].

[22] Srinivasan S, Anderson R, Ponnavolu K. Customer loyalty in e-commerce: an exploration of its antecedents and consequences[J]. Journal of Retailing, 2002, 78(1): 41-50.

[23] Caruana A, Ewing M T. How corporate reputation, quality, and value influence online loyalty [J]. Journal of Business Research, 2010, 63: 1103-1110.

[24] Casaló L V, Flavián C, Guinalíu M. The role of perceived usability, reputation, satisfaction and consumer familiarity on the website loyalty formation process[J]. Computers in Human Behaviour, 2008, 24: 325-345.

[25] Kim J, Jin B, Swinney J L. The role of etail quality, e-satisfaction and e-trust in online loyalty development process[J]. Journal of Retailing and Consumer Service, 2009, 16: 239-247.

[26] Yang Z, Peterson R T. Customer perceived value, satisfaction, and loyalty: the role of switching costs [J]. Psychology & Marketing, 2004, 10: 799-822.

[27] Jones M A, Mothersbaugh D L, Beatty S E. Why customers stay: measuring the underlying dimensions of services switching costs and managing their differential strategic outcomes[J]. Journal of Business Research, 2002, 55(6): 441-450.

[28] Hansen H, Samuelsen B M, Silseth P R. Customer perceived value in B-t-B service relationships: investigating the importance of corporate reputation[J]. Industrial Marketing Management, 2008, 37: 206-217.

[29] Rauyruen P, Miller K E. Relationships quality as a predictor of B2B customer loyalty[J]. Journal of Business Research, 2007, 60: 21-31.

[30] Lam S Y, Shankar V, Erramilli M K, et al. Customer value, satisfaction, loyalty and switching costs: an illustration from a Business-to-Business service context[J]. Journal of Academy of Marketing Science, 2004, 32(3): 293-311.

[31] 李兴国. B2C 中顾客忠诚度模型及验证分析[D]. 哈尔滨工业大学硕士学位论文, 2009.

[32] 赵卫宏. Internet 网上零售中顾客忠诚的构筑——关注价值感知、满意体验和信任的关系及相对影响力[J]. 商业经济与管理, 2007, 187(5): 40-45.

[33] 桑辉. 网上顾客转换成本的影响因素及其结果的实证研究[J]. 南开管理评论, 2007, (6): 33-39.

[34] 汪旭晖, 徐健. 基于转换成本调节作用的网上顾客忠诚研究[J]. 中国工业经济, 2008, (12): 113-123.

[35] Carr N G. Does it Matter? Information Technology and The Corrosion of Competitive Advantage[M]. Boston: Harvard Business School Press, 2004.

[36] Katz M L, Shapiro C. Network externalities, competition, and compatibility[J]. American Economic Review, 1985, 75: 424-440.

[37] Bakos Y, Katsamakas E. Design and ownership of two-sided networks: implications for internet

platforms [J]. Journal of Management Information Systems, 2008, 25(2): 171-202.

[38] Yoo B, Choudhary V, Mukhopadhyay T. A model of neutral B2B intermediaries[J]. Journal of Management Information Systems, 2002, 19(3): 43-68.

[39] Bhargava H K. Economics of an information intermediary with aggregation benefits[J]. Information Systems Research, 2004, 15(1): 22-36.

[40] 毛晶莹. 中立交易平台型 B2B 电子商务网络定价模型研究[J]. 厦门大学学报, 2005, 5(44): 625-628.

[41] 曲振涛, 周正, 周方召. 网络外部性下的电子商务平台竞争与规制——基于双边市场理论的研究[J]. 中国工业经济, 2010, 4: 120-129.

[42] 潘晓军, 陈宏民. 具有网络外部性的规模收益与产品差异化[J]. 管理科学学报, 2003, 6(3): 28-34.

[43] 刁新军, 杨德礼, 任雅威. 具有网络外部性的产品纵向差异化策略[J]. 预测, 2009, 28(6): 37-42.

[44] 波特 M E. 竞争战略[M]. 陈小悦译. 北京: 华夏出版社, 1997.

[45] Klemperer P. Markets with consumer switching costs[J]. The Quarterly Journal of Economics, 1987, 102(2): 375-394.

[46] Klemperer P. The competitiveness of markets with switching costs[J]. The Rand Journal of Economics, 1987, 18(1): 138-150.

[47] Beggs A, Klemperer P. Multi-period competition with switching costs[J]. Econometrica, 1992, 60(3): 1651-1666.

[48] Farrell J, Shapiro C. Dynamic competition with switching costs[J]. Rand Journal of Economics, 1988, 19(1): 123-137.

[49] Corrocher N, Zirulia L. Switching costs, consumer heterogeneity and price discrimination[J]. Journal of Economics, 2010, 101: 149-167.

[50] 帅旭, 陈宏民. 转移成本、网络外部性与企业竞争战略研究[J]. 系统工程学报, 2003, 18: 457-461.

[51] Singh S S, Jain D C, Krishnan T V. Customer loyalty programs: are they profitable[J]. Management Science, 2008, 54(6): 1205-1211.

[52] Mandel S. Technology factor[J]. Electric Perspective, 2000, 25(6): 28-40.

[53] Tyagi R K. Sequential product positioning under differential costs[J]. Management Science, 2000, 46(7): 928-940.

[54] Demirhan D, Jacob V S, Raghunathan S. Strategic IT investments: the impact of switching cost and declining IT cost [J]. Management Science, 2007, 53(2): 208-226.

[55] Hernandez M A. Nonlinear pricing and competition intensity in a Hotelling-type model with discrete product and consumer types [J]. Economics Letters, 2011, 110: 174-177.

[56] 谢科范, 陈刚, 彭华涛, 等. 双寡头企业质量竞争博弈分析[J]. 武汉理工大学学报, 2007, 29(10): 105-108.

[57] Rohlfs J. A theory of interdependent demand for a communications service[J]. The Bell Journal of Economics and Management Science, 1974, 5(1): 16-37.

[58] Farrell J, Saloner G. Standardization, compatibility, and innovation[J]. The RAND Journal of Economics, 1985, 16(1): 70-83.

[59] Liebowitz S J, Margolis S E. Network externality: an uncommon tragedy[J]. Journal of Economic Perspectives, 1994, (8): 133.

[60] Economides N. The economics of networks[J]. International Journal of Industrial Organization, 1996, 14(6): 673-699.

[61] Kauffman R J, McAndrews J, Wang Y M. Opening the "black box" of network externalities in network adoption[J]. Information Systems Research, 2000, 11(1): 61-82.

[62] 闻中，陈剑. 网络效应与网络外部性：概念的探讨与分析[J]. 当代经济科学，2000，(6): 13-20.

[63] Parker G, van Alstyne M W. Information complements, substitutes, and strategic product design [R]. Proceedings of the Twenty First International Conference on Information Systems, Association for Information Systems, 2000: 13-15.

[64] 胥莉，陈宏民. 具有网络外部性特征的企业定价策略研究[J]. 管理科学学报，2007，9(6): 23-30.

[65] 倪得兵，唐小我. 网络外部性、柔性与市场进入决策[J]. 管理科学学报, 2006, 8(1): 1-7.

[66] 朱振中，吕廷杰. 具有负的双边网络外部性的媒体市场竞争研究[J]. 管理科学学报，2008，10(6): 13-23.

[67] 杨苏丹，胡春. 移动即时通信用户接受模型的实证研究[J]. 北京邮电大学学报(社会科学版), 2009, 11(1): 33-39.

[68] 张良卫. 基于双边市场理论的即时通讯行业网络外部性研究——以腾讯公司为例[D]. 上海交通大学硕士学位论文, 2009.

[69] 阮亚娟. 我国银行卡产业的交叉网络外部性研究[J]. 金融经济, 2012, (22): 124-125.

[70] Molina-Castillo F J, Munuera-Alemán J L, Calantone R J. Product quality and new product performance: the role of network externalities and switching costs[J]. Journal of Product Innovation Management, 2011, 28(6): 915-929.

[71] Brynjolfsson E, Kemerer C F. Network externalities in microcomputer software: an econometric analysis of the spreadsheet market [J]. Management Science, 1996, 42(12): 1627-1647.

[72] Lin C P, Bhattacherjee A. Elucidating individual intention to use interactive information technologies: the role of network externalities[J]. International Journal of Electronic Commerce, 2008, 13(1): 85-108.

[73] Zeithaml V A. Consumer perceptions of price, quality and value: a means-end model and synthesis of evidence[J]. Journal of Marketing, 1988, 52(3): 2-22.

[74] Holbrook M B. The nature of customer value: an axiology of services in the consumption experience[J]. Service Quality: New Directions in Theory and Practice, 1994, (21): 21-71.

[75] Babin B J, Darden W R, Griffin M. Work and/or fun: measuring hedonic and utilitarian shopping value[J]. Journal of Consumer Research, 1994, 20(4): 644-656.

[76] Woodruff R B. Customer value: the next source for competitive advantage[J]. Journal of the Academy of Marketing Science, 1997, 25(2): 139-153.

[77] Oliver R L. Satisfaction: A Behavioral Perspective on the Customer[M]. NewYork:

McGraw-Hill, 1997.

[78] 谢兆霞. 面向用户忠诚的 B2B 电子中介投资决策研究[D]. 南京理工大学博士学位论文, 2012.

[79] Oliver R L. A cognitive model of the antecedents and consequences of satisfaction decisions[J]. Journal of Marketing Research, 1980, 17(4): 460-469.

[80] Anderson E, Sullivan M. The antecedents and consequences of customer satisfaction for firms [J]. Marketing Science, 1993, 12(2): 125-143.

[81] Bhattacherjee A. Understanding information systems continuance: an expectation-confirmation model [J]. MIS Quarterly, 2001, 25(3): 351-370.

[82] Liu I, Chen M C, Sun Y S, et al. Extending the TAM model to explore the factors that affect intention to use an online learning community[J]. Computers & Education, 2010, 54(2): 600-610.

[83] Edward M, Sahadev S. Modeling the consequences of customer confusion in a service marketing context: an empirical study [J]. Journal of Services Research, 2012, 12(2): 127-146.

[84] Fuentes-Blasco M, Saura I G, Berenguer-Contrí G, et al. Measuring the antecedents of e-loyalty and the effect of switching costs on website [J]. The Service Industries Journal, 2010, 30(11): 1837-1852.

[85] Chou P F, Lu C S. Assessing service quality, switching costs and customer loyalty in home-delivery services in Taiwan [J]. Transport Reviews, 2009, 29(6): 741-758.

[86] Yen Y S. Can perceived risks affect the relationship of switching costs and customer loyalty in e-commerce? [J]. Internet Research, 2010, 20(2): 210-224.

[87] 温忠麟, 刘红云, 侯杰泰. 调节效应和中介效应分析[M]. 北京: 教育科学出版社, 2012.

[88] 马彪. 科技文献数据库网站信息用户满意研究[D]. 南京理工大学硕士学位论文, 2006.

[89] Yoon V Y, Hostler R E, Guo Z. Assessing the moderating effect of consumer product knowledge and online shopping experience on using recommendation agents for customer loyalty[J]. Decision Support Systems, 2013, 55(4): 883-893.

[90] Shin J I, Chung K H, Oh J S, et al. The effect of site quality on repurchase intention in Internet shopping through mediating variables: the case of university students in South Korea[J]. International Journal of Information Management, 2013, 33(3): 453-463.

[91] Jaiswal A K, Niraj R, Venugopal P. Context-general and context-specific determinants of online satisfaction and loyalty for commerce and content sites[J]. Journal of Interactive Marketing, 2010, 24(3): 222-238.

[92] Casaló L V, Flavián C, Guinalíu M. Relationship quality, community promotion and brand loyalty in virtual communities: evidence from free software communities[J]. International Journal of Information Management, 2010, 30: 357-367.

[93] Čater T, Čater B. Product and relationship quality influence on customer commitment and loyalty in B2B manufacturing relationships[J]. Industrial Marketing Management, 2010, 39(8): 1321-1333.

[94] Bodet G. Customer satisfaction and loyalty in service: two concepts, four constructs, several relationships[J]. Journal of Retailing and Consumer Services, 2008, 15(3): 156-162.

[95] Molina-Castillo F, Rodríguez-Escudero A I, Munuera-Alemán J L, et al. Do switching costs really provide a first-mover advantage? [J]. Marketing Intelligence & Planning, 2012, 30(2): 165-187.

[96] Kaur H, Soch H. Validating antecedents of customer loyalty for indian cell phone users[J]. The Journal for Decision Makers, 2012, 37(4): 47-61.

[97] Burnham T A, Frels J K, Mahajan V . Consumer switching costs: a typology, antecedents, and consequences [J]. Journal of the Academy of Marketing Science, 2003, 33(2): 109-126.

[98] DeVellis R F. Scale Development: Theory and Applications [M]. California: Sage Publications, 2011.

[99] 徐国伟. 产品卷入度与感知风险下顾客忠诚研究[J]. 软科学, 2012, 26(2): 140-144.

[100] Sherif M, Cantril H. The Psychology of Ego-Involvement[M]. New York: John Wiley and Sons, 1947.

[101] Hsu T H, Lee M. The refinement of measuring consumer involvement—an empirical study[J]. Competitiveness Review, 2003, 13(1): 56-65.

[102] Korgaonkar P K, Moschis G P. An experimental study of cognitive dissonance, product involvement, expectations, performance and consumer judgement of product performance[J]. Journal of Advertising, 1982, 11(3): 32-44.

[103] 郑秋莹, 姚唐, 范秀成, 等. 基于 Meta 分析的"顾客满意-顾客忠诚"关系影响因素研究[J]. 管理评论, 2014, 26(2): 111-120.

[104] 郭国庆, 牛海鹏, 刘婷婷, 等. 品牌体验对品牌忠诚驱动效应的实证研究——以不同产品卷入度品牌为例[J]. 经济与管理评论, 2012, (2): 58-66.

[105] Tuu H H, Olsen S O. Ambivalence and involvement in the satisfaction–repurchase loyalty relationship[J]. Australasian Marketing Journal, 2010, 18(3): 151-158.

[106] Seiders K, Voss G B, Grewal D, et al. Do satisfied customers buy more? Examining moderating influences in a retailing context[J]. Journal of Marketing, 2005, 69(4): 26-43.

[107] Vaughn R. How advertising works: a planning model[J]. Journal of Advertising Research, 1980, 20(5): 27-33.

[108] Zaichkowsky J L. Measuring the involvement construct[J]. Journal of Consumer Research, 1985, 12: 341-352.

[109] Beatty S E, Homer P, Kahle L R. The involvement-commitment model: theory and implications[J]. Journal of Business Research, 1988, 16(2): 149-167.

[110] 张月莉, 陈洁. 顾客高度卷入情境中品牌忠诚生成机理研究[J]. 管理评论, 2008, 20(6): 32-38.

[111] Houston M J, Rothschild M L. Conceptual and methodological perspectives on involvement[J]. Research Frontiers in Marketing: Dialogues and Directions, 1978, 184(187): 262-270.

[112] 高媛, 李阳, 孟宪忠, 等. 品牌体验如何影响品牌忠诚——兼论产品卷入的调解效应[J]. 软科学, 2011, (7): 126-130.

[113] O'Cass A, Choy E. Studying Chinese generation Y consumers' involvement in fashion clothing and perceived brand status[J]. Journal of Product & Brand Management, 2008, 17(5): 341-352.

[114] Sanchez-Franco M J, Rondan-Cataluña F J. Virtual travel communities and customer loyalty: customer purchase involvement and web site design[J]. Electronic Commerce Research and Applications, 2010, 9(2): 171-182.

[115] 李启庚, 余明阳. 品牌体验价值对品牌资产影响的过程机理[J]. 系统管理学报, 2011, 20(6): 744-751.

[116] Yi Y, Jeon H. Effects of loyalty programs on value perception, program loyalty, and brand loyalty[J]. Journal of the Academy of Marketing Science, 2003, 31(3): 229-240.

[117] Suh J C, Youjae Y. When brand attitudes affect the customer satisfaction-loyalty relation: the moderating role of product involvement[J]. Journal of Consumer Psychology, 2006, 16(2): 145-155.

[118] Olsen S O. Repurchase loyalty: the role of involvement and satisfaction[J]. Psychology & Marketing, 2007, 24(4): 315-341.

[119] Bloemer J M M, Kasper H D P. The complex relationship between consumer satisfaction and brand loyalty[J]. Journal of Economic Psychology, 1995, 16(2): 311-329.

[120] Bennett R, Rundel-Thiele S. The brand loyalty life cycle: implications for marketers[J]. The Journal of Brand Management, 2005, 12(4): 250-263.

[121] Bloemer J M M, De Ruyter K. Customer loyalty in high and low involvement service settings: the moderating impact of positive emotions[J]. Journal of Marketing Management, 1999, 15(4): 315-330.

[122] 楼天阳, 陆雄文. 虚拟社区与成员心理联结机制的实证研究: 基于认同纽带视角[J]. 南开管理评论, 2011, 14(2): 14-25.

[123] 荣泰生. AMOS 与研究方法[M]. 重庆: 重庆大学出版社, 2010.

[124] Gorsuch R L, Venable G D. Development of an “Age Universal” IE scale[J]. Journal for the Scientific Study of Religion, 1983, 22(2): 181-187.

[125] Fornell C, Larcker D F. Evaluating structural equation models with unobservable variables and measurement error[J]. Journal of Marketing Research, 1981, 18(1): 39-50.

[126] Li L, Wu X, Zhang Y, et al. Empirical research on the impact of network externalities on online loyalty in B2B platforms[J]. International Journal of Networking and Virtual Organizations, 2015, 15(2/3): 185-199.

[127] Aydin S, Özer G. How switching costs affect subscriber loyalty in the turkish mobile phone market: an exploratory study[J]. Journal of Targeting, Measurement and Analysis for Marketing, 2006, 14(2): 141-155.

[128] Boulding W, Christen M. First-mover disadvantage [J]. Harvard Business Review, 2001, 79(9): 20-21.

[129] Cosimano T F. Intermediation [J]. Economica, 1996, 63(249): 131-143.

[130] Sutton J. Vertical product differentiation: some basic themes [J]. The American Economic Review, 76(2): 393-398.

[131] Shapiro C, Varian H. 信息规则: 网络经济的策略指导[M]. 张帆译. 北京: 中国人民大学出版社, 2000.

[132] Bohlmann D J, Golder P N, Mitra D. Deconstructing the pioneer’s advantage: examining

vintage effects and consumer valuations of quality and variety [J]. Management Science, 2002, 48(9): 1175-1195.

[133] Hilton R W. Managerial Accounting[M]. London: McGraw-Hill, 1994.

[134] Yoon M G, Current J. The hub location and network design problem with fixed and variable arc costs: formulation and dual-based solution heuristic[J]. Journal of the Operational Research Society, 2008, 59(1): 80-89.

[135] Cowling K, Waterson M. Price-cost margins and market structure[J]. Economica, 1976, 43(171): 267-274.

[136] Motta M. Endogenous quality choice: price vs. quantity competition[J]. The Journal of Industrial Economics, 1993, 41(2): 113-131.

[137] Chambers C, Kouvelis P, Semple J. Quality-based competition, profitability, and variable costs[J]. Management Science, 2006, 52(12): 1884-1895.

[138] Luedtke J, Nemhauser G L. Strategic planning with start-time dependent variable costs[J]. Operations Research, 2009, 57(5): 1250-1261.

[139] Quan J J, Hu Q, Hart P J. Information technology investments and firms' performance-a duopoly perspective[J]. Journal of Management Information Systems, 2003, 20(3): 121-158.

[140] Thatcher M E, Oliver J R. The impact of technology investments on a firm's production efficiency, product quality, and productivity[J]. Journal of Management Information Systems, 2001, 18(2): 17-46.

[141] Myers S C . Determinants of corporate borrowing[J]. Journal of Financial Economics, 1977, 5(2): 147-175.

[142] Brennan M J, Schwartz E S. Evaluating natural resource investments[J]. Journal of Business, 1985, 58(2): 135-157.

[143] McDonald R, Siegel D. The value of waiting to invest[J]. Quarterly Journal of Economics, 1986, 101(4): 707-728.

[144] Nalin K, Perotti E C. Strategic growth options[J]. Management Science, 1998, 44(8): 1021-1031.

[145] Sarkar S. On the investment-uncertainty relationship in a real options model[J]. Journal of Economic Dynamics and Control, 2000, 24(2): 219-225.

[146] Chang C C, Chen M Y. Re-examining the investment-uncertainty relationship in a real options model[J]. Original Research, 2012, 38(2): 241-255.

[147] 黄学军, 吴冲锋. 不确定环境下研发投资决策的期权博弈模型[J]. 中国管理科学, 2006, 14(5): 33-37.

[148] Moretto M. Competition and irreversible investment under uncertainty [J]. Information Economics and Policy, 2008, 20(1): 75-88.

[149] 余东平. 基于二重随机因素的对称双头垄断期权博弈模型[J]. 中国管理科学, 2007, 15(5): 113-118.

[150] 安实, 田季元, 赵泽斌. 不确定竞争条件下研发投资期权博弈分析[J]. 深圳大学学报理工版, 2009, 26(1): 102-105.

[151] Kamien M, Schwartz N. Expenditure patterns for risky R&D project[J]. Journal of Applied Probability, 1971, 8: 60-73.

[152] Dasgupta P, Stiglitz J. Industrial structure and the nature of innovative activity[J]. The Economic Journal , 1980, 90(358): 266-293.

[153] Weeds H. Strategic delay in a real options model of R&D competition[J]. The Review of Economic Studies, 2002, 69(3): 729-747.

[154] 曹国华, 彭仲达. 成本不确定性对技术创新投资策略的影响[J]. 科技进步与对策, 2009, 26(9): 5-7.

[155] 曹国华, 谢忠, 彭仲达. 技术不确定条件下技术创新投资决策分析[J]. 管理学报, 2009, 6(12): 1687-1670.

[156] Farzin Y H, Huisman K J M, Kort P M. Optimal timing of technology adoption [J]. Journal of Economic Dynamics and Control, 1998, 22(5): 779-799.

[157] Doraszelski U. The net present value method versus the option value of waiting: a Note on Farzin, Huisman, and Kort (1998) [J]. Journal of Economic Dynamics and Control, 2001, 25(8) : 1109-1115.

[158] Hoppe H C. Second-mover advantages in the strategic adoption of new technology under uncertainty[J]. International Journal of Industrial Organization, 2000, 18(2): 315-338.

[159] Huisman K J M, Kort P M. Strategic investment in technological innovations[J]. European Journal of Operational Research, 2003, 144(1) : 209-223.

[160] Huisman K J M, Kort P M. Effects of Strategic Interactions on the Option Value of Waiting[M]. Netherlands: Tilburg University, 1999.

[161] Kulatilaka N, Perotti E. Strategic growth options[J]. Management Science, 1998, 44(8): 1201-1230.

[162] Song N, et al. A real option approach for investment opportunity valuation[J]. Journal of Industrial and Management Optimization, 2016, 12(4): 60-69.

[163] Pawlina G, Kort P M. Real options in an asymmetric duopoly: who benefits from your competitive disadvantage?[J]. Journal of Economics & Management Strategy, 2006, 15(1): 1-35.

[164] 杨勇, 达庆利. 不对称两寡头企业技术创新投资决策研究[J]. 中国管理科学, 2005, 13(4): 95-99.

[165] 杨勇, 达庆利. 企业产品升级投资决策研究[J]. 中国管理科学, 2005, 13(1): 65-70.

[166] 杨勇, 达庆利. 网络外部性下不对称企业技术创新投资决策研究[J]. 管理工程学报, 2007, 21(1): 47-50.

[167] Lambrecht B, Perraudin W. Real options and preemption under incomplete information[J]. Journal of Economic Dynamics and Control, 2003, 27(4): 619-643.

[168] 蒲勇健, 许光超. 竞争条件下基于实物期权的 R&D 投资决策分析[J]. 科技管理研究, 2009, (6): 341-343.

[169] 蔡强, 邓光军, 曾勇. 随机到达的不完全信息对专利竞赛的影响[J]. 系统工程理论与实践, 2009, 29(4): 81-91.

[170] 蔡强, 曾勇, 夏晖. 具有后发优势的不完全信息专利竞赛[J]. 管理工程学报, 2010, 24(1): 51-58.

[171] Zhu K, Weyant J. Strategic exercise of real options: investment decisions in technological systems[J]. Journal of Systems Science and Systems Engineering, 2003, 12(3): 257-278.

[172] Martzoukos S H, Zacharias E. Real option games with incomplete information and spillovers[R]. Working Paper, University of Cyprus, 2001.

[173] Maeland J. Valuation of irreversible investments and agency problems[R]. Norwegian School of Economics Working Paper, 2002.

[174] 黄小原, 庄新田. 非对称信息条件下实物期权最优投资问题研究[J]. 管理科学学报, 2003, 6(6): 28-33.

[175] Grenadier S R, Wang N. Investment timing, agency, and information[J]. Journal of Financial Economics, 2005, 75(3): 493-533.

[176] 周嘉南, 黄登仕. 蕴含扩张期权的投资项目决策行为研究[J]. 管理科学学报, 2006, 9(2): 28-36.

[177] 梁铄, 唐小我, 倪得兵. 二维信息不对称下的实物期权投资研究[J]. 中国管理科学, 2008, 16(3): 137-144.

[178] Albuquerue R, Wang N. Agency conflicts, investment, and asset pricing[J]. The Journal of Finance, 2008, 63(1): 1-40.

[179] Zhang J. Strategic delay and the onset of investment cascades[J]. Rand Journal of Economics, 1997, 28(1): 188-205.

[180] Grenadier S R. Information revelation through option exercise[J]. Review of Financial Studies, 1999, 12(1): 95-129.

[181] 霍兰, 周晓牧, 韩晖. 隐秩序——适应性造就复杂性[M]. 上海: 上海科技教育出版社, 2000.

[182] Wooldridge M, Jennings N R. Intelligent agents: theory and practice[J]. The Knowledge Engineering Review, 1995, 10(2): 115-152.

[183] Castelfranchi C. Guarantees for autonomy in cognitive agent architecture[M]. Berlin: Springer Berlin Heidelberg, 1995: 56-70.

[184] Genesereth M R, Ketchpel S P. Software agents[J]. Communications of the ACM, 1994, 37(7): 48-53.

[185] Srbljinović A, Škunca O. An introduction to agent based modelling and simulation of social processes[J]. Interdisciplinary Description of Complex Systems, 2003, 1(1/2): 1-8.

[186] 刘晓平, 唐益明, 郑利平. 复杂系统与复杂系统仿真研究综述[J]. 系统仿真学报, 2008, 20(23): 6303-6315.

[187] 张守一. SWARM 及其在经济研究中的应用[J]. 数量经济技术经济研究, 2001, 18(1): 94-97.

[188] 邓宏钟, 王军民, 谭跃进. 基于多智能体的整体建模仿真方法在经济系统中的应用研究[J]. 计算机应用研究, 2001, (10): 24-26.

[189] 邓宏钟, 谭跃进. 多人混合博弈的仿真分析[J]. 管理科学学报, 2002, (4): 77-82.

[190] 张保银. 经济管理复杂适应系统理论与仿真研究[D]. 天津大学博士学位论文, 2002.

[191] 王文举, 杨思磊. 复杂适应性系统、博弈论及经济动态模拟[J]. 首都经济贸易大学学报, 2002, 5: 10-13.

[192] 孙建, 叶民强. 基于主体的 SWARM 建模分析及其应用[J]. 福建电脑, 2002, (11): 26-27.
[193] 褚晓琳. 价格模型动态仿真研究[D]. 首都经济贸易大学硕士学位论文, 2003.
[194] 刘颖, 陈禹. 复杂适应系统理论对控制 SARS 疫情的模拟分析[J]. 复杂系统与复杂性科学, 2004, 1(2): 74-79.
[195] 雍丽英, 景旭, 孙晓波. 基于多智能体的寡头垄断市场模型研究[J]. 哈尔滨理工大学学报, 2004, 9(2): 24-26.
[196] 田丰. 商业银行信贷市场的非对称信息博弈及基于 Agent 的 SWARM 仿真[D]. 贵州大学博士学位论文, 2008.
[197] 李昊. 基于 Agent 的供应链企业行为与运营优化仿真研究[D]. 天津大学博士学位论文, 2012.